U0616882

基础装备焊接接头表面超声冲击理论及技术丛书

列车转向架构架焊接接头
表面超声冲击强化及疲劳性能改善技术

何柏林 ◎ 著

西南交通大学出版社
·成　都·

图书在版编目（ＣＩＰ）数据

列车转向架构架焊接接头表面超声冲击强化及疲劳性
能改善技术 / 何柏林著. —成都：西南交通大学出版
社，2020.7
ISBN 978-7-5643-7507-2

Ⅰ. ①列… Ⅱ. ①何… Ⅲ. ①铁路车辆 – 转向架 – 焊
接接头 – 疲劳强度 – 研究 Ⅳ. ①U270.331

中国版本图书馆 CIP 数据核字（2020）第 132242 号

Lieche Zhuanxiangjia Goujia Hanjie Jietou Biaomian Chaosheng Chongji Qianghua ji Pilao Xingneng Gaishan Jishu

列车转向架构架焊接接头表面超声冲击强化及疲劳性能改善技术

何柏林　著

责 任 编 辑	罗在伟
封 面 设 计	何东琳设计工作室
	西南交通大学出版社
出 版 发 行	（四川省成都市金牛区二环路北一段 111 号
	西南交通大学创新大厦 21 楼）
发行部电话	028-87600564　028-87600533
邮 政 编 码	610031
网　　　址	http://www.xnjdcbs.com
印　　　刷	四川煤田地质制图印刷厂
成 品 尺 寸	170 mm × 230 mm
印　　　张	17.25
字　　　数	257 千
版　　　次	2020 年 7 月第 1 版
印　　　次	2020 年 7 月第 1 次
书　　　号	ISBN 978-7-5643-7507-2
定　　　价	130.00 元

前言

焊接结构广泛应用于国民经济各部门，而疲劳断裂是焊接结构主要失效形式之一。据相关资料统计，在焊接结构的断裂失效中，90%是由焊接接头的疲劳断裂造成的。因此如何避免焊接结构疲劳破坏的发生，保证其安全运行一直是工程上急需解决的前沿课题。

高速铁路由于具有速度快、运能大、能耗低、污染轻等诸多技术及经济优势，受到世界各国的青睐与重视。转向架焊接构架是铁道车辆的重要构件，属于典型的重载焊接结构，在车辆运行过程中承受车体重量和轨道振动带来的循环载荷作用。随着我国铁路提速战略的逐步实施，车辆运行速度不断提高，转向架焊接构架所承受的动载荷明显增加。焊接是转向架制造过程中的基本连接形式，转向架焊接构架刚度大、焊缝数量多且分布复杂，其中主要承力焊缝大都为角焊缝，如构架侧梁立板与盖板之间的焊缝、横梁套管与侧梁立板之间的焊缝、定位座与侧梁盖板之间的焊缝等。通常，焊接会在接头附近区域产生较高的残余应力，同时，由于在焊接接头处存在晶粒粗大、应力集中、焊接缺陷，使焊接接头的疲劳强度比母材低，从而成为转向架构架承载能力的薄弱环节。转向架焊接接头的疲劳性能直接影响转向架的寿命和车辆的行车安全。

与传统的粗晶粒材料相比，超细晶粒材料具有独特的力学性能，如超高强度、高硬度和高疲劳性能等。近年来，表面纳米化已引起国际同行的广泛关注，被认为是今后纳米材料研究领域最有可能取得实际应用的技术之一。超声冲击处理是一种最全新的焊后处理技术，它采用大功率冲击头以 20 kHz 左右的频率冲击焊接接头焊缝及其附近区域的表面金属，使金属表层产生较大的压缩塑性变形。它能够有效降低焊接接头焊趾处的应力集中系数，消除焊接残余拉伸应力，甚至在焊缝及其附近区域引入残余压应力，并使焊接接头表层组织得到明显细化，对提高焊接件的疲劳寿命具有重要作用。

本书以转向架焊接构架常用材料对接接头和十字接头为例，以超声冲击处理接头与原始焊态接头为研究对象，介绍了转向架焊接接头表面超声冲击强化机理以及超声冲击对转向架焊接接头高周与超高周疲劳性能和疲劳失效机理的影响。总结了超声冲击引起的接头应力集中变化、接头表层组织细化、焊缝附近区域残余应力变化对疲劳寿命的贡献，以期找出超声冲击引起的晶粒细化、残余应力和应力集中变化与转向架焊接接头疲劳寿命之间的内在规律，寻求提高转向架焊接接头疲劳强度和疲劳寿命的新方法，为提高转向架焊接接头疲劳寿命、降低转向架焊接构架的维修费用和运营成本提供理论依据和技术支持。

本书素材主要来自作者和研究生（余皇皇、刘菁、张小东、王斌、周尚谕、宋燕、魏康、吕宗敏、张志军、张枝森、江明明、谢学涛等）近年来在这一领域的研究成果，同时书中亦吸收了国内外有关文献的相关内容，在此一并表示感谢。

本书的出版得到了国家自然科学基金资助项目：列车转向架焊接接头表面纳米化机理及其疲劳性能研究（项目编号：51065010）；中车南京铺镇车辆股份有限公司合作课题：超声波冲击法对转向架用钢焊接接头力学性能影响研究；江西省工业支撑重点项目：机械零部件表面超声冲击/滚压表面纳米加工技术及装备研究（项目编号：20161BBE50072）等的支持，也是这些项目的成果之一。

作者虽然付出了极大的努力，但限于时间、学识水平、实践经验，书中纰漏和不妥之处在所难免，还望读者不吝指正。

何柏林

2020 年 3 月 18 日于华东交通大学

目 录

1 第1章

转向架焊接构架与超声冲击方法

1.1　转向架焊接构架简介

随着我国经济发展速度的加快，铁路运输全面提速、重载战略的不断推进，列车运行安全备受关注，对运载工具可靠性的要求越来越高。与公路、航空等其他运输方式相比，铁路在提高运能和节能环保两方面均具有显著优势。因此，铁路在全世界得到了重新关注，各国相继掀起了投资发展铁路运输的新潮。为适应新形势下的运输要求，继续保持铁路在运能、环保、节能、经济等诸多方面的优势，高速客运和重载货运成为重点发展方向，并已给各国带来了巨大的经济和社会效益。截至2019年12月1日，我国中原地区三条高铁集中开通，分别是京港高铁商丘至合肥段、郑州至阜阳高铁（郑阜高铁）、郑州至重庆高铁郑州至襄阳段（郑渝高铁郑襄段）。到2019年年底，我国铁路营业里程达到13.9万千米，其中高铁3.5万千米，居世界第一。2019年我国高铁通车里程达到3 800千米，2020年通车里程有望达3 100千米。2019年与2016—2018年平均每年2 000~3 000千米的通车里程相比有较明显的上升。

在现代列车中，走行部一般采用转向架的形式。列车的转向架必须要保证列车在运行时具有稳定性、平稳性以及良好的曲线通过性，从而使列车行驶安全、乘坐舒适、减小维修[1]。转向架作为机车车辆的主要组成部分之一，其主要任务包括以下内容[2]：

（1）承受车架及其以上各部分的重量，包括车体、车架、动力装置以及辅助装置等。

（2）保证必要的粘着，并把轮轨接触处产生的轮周牵引力传递给车架、车钩，牵引列车车辆前进。

（3）缓和线路不平顺对机车车辆产生的冲击作用和保证机车车辆具有较好的运行平稳性和稳定性。

（4）保证机车车辆顺利通过曲线。

（5）产生必要的制动力，以便机车车辆在规定的制动距离内停车。

列车转向架结构如图 1-1 所示，主要由下列部分组成：

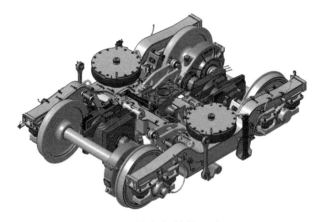

图 1-1　转向架结构示意图

（1）转向架构架：即转向架的骨架，构架将转向架的各个部件组成了一个整体，并承受、传递各种力，包括垂向力及水平力等。它包括侧梁、横梁（或端梁）和各种相关设备安装、悬挂的支座。

（2）一系悬挂：即弹簧悬挂装置，用来保证轴重分配，同时可缓和线路不平顺导致的车辆冲击，保证列车运行平稳。它包括轴箱定位装置、垂直减振器等。

（3）二系悬挂：即车体和转向架之间的连接装置。它用来传递车体与转向架间的垂向力及水平力（包括纵向力如牵引力或制动力，横向力如通过曲线时的车体未平衡离心力等），使转向架在车辆通过曲线时能相对于车体回转，并进一步减缓转向架和车体之间的冲击振动，同时，保证转向架安全稳定。在较高速度的车辆上，车体与转向架之间还设有横动装置，使车体在水平横向成为相对于转向架的簧上重量，以提高机车车辆在水平方向的运行平稳性。

（4）轮对和轴箱：转向架的轮对直接向钢轨传递机车车辆的重量，通过轮轨间的粘着产生牵引力和制动力，并通过轮对本身的回转实现机车车辆在钢轨上的运行。轴箱联系转向架构架和轮对，是一个活动的关节。轴箱除了保证轮对进行回转运动外，同时还能使轮对适应不平顺的条件，相对于转向架构架上、下、左、右和前后活动。

（5）驱动装置：为动力转向架所包含的部分，它将动力装置的扭矩传递给轮对，包括牵引电机、齿轮箱等[3]。

（6）基础制动装置：主要包括闸瓦、制动盘等，由制动缸传来的力，经杠杆系统增大若干倍后传递给闸瓦，使其压紧车轮（或刹车片压紧制动盘），对机车车辆进行制动。

转向架焊接构架是转向架最关键的零部件之一，是转向架其他多个零部件的安装基础，电动车组动力转向架不但要支撑车体、电机以及各种零部件，而且需要传递车体与轮对之间的牵引力、制动力等各种横向、垂向和纵向力，其可靠性直接影响动车的性能和安全性。随着运行速度的提高，构架除了要有良好的疲劳强度外，还需具有结构简单和重量轻等特点。目前，除北美国家外，客车转向架构架基本上采用焊接构架的模式。侧梁一般采用箱形结构，其目的一方面可增加强度，另一方面可增加空气弹簧附加空气室的容积。欧洲国家横梁一般采用箱形结构模式，而日本则采用双无缝钢管的方式。采用双无缝钢管横梁的构架具有重量轻、易实现盘形制动等特点，近年来得到广泛应用[4]。

转向架的焊接构架属典型的重载焊接结构，承担着车体重量和轨道振动带来的循环载荷作用，其抗疲劳性能直接影响到列车的行驶安全。转向架焊接构架刚度大、焊缝数量多且分布复杂，其中主要承力焊缝大都为角焊缝，如构架侧梁立板与盖板之间的焊缝、横梁套管与侧梁立板之间的焊缝、定位座与侧梁盖板之间的焊缝等。通常，焊接会在接头附近区域产生较高的残余应力，而由于焊趾处的应力集中，其疲劳强度较低，是转向架构架承载能力的薄弱环节[5,6]。转向架焊接接头的疲劳性能直接影响转向架的寿命和车辆的行车安全[7-9]。目前，因转向架结构疲劳引发的铁路运输重大事故时有发生。例如：提速客车 209HS 转向架的联系梁、吊杆、牵引座出现疲劳裂纹；提速客车 CW160 转向架的吊杆、构架和横向控制杆发现疲劳断裂；提速机车 558 转向架端梁发生疲劳断裂；"蓝箭"动车组牵引座、电机吊座发生疲劳破坏；提速货车转向架 Z8A（G）交叉杆系统发生疲劳破坏；国内研制的高速动车组"先锋号"（250 km/h），和"中华之星"（270 km/h），在试运行中也出现了抗蛇行减振器座开裂和群板折断等焊接结构强度问题[10]。某型号的转向架焊接构架侧梁外腹板上的节点座下方与下盖板相交的焊缝上，发现一条长度大于 100 mm 的纵向裂纹，裂纹外观及位置如图 1-2 所示。因零部件突然失效而导致的重大行车事故或恶性事故中，转向架零部件失效所占比例最大。在列检及修理重点抓的六项预防工作中，其中 5 项都是属于转向架的[11]。

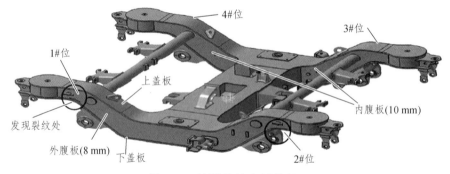

图 1-2　某型号转向架构架

1.2　超声冲击设备的工作原理

超声冲击处理（Ultrasonic Impact Treatment，UIT）作为一项新技术，其主要思想是将电能转变成为高频率的机械振动，通过直接（间接）作用使金属表面产生剧烈的塑性变形，由于是高频反复冲击，材料应变率极大，可使金属表面晶粒组织得到细化[12-16]。

超声冲击设备由两部分组成：电源控制装置和冲击处理实施装置；即电源控制箱和超声冲击枪（分别见图 1-3 和图 1-4），二者用电缆连接。

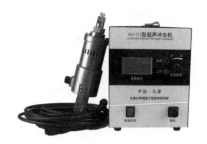
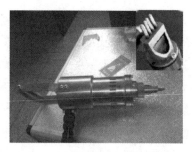

图 1-3　超声冲击电源控制箱　　　图 1-4　超声冲击枪及冲击针

超声冲击设备的控制部分采用新型高精度锁相和先进的恒幅技术，使设备在使用过程中始终保持输出的稳定性和可靠性，保证处理效果的高效和均匀一致性。控制箱将电网上的 50 Hz 交流电转变成超音频的交流电，超声冲击设备的系统结构如图 1-5 所示[17]。

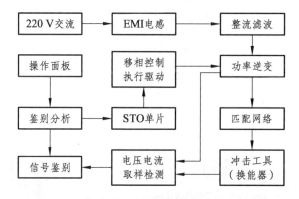

图 1-5　超声冲击设备的系统结构示意图

首先经 EMI 电感去除交流电压中的高次谐波，通过电容滤波、二极管整流将其变成直流电压，再用功率逆变转化直流电压为正负交变的矩形波电压，频率与换能器谐振同步，该电压经由高频功率变压器导入匹配网络后会激励串联谐振回路（超声换能器串联谐振电感）使得该电压振动信号转换为能够进行机械加工的机械振动信号。传感器输出端作用于冲击针使其振动，振幅范围为 20 ~ 40 μm。较高的频率使得冲击针对工件焊趾部位产生一个强烈的冲击作用，在将机械振动导入工件的同时，这个冲击作用带来的能量足够使工件以焊趾为中心的区域产生剧烈塑性变形。当冲击针头作用在工件表面时，冲击针头附近所产生的塑性流动将会挤压材

料表面从而将表面原有的微观波峰、波谷挤压平整，即波峰会被填充至波
谷的位置。正是由于经超声冲击处理之后材料表面处的波峰均被填充至波
谷处，才能大幅度的降低材料表面粗糙度。如果选用适宜的工艺参数，工
件的表面粗糙度甚至可降至纳米量级（小于 100 nm），从而使得金属表面
的综合性能指标得到极大提高。为方便实际应用，即增大输出振动幅值，
变幅杆及一些附属设备常常被安装在冲击针和传感器输出端之间。超声冲
击处理方法可以分为自动冲击（见图 1-6）[18]和手动冲击（见图 1-7）[19]。

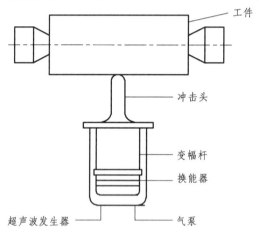

图 1-6　自动超声冲击处理方法的工作原理示意图

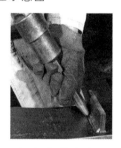

（a）多针冲击　　　　　　　　　　（b）单针冲击

图 1-7　手动超声冲击处理

根据不同的焊接接头形状和焊缝位置，可以设计出不同尺寸和形状
的超声冲击头，根据目前国内外相关的研究结果，超声冲击多采用头部
为半圆形的圆柱型冲击头形状，圆柱直径在 1.5～4.5 mm 具有最佳的冲
击效果。冲击头太细时，虽然容易控制焊接接头的焊缝以及焊趾区域冲

击形状，但由于冲击头是采用 W18Cr4V 高速钢制造的，容易引起冲头断裂，浪费很严重；冲头太粗时，则不容易控制焊缝的形状[20-22]。

自动冲击是将冲击装置固定在某个执行机构上（例如机床的刀架上），按照输入的设定轨迹进行冲击处理，其特点是冲击处理均匀，效率高，主要用来冲击处理圆柱外表面或空心圆柱内表面[23-26]。也可以将冲击装置固定在机器人上，冲击长而直的规则焊缝。手动冲击处理主要用来处理材料的表面（主要是平面），或焊缝形状不太规则或用其他方法难于达到或实现的场合，其特点是冲击位置随心所欲。为了获得较好的处理效果，可对焊缝进行多次冲击处理。在冲击处理中要掌握处理速度，一般结构件控制在 200～500 mm/min 的速度较好，对有特殊要求的和焊缝不规则的可适当放慢，这样有助于获得良好的处理效果。

HJ-Ⅲ型超声冲击设备采用高效 DSP 芯片为控制核心的数字电路结构，DSP 可实现频率跟踪与恒流的调节。该超声冲击设备主要由功率冲击机构和超声发生器构成。外壳内的换能器与超声功率发生器通过电缆相连接，变幅杆与换能器的振动输出端部相连接，冲击针在变幅杆的顶部。变幅杆主要起放大换能器的输出振幅和传递具有高能量的机械振动给冲击针上，再作用于金属表面两方面的作用。此装置具有重量轻、可控性好、功率高、方便携带、成本低廉等优点。图 1-8 所示为超声发生器的原理图，图 1-9 所示为超声冲击设备振动系统示意图。其中，振动系统的子单元为针状冲击头、变幅杆、压电换能器。HJ-Ⅲ型超声冲击设备主要参数如表 1-1 所示。

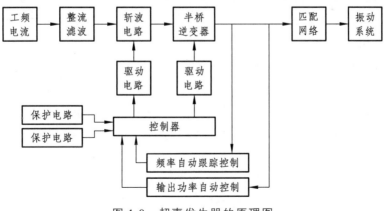

图 1-8　超声发生器的原理图

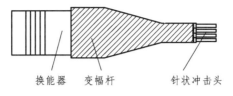

换能器　变幅杆　　　　针状冲击头

图 1-9　超声冲击设备振动系统示意图

表 1-1　HJ-Ⅲ型超声冲击系统参数表

名　称	参数描述	名　称	参数描述
控制电源尺寸	390 mm×235 mm×282 mm	额定功率	600 W
冲击枪尺寸	φ83×325 mm	施力幅度	0~90 N
额定电流	0~4 A	处理速度	6~25 mm/s
工作频率	（17.5±2.0）kHz	冷却方式	风冷或压缩空气冷
最大振幅	50 μm	工作温度	0~35 ℃

1.3　超声冲击法及其特点

　　超声冲击法作为一项突破性的新技术，具有操作简便、效率高、成本低廉等优点，目前已受到国际焊接学会的高度重视，美国、德国、俄罗斯、日本等国家已对该技术进行了深入研究并投入应用。近年来，国内一些科研单位和企业也陆续开始关注这项技术，研究和开发了多种型号的超声冲击处理设备，并就超声冲击处理在实际焊接结构生产和服役中的应用进行了多方位的探索。

　　超声冲击可对焊后的残余应力分布有一定改善，其机理类似锤击法[27-29]。超声冲击对工件表面进行处理的过程中，变幅杆前端周期性的撞击会将撞击能量导入被加工的表面，使表面产生剧烈的压缩塑性变形，被加工区域内的残余拉应力减小消失甚至转变成残余压缩应力，相邻区域内残余拉应力也会产生变化，继而改善表面残余应力的分布情况。同时，所产生的塑性变形层又有两种变化：在宏观方面，金属表层在经过了超声冲击处理之后引入了很高的残余压应力，从而阻止了材料表面裂纹的形核及扩展；在微观组织方面，位错密度明显增加，亚晶粒得到了大幅度的细化，晶格畸变的程度也显著增加，从而提高了材料的拉伸性能[30]、疲劳性能[31-34]、耐磨损性能[35-39]和耐腐蚀性能[40-44]。

概括起来，超声冲击法有以下几个优点：第一，有效地改善了母材与焊缝之间过渡区域几何形状，增大焊趾处的过渡半径，降低其应力集中系数；第二，调整焊接残余应力场的分布，在应力集中处产生有利于延长接头疲劳寿命的压应力，进而提高材料的疲劳性能；第三，细化了金属材料的表层晶粒，使得材料表层的硬度和强度得到提高；第四，有效地抑制了疲劳裂纹在气孔和夹渣等焊接缺陷的萌生和扩展，使得焊缝附近区域的疲劳强度接近母材。同时，超声冲击设备由于效率高（每分钟最高可以处理半米焊缝）、噪声小、节能、无污染、执行机构轻巧（只有几千克）、使用灵活、方便，应用时不受工件形状、场地、环境的限制，超声冲击法可以应用于焊接现场，处理效果显著。

1.4 超声冲击法的发展现状

1.4.1 超声冲击法国外的发展现状

超声冲击法在国外的发展与应用主要经历了以下几个阶段[45-47]：

（1）1972 年，著名的乌克兰 Paton 焊接技术研究所提出了超声冲击这一概念，随后，在俄罗斯 Quantum 研究院的参与和共同开发下，在此项技术的基础之上成功地研制出了超声冲击处理设备，首次在核潜艇体焊接结构的处理中应用了超声冲击法。

（2）超声冲击法在早期主要是被用来消除焊后残余应力，到了 20 世纪 80 年代，开始慢慢的有研究人员用超声冲击法来改善焊接接头的疲劳性能。1996 年，IIW 年会报道了西伯利亚的金属结构厂已经成功地将超声冲击方法应用于提高焊接接头的疲劳强度方面，效果十分不错。1999 年，美国的 John W Fisher 教授（Lehigh 大学）与美国联邦高速路管理局（FHWA）合作，用超声冲击法对 Atlanta 市和 Virginia 地区的公路、桥梁等进行了多次处理，结果发现表面超声冲击法在提高焊接接头疲劳强度方面具有较高的优越性。

（3）2000 年，超声冲击法被美国国家焊接学会列入《焊接行业发展
战略技术指南》，并对该项技术的研发注入了大量资金，确保未来 20 年
内美国在焊接行业的国家竞争力优势。

（4）2001 年，美国国家标准技术学会通过中子源扫描技术得到了经
过超声冲击处理前后试样的三维应力分布扫描图谱，为从微观角度解释
超声冲击法如何提高材料疲劳强度的机理提供了有力证据。

1.4.2　国内超声冲击法的发展历程

我国引入超声冲击法相对较晚，但引入后其发展速度却非常迅猛，
应用范围也在日益扩大着。超声冲击法在国内的发展与应用主要经历如下：

（1）1998 年，在我国著名的焊接结构专家霍立兴教授的指导下，天
津大学的王东坡博士率先攻克了冲击头、换能器以及主电路的研究设计
工作，成功研制了国内首台基于压电技术的超声冲击装置。

（2）2000 年，我国第一代基于频率锁相跟踪技术的超声冲击装置
HJ-Ⅰ型诞生，同时，也是世界上首台基于压电式换能器的超声冲击装置，
从而开创了世界超声冲击领域的磁致伸缩式和压电晶体式竞相发展的新
局面。

（3）2003 年，功率输出稳定性等问题在研究人员的不懈努力之下得
以解决，第二代超声冲击装置 HJ-Ⅱ型也随即问世。从电路部分分析，第
二代进一步完善了频率跟踪系统，即超声冲击设备的控制核心部件之一。
同时，在连续工作 5 h 以上的条件下，HJ-Ⅱ型超声冲击装置的整个系统
仍处于非常良好的状态。

（4）2007 年，第三代超声冲击装置 HJ-Ⅲ型完成。在保证机器抗强
干扰性和频率稳定性的前提下，第三代机型具有更加宽广的频率跟踪范
围，同时，全数字化控制系统也使得机器的各种参数设定和控制更加的
科学方便，输出功率以及电源的工作效率显著提高。

（5）2007 年，宣邦金属新材料科技有限公司在上海成立，天津大学
的王东坡教授担任超声冲击设备方面的顾问，从此，超声冲击设备在我

国市场化条件下的推广与运营中迈出了关键性一步，这对超声冲击方法在国内的发展与应用具有重要的现实意义。

参考文献

［1］王伯铭. 高速动车组总体及转向架[M]. 2 版. 成都：西南交通大学出版社，2014.

［2］王学明，金晶，宋年武，金学松. 机车转向架技术[M]. 成都：西南交通大学出版社，2009.

［3］Zhang Ming, Nie Hong,Zhu Rupeng. Design and Dynamics Analysis of Anti-skid Bracking System for Aircraft with Four-wheel Bogie Landing Gear[J]. Chinese Journal of Construction Machinery, 2011, 24(2): 277-284.

［4］王盛楠. CRH5 动车组转向架构架及摇枕的强度分析与设计规范的比较[D]. 北京：北京交通大学，2007.

［5］何柏林,魏康. 转向架用 SMA490BW 钢对接接头应力集中系数有限元分析[J]. 表面技术，2015，44（10）：74-78.

［6］Bolin He, Kang Wei, Yingxia Yu, Zhisen Zhang. Fatigue Life Analysis of Ultrasonic fatigue Welded Butt Joint for Train Bogie Based on ABAQUS/FE-SAFE[J]. China Welding, 2016, 25(4):1-7.

［7］Jung-Seok Kim. Fatigue assessment of tilting bogie frame for Korean tilting train: Analysis and tests[J].Engineering Failure Analysis, 2006, 13(8): 1326-1337.

［8］S.H. BAEK, S.S. CHO and W.S. JOO. Fatigue life prediction based on the rainflow cycle counting method for the end beam of a freight car bogie[J]. International Journal of Automotive Technology, 2008,Vol. 9, No.1, 95-101.

［9］Huichao Wu, Pingbo Wu. Bogie Frame Fatigue Simulation Based on Flexible Multibody Dynamics[J]. International Conference on Transportation Engineering, Chengdu, 2009, 1831-1837.

[10] Weihua Zhang, PingboWu, XuejieWu, et al. An investigation into structural failures of Chinese high-speed trains[J]. Engineering Failure Analysis, 2006, 13(1): 427-441.

[11] 严隽耄. 车辆工程[M]. 2 版. 北京：中国铁道出版社，2003.

[12] Lu K, Lu J. Surface nanocrystallization of metallic materials-presentation of the concept behind a new approach[J]. Mater Sci Technical, 1999; (15): 193-97.

[13] Mordyuk B N, Prokopenko G I. Fatigue life improvement of α-titani-um by novel ultrasonically assisted technique[J]. Materials Science andEngineering, 2006, 437(2): 396-4053.

[14] Mordyuk B N, Prokopenko G I. Ultrasonic impact peening for thesurface propertiesaterials[J]. Journal of Sound and Vibration, 2007, 308(3): 855-8664.

[15] Yatsenko V K, Stebel'kov I A. Surface strain-hardening of the bladesof gas-turbine engines in an ultrasonic field[J]. Problemy Prochnosti, 1985, (8): 68-715.

[16] Sekkal A C, Langlade C, Vannes A B. Tribologically trans formedstructure of titanium alloy (TiAl6V4) in surface fatigue induced byrepeated impacts[J]. Materials Science and Engineering, 2005; 393(1): 140-146.

[17] 杜伟卓，杜随更，汪志斌，等. 超声冲击设备及晶粒细化试验研究[J]. 科学技术与工程，2010，10（11）：2736-2740.

[18] 何柏林，余皇皇. 超声冲击表面纳米化研究的发展[J]. 热加工工艺，2010，39（18）：112-115.

[19] Xiaohua Cheng, John W. Fisher, Henry J. Prask, Thomas Gnaupel-Herold, Ben T. Yen, Sougata Roy. Residual stress modification by post-weld treatment and its beneficial effect on fatigue strength of welded structures[J]. International Journal of Fatigue 25 (2003) 1259-1269.

[20] 周尚瑜. 超声冲击改善 16MnR 焊接接头疲劳寿命的原因细分研究[D]. 南昌：华东交通大学，2010.

[21] Bolin He, Yingxia Yu, Jing Liu, Xiaodong Zhang, Jianping Shi. Research about the Effect of Ultrasonic Impact on the Fatigue Property of Cruciform Joint of 16MnR Steel [J]. Rare Metal Materials and Engineering, 2012, Vol.41(S1): 283-286.

[22] Bolin He, Bin Wang. Development and Application of 16MnR Materials Database of Pressure Vessel in Software DEFORM-3D [J]. Applied Mechanics and Materials Vol. 189 (2012): 465-469.

[23] Ting Wang, Dongpo Wang, Gang Liu, Baoming Gong, Ningxia Song. Investigations on the nanocrystallization of 40Cr using ultrasonic surface rolling processing[J]. Applied Surface Science, 255 (2008) 1824-1829.

[24] 丁江灏. 超声表面滚压加工对 45#钢表层晶粒细化机理及疲劳性能影响的研究[D]. 南昌：华东交通大学，2019.

[25] 何柏林，丁江灏. 超声表面滚压加工技术对 45#钢表面及疲劳性能的影响[J]. 组合机床与自动化加工技术，2019，（8）：133-135.

[26] Bolin He, Jianghao Ding. Effect of Ultrasonic Surface Rolling Processing on the Surface Properties of 45 Steel[C]. ISMR 2018, September 25-28, 2018, Irkutsk, Russia, Proceedings of the 6th International Symposium on Innovation and Sustainability of Modern Railway, p.546-550.

[27] Bertini L V, Straffelini G. Influence of post weld treat-ments on the fatigue behaviour of A l alloy welded joints[J]. In ternational Jou rnal of Fatigue, 1998, 20 (10): 749-755.

[28] 王东坡，霍立兴，荆洪阳，等. 提高焊接接头疲劳强度的超声冲击法与 TIG 熔修法之比较[J]. 机械强度，2001，23（2）：202-205.

[29] Bolin He, Yingxia Yu, Jing Liu. Research and Prospects of Improving the Fatigue Life of Wleded Train Bogie Structure[J]. Advanced Materials Research Vols. 189-193 (2011) pp 3292-3295.

[30] 孙佳，倪宝成，何柏林. 超声波冲击法对转向架用 P355NL1 钢对接接头性能的影响[J]. 焊接技术，2017，46（8）：29-31.

[31] Yingxia Yu, Bolin He, Huanghuang Yu, and Jianping Shi. Research about the Effect of Ultrasonic Impact on the Fatigue Life of Butt Weld

Joint of 16MnR Steel[J]. Advanced Materials Research Vols. 189-193 (2011) pp 3296-3299.

[32] Bolin He, Liu Jing, Wang Bin. Study on the Methods of the Surface Self-nanocrystalline Technology and its Effect on the Materials Properties[J]. Applied Mechanics and Materials Vols. 80-81 (2011) pp 673-677.

[33] Bolin He, Shangyu Zhou. Study on The Status and Development Trend of Fatigue Properties for Welded Joints of Mg-alloy[C]. The Third International Symposium on Innovation and Sustainability of Modern Railway, Nabchang, China, September 20-21,2012, p.614-617.

[34] Yingxia Yu, Bolin He, Jianping Shi, Jing Liu. The Effect of Residual Stress on Fatigue Life of Welded Cruciform Joints of 16MnR for Train Bogie[J]. Advanced Materials Research Vol. 815 (2013) pp 695-699.

[35] A. Amanov, I.S. Cho, Y.S. Pyouna, C.S. Leeb, I.G. Park. Micro-dimpled surface by ultrasonic nanocrystal surface modification and its tribological effects[J]. Wear, 286-287 (2012) 136-144.

[36] 李晓刚, 王胜, 龚宝明, 邓彩艳, 王东坡. 超声冲击复合电火花熔凝处理改善 DH36 表面性能[J]. 焊接学报, 2018, 39（3）: 99-102.

[37] Tripathi K, Guawali G, Amaniv A, et al. Synergy effect of ultrasonic nanocrystalline surface modification and laser surface texturing on friction and wear behavior of graphite cast iron[J]. Tribology transactions, 2017, 60(2): 226-237.

[38] Liang Li, Miru Kim, Seungjun Lee, Munki Bae, Deugwoo Lee. Influence of multiple ultrasonic impact treatments on surface roughness and wear performance of SUS301 steel[J]. Surface & Coatings Technology, 2016, 307: 517-524.

[39] 何柏林, 史建平, 颜亮, 陈朝霞. 超声冲击对钢轨钢组织与性能的影响[J]. 中国铁道科学, 2009, 30（4）: 58-62.

[40] B. N. Mordyuk, O. P. Karasevskaya, G. I. Prokopenko. Structurally induced enhancement in corrosion resistance of Zr–2.5%Nb alloy in

saline solution by applying ultrasonic impact peening[J]. Materials Science & Engineering A, 2013, 559: 453-461.

[41] M. Daavari, S.A. Sadough Vanini. Corrosion fatigue enhancement of welded steel pipes by ultrasonic impact treatment[J]. Materials Letters, 2014, 139: 462-466.

[42] Yu.N, PetrovaG.I, ProkopenkoaB.N, MordyukaM.A, VasylyevaS.M, VoloshkobV.S, SkorodzievskiaV, S.Filatovaa. Influence of microstructural modifications induced by ultrasonic impact treatment on hardening and corrosion behavior of wrought Co-Cr-Mo biomedical alloy[J]. Materials science & engineering. C, Materials for biological applications, 2016, 58: 1024-35.

[43] N. I. Khripta, O. P. Karasevska, B. N. Mordyuk.Surface Layers of Zr-18% Nb Alloy Modified by Ultrasonic Impact Treatment: Microstructure, Hardness and Corrosion[J]. Journal of Materials Engineering and Performance, 2017, Vol.26 (11), pp.5446-5455.

[44] Fereidooni B, Morovvati MR, Sadough-Vanini SA.Influence of severe plastic deformation on fatigue life applied by ultrasonic peening in welded pipe 316 Stainless Steel joints in corrosive environment[J]. Ultrasonics. 2018, 88: 137-147.

[45] 中国科学院金属研究所. 金属材料表面纳米化[J]. 现代焊接，2004，30（6）: 30-32.

[46] 温爱玲，陈春焕，郑德有，等. 高能喷丸表面纳米化对工业纯钛组织性能的影响[J]. 表面技术，2003，20（3）: 16-18.

[47] 张淑兰，陈怀宁，林泉洪，等. 工业纯钛的表面纳米化及其机制[J]. 有色金属，2003，30（4）: 5-8.

2 第 2 章

焊接接头的疲劳

2.1 疲劳概述

2.1.1 疲劳定义及研究意义

疲劳（Fatigue）是由应力不断变化引起的材料逐渐破坏的现象。美国材料试验协会（American Society for Testing Materials，ASTM）将疲劳定义为"材料某一点或某一些点在承受交变应力和应变条件下，使材料产生局部的永久性的逐步发展的结构性变化过程。在足够多的交变次数后，它可能造成裂纹的积累或材料完全断裂"。文献[1]给出定义为"材料在变动载荷作用下，会产生微观的和宏观的塑性变形，这种塑性变形会降低材料的继续承载能力并引起裂纹，随着裂纹逐步扩展，最后将导致断裂，这一过程称为疲劳"。简单说，疲劳是裂纹的萌生、扩展与最终断裂的过程。

众所周知，疲劳断裂是金属结构失效的一种主要形式。工程结构约80%以上的失效破坏是由疲劳断裂引起的。统计资料表明，在某些工业部门，由于疲劳而失效的金属结构约占失效结构总数的90%。

2.1.2 疲劳断裂的分类

（1）按应力状态不同，可分为：弯曲疲劳、扭转疲劳、拉拉疲劳、拉压疲劳、复合疲劳。如火车的车轴，是弯曲疲劳的典型，汽车的传动轴、后桥半轴主要是承受扭转疲劳，柴油机曲轴和汽轮机主轴则是弯曲和扭转疲劳的复合。

（2）按环境及接触情况不同，可分为：大气疲劳、腐蚀疲劳、高温疲劳、热疲劳、接触疲劳、冲击疲劳等。

（3）按断裂寿命和应力高低不同，可分为：高周疲劳、低周疲劳，这是最基本的分类方法。最近的疲劳研究表明[2-4]，高强度钢、表面处理钢、合金钢和铸铁、甚至低合金结构钢等金属材料在承受交变载荷超过 10^7 周次后，仍然会发生疲劳破坏。因此，为了满足工程安全及可靠性设计的要求，对材料在 10^7 周次以后的疲劳行为进行研究具有重要意义，而此时的疲劳称之为超高周疲劳（Very High Cycle Fatigue，VHCF）或超长寿命疲劳。

高周疲劳的断裂寿命较长，疲劳寿命大于 10^5 周次，断裂应力水平较低，疲劳应力一般小于材料的屈服强度 σ_s，也称低应力疲劳，一般常见的疲劳都属于此类。

低周疲劳的断裂寿命较短，疲劳寿命一般在（$10^2 \sim 10^5$）周次，断裂应力水平较高，疲劳应力一般大于或等于材料的屈服强度 σ_s，往往有塑性应变出现，也称高应力疲劳或应变疲劳。

超高周疲劳是指疲劳破坏循环数大于 10^7 周次的疲劳，又称为超长寿命疲劳或千兆周疲劳（10^9 周次）。近年来，随着航空航天、汽车、高速列车和轮船等行业的快速发展，一些重要工程构件在其服役期间经常面临着高频低幅载荷，可承受高达 $10^8 \sim 10^9$ 次重复载荷（应力循环）。日本新干线高速列车在 10 年服役期内大约要经历 10^9 次应力循环，即 10 亿次以上的疲劳。经受的疲劳循环往往达到 $10^8 \sim 10^9$ 周次。传统疲劳研究认为，钢铁材料一般在 $10^6 \sim 10^7$ 循环周次附近存在疲劳极限，加载应力幅低于该疲劳极限，材料将不发生疲劳破坏，即材料有无限寿命，因此材料 10^7 周次的 S-N 曲线即可满足构件的疲劳设计安全要求。目前的长寿命疲劳设计大多是基于 10^7 次应力循环的试验数据进行的。然而，最近的研究结果表明，金属材料在超过 10^7 次的超长寿命区出现疲劳极限消失的现象[5-7]，材料在 10^7 以上超长寿命区高周循环周次内仍然会发生疲劳断裂，这意味着长寿命疲劳设计方法不能满足机械和结构在超长寿命区的安全设计要求。很多合金在超高周疲劳寿命区不存在传统的疲劳极限，S-N曲线具有阶梯下降特征。与传统疲劳不同，材料的超高周疲劳行为发生在加载应力幅远低于传统的疲劳极限。其疲劳断裂机理与传统疲劳破坏的机理也有所不同。

本章主要讨论具有典型和普遍意义的材料、焊接接头和结构的高周和低周疲劳情况。

2.1.3　疲劳断裂的特点

（1）疲劳是低应力循环延时断裂，即具有寿命的断裂。

断裂应力水平往往低于材料抗拉强度，甚至低于屈服强度。断裂寿命随应力不同而变化，应力高寿命短，应力低寿命长。当应力低于某一临界值时，寿命可达无限长。

（2）疲劳是脆性断裂。

由于一般疲劳的应力水平比屈服强度低，所以不论是韧性材料还是脆性材料，在疲劳断裂前不会发生明显塑性变形及变形预兆，破坏突然发生，所以有很大的危险性。

尽管疲劳是脆性断裂，但疲劳断裂形式与脆性断裂形式有明显差别。疲劳与脆性断裂相比较，虽然二者断裂时的形变都很小，但疲劳需要多次加载，而脆性断裂一般不需多次加载，结构脆断是瞬时完成的，而疲劳裂纹的扩展则是缓慢的，有时需要长达数年时间，它是在长期累积损伤过程中，经裂纹萌生和缓慢亚稳扩展到临界尺寸 a_c 时才突然发生的。因此，疲劳是一种潜在的突发性断裂。

（3）疲劳对缺陷（缺口、裂纹及组织缺陷）十分敏感。

由于疲劳破坏是从局部开始的，所以它对缺陷具有高度的选择性。

缺口和裂纹因应力集中增大对材料的损伤作用，组织缺陷（夹杂、疏松、白点、脱碳等）降低材料的局部强度，三者都加快了疲劳破坏的开始和发展。尤其是表面缺陷十分敏感，裂纹往往从局部的破坏处开始，而焊接结构的疲劳又往往是从焊接接头处产生。

2.1.4 疲劳断裂实例及研究疲劳的意义

疲劳断裂事故最早发生在19世纪初期，随着铁路运输的发展，机车车辆的疲劳破坏成为工程上遇到的第一个疲劳强度问题。例如，1842年法国凡尔赛铁路车轴的疲劳断裂造成60余人死伤的惨痛事故[8]。第二次世界大战期间也发生了多起飞机疲劳失事事故。1954年英国彗星喷气客机由于压力舱构件疲劳失效引起飞行失事，引起了人们的强烈关注[9]，并使疲劳研究上升到新的高度。

1998年6月3日，德国时间上午10:30，当列车驶至策勒区艾雪德镇以南约6 km时，第2节车厢的第3条车轴上的一个车轮外钢圈因疲劳而突然爆裂，列车在行驶中突然出轨，造成100多人遇难身亡的严重后果。事后经过调查发现，由于事发时列车车速高达200 km/h，第2节车厢抛离轨道冲入树丛之中，而第3节及以后的车厢则驶进了另一轨道上，并撞向一条行车天桥的拱位桥梁之上。因冲力强大，天桥桥梁被撞断后，天桥主体随即倒塌压在第3节车厢中后段，第3节之后的所有车厢全部出轨挤压在一起。导致这场近50年来德国最惨重铁路事故发生的原因就是由一节车厢的车轮内部疲劳断裂而引起。

1954年1月10日，"彗星1号"客机从意大利的罗马起飞，航班的目的地是英国伦敦。然而不幸的是，起飞后不到半小时，机身突然在空中爆裂，随即从9000米的高空坠入地中海，机上所有乘客和机组人员全部罹难。这次事故震惊了全世界。此前，人们对空难的认识并无深刻印象。英国的航空专家成立了专门的调查组，分析事故原因。更令人震惊的是，时隔不久，另一架"彗星"号飞机也发生了同样的事故，坠毁在意大利的那不勒斯海中。在1953年5月至1954年4月的不到一年的时间里，投入航线的9架"彗星"号飞机，竟有3架以完全相同的方式在空中解体。打捞出来的飞机残骸中，飞机密封座舱结构上发现有裂痕。与此同时，研究人员对已经停飞的"彗星"号飞机逐个进行严格的试验检测。事故分析结果表明，其中两次空难的原因都是飞机密封舱结构发生疲劳所致，飞机在多次起降过程中，其增压座舱壳体经反复增压与减压，在矩形舷窗窗框角上出现了裂纹引起疲劳断裂。最终结论是："彗星"号飞机在飞行中由于金属部件发生疲劳裂纹而引发了解体事故。历史表明，如果不是"彗星"号飞机事故，人们对疲劳的认识还可能推迟一段时间。"彗星号"客机悲剧是世界航空史上首次发生的因金属疲劳导致飞机失事的事件，从此，在飞机设计中将结构的疲劳极限正式列入强度规范被高度重视[10]。

图 2-1 所示为直升飞机起落架的疲劳断裂图，飞机起落架的裂纹是从应力集中很高的角接板尖端开始的，该机飞行着陆 2118 次后发生破坏，属于低周疲劳。图 2-2 所示为载货汽车底架纵梁疲劳断裂。汽车底架纵梁的板厚 5 mm，承受反复弯曲应力，在角钢和纵梁的焊接处，因应力集中很高而产生裂纹。该车破坏时已运行 30 000 km。在图 2-3 中，水压机的疲劳裂纹是从设计不良的焊接接头的应力集中点产生的。在图 2-4 中，表示空气压缩机法兰盘和管道连接处，因采用应力集中系数很高的角焊缝而导致的疲劳断裂。若改为应力集中较小的对接焊缝，疲劳事故可大大减少。从上述几个焊接结构的疲劳断裂事故中，可以清楚地看到焊缝接头的重要影响。因此，采用合理的接头设计、提高焊缝质量、消除焊接缺陷是防止和减少结构疲劳事故的重要方面[11]。

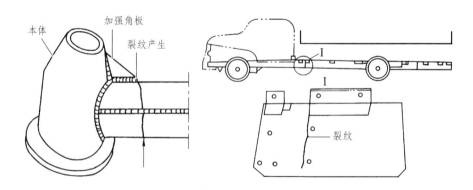

图 2-1　直升飞机起落架的疲劳断裂　　图 2-2　载货汽车底架纵梁疲劳断裂

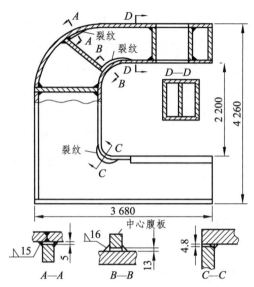

图 2-3 水压机焊接机架的疲劳断裂

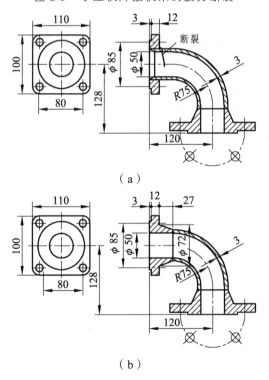

（a）

（b）

图 2-4 空气压缩机的疲劳断裂

疲劳断裂一般不发生明显的塑性变形，难以检测和预防，因而构件的疲劳断裂会造成巨大的经济损失，甚至严重威胁人类生命。在我国，疲劳失效也相当普遍，尤其在能源、交通等行业较为严重。而且随着新材料、新工艺的不断出现，将会提出许多需要研究解决关于疲劳强度的新问题。研究材料在变动载荷作用下的力学响应、裂纹萌生和扩展特性，对于评定工程材料的疲劳抗力，进而为工程结构部件的抗疲劳设计、评估构件的疲劳寿命以及寻求改善工程材料的疲劳抗力的途径等都是非常重要的。

2.2　疲劳试验和疲劳图

2.2.1　变动载荷及其表示法

变动载荷是指载荷大小和/或方向随时间按一定规律呈周期性变化或无规则随机变化的载荷，前者称为周期变动载荷或循环载荷，后者称为随机变动载荷。变动载荷在单位面积上的平均值为变动应力。

实际机器部件承受的载荷一般多属后者，但就工程材料的疲劳特性分析和评定而言，为简化讨论，主要还是针对循环载荷（应力）而言的。

循环应力的特征参数如图 2-5 所示。

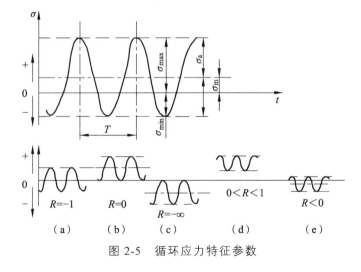

图 2-5　循环应力特征参数

循环应力的特征主要由以下参数表示：

（1）最大应力 σ_{max} 和最小应力 σ_{min}，即循环应力中的最大值和最小值。

（2）应力振幅 $\Delta\sigma = (\sigma_{max} - \sigma_{min})$ 或应力半幅 $\sigma_a = \dfrac{(\sigma_{max} - \sigma_{min})}{2}$，即应力最大值与最小值之差或差值的一半。

（3）平均应力 $\sigma_m = \dfrac{(\sigma_{max} + \sigma_{min})}{2}$，即最大应力与最小应力之和的一半。

（4）应力比 $R = \dfrac{\sigma_{min}}{\sigma_{max}}$，或 $r = \dfrac{\sigma_{min}}{\sigma_{max}}$，也称为交变应力的循环特性，其变化范围为 $-\infty \sim +1$。

（5）加载频率 f，单位为 Hz。

此外，还有加载波形，如正弦波，三角波以及其他波形等。

很容易看出，$\sigma_{max} = (\sigma_m + \sigma_a)$ 和 $\sigma_{min} = (\sigma_m - \sigma_a)$。因此，可以把任何变动载荷看作是某个不变的平均应力（静载恒定应力部分）和应力振幅（变动应力部分）的组合。

循环应力按照图 2-5 可分为下列几种典型情况：

（1）对称循环，$\sigma_m = 0$，$R = -1$，如图 2-5（a）所示。大多数轴类零件，通常受到交变对称循环应力的作用；这种应力可能是弯曲应力、扭转应力、或者是两者的复合。其疲劳极限用 σ_{-1} 表示。

（2）不对称循环，$R \neq -1$，如图 2-5（b）、（c）、（d）、（e）所示。有时还把循环中既出现正（拉）又出现负（压）应力的循环称之为交变应力循环，如图 2-5（a）、（e）所示。其疲劳极限用 σ_r 表示，下标 r 用相应的特性系数表示，如 $\sigma_{0.1}$。

（3）脉动循环，$\sigma_m = \sigma_a$，$R = 0$，如图 2-5（b）所示。齿轮的齿根和某些压力容器受到这种脉动循环应力的作用，其疲劳极限用 σ_0 表示。

（4）波动循环，$\sigma_m > \sigma_a$，$0 < R < 1$，如图 2-5（d）所示。飞机机翼下翼面、钢梁的下翼缘、气缸盖螺钉以及预紧螺栓等，均承受这种循环应力的作用。

（5）脉动压缩循环（$R = -\infty$）、大压小拉循环（$R < 0$）等，如图 2-5（c）、（e）所示。滚珠轴承受到脉动压缩循环应力，内燃机连杆受到大压小拉循环（不对称交变）应力的作用。

2.2.2　疲劳试验及疲劳曲线

在金属构件的实际应用中，如果载荷数值或方向变化频繁时，即使载荷的数值比静载时的抗拉强度 σ_b 小得多，甚至比材料的屈服强度 σ_s 低得多，构件仍然可能被破坏。

德国工程师 Wöhler 先生在 1850—1870 年，用大量试验研究了车轴的断裂事故。试验发现，钢制列车车轴在交变载荷作用下的强度要远远低于静载强度，疲劳寿命随着应力幅的增加而减少，当应力幅低于某一数值时，即使循环次数再多，试件也不会断裂，并且指出应力的幅值远比应力的最大值重要[12]。提出了应力-寿命曲线（S-N）和疲劳极限概念。所谓疲劳曲线是指疲劳应力与疲劳寿命的关系曲线，即 S-N 曲线，是确定疲劳极限、建立疲劳应力判据的基础。

N 为循环周次，表示应力循环的次数。循环应力的每一个周期变化称为一个应力周期。在循环加载下，构件产生疲劳破坏所需的应力或应变的循环周次称为构件的疲劳寿命，一般用 N_f 表示。

在低周疲劳时，因为载荷数值大，根据断裂力学知识，此时常常以可承受的位移或应变代替载荷或应力来绘出与破坏循环次数的关系曲线，故此时进行试验常称为位移疲劳试验或应变疲劳试验。

通常的 S-N 曲线（见图 2-6）是仿照火车轮轴的失效，用旋转弯曲疲劳试验方法测得的。这种方法比较简单，求出的疲劳极限，能和拉-压疲劳、扭转疲劳甚至和静拉伸时的抗拉强度建立一定的关系，并且能推得不对称循环的疲劳强度。

从疲劳曲线上可以看出，当金属承受的应力幅越大，则断裂时应力循环次数 N 越少；反之，应力幅越小，则 N 越大。当应力幅低于某值时，应力循环无数次也不会发生疲劳破坏，此时的应力幅称为材料的持久极限（Endurance limit）或疲劳极限（Fatigue limit），即曲线水平部分所对应的应力幅值。

对于一般具有应变时效的金属材料，如碳钢、球铁等，当循环应力水平降到某一临界值时，低应力段变为水平线段，表明试样可以经无限次应力循环也不发生疲劳断裂，故将对应的应力称为疲劳极限，记为 σ_{-1}（对称循环，$r=-1$）。

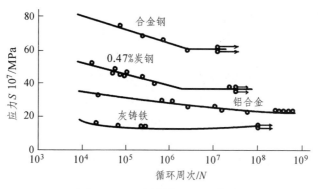

图 2-6　几种材料的 S-N 曲线

这类材料如果应力循环 10^7 周次不断裂，则可认定承受无限次应力循环也不会断裂，所以常将 10^7 周次作为测定疲劳极限的基数。

另一类金属材料，如铝合金、不锈钢等，其 S-N 曲线没有水平部分，只是随应力降低，循环周次不断增大，此时只能根据材料的使用要求规定某一循环周次下不发生断裂的应力作为条件疲劳极限，或称有限寿命疲劳极限。

对于 S-N 曲线的倾斜部分，可以给出过载持久值概念，反映出当应力超过疲劳极限时，材料对过载抗力的大小。如图 2-7 所示，曲线斜率大的材料 1，在相同过载应力下，其寿命较材料 2 长（$N_1 > N_2$），因而其具有较大的抗过载能力。

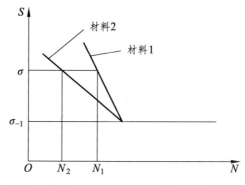

图 2-7　两种具有不同抗过载能力材料的 S-N 曲线

2.2.3　S-N 曲线的绘制

典型的 S-N 曲线是由有限寿命（中等寿命）和长寿命（疲劳极限或条件疲劳极限）两部分组成。在 S-N 曲线的测试中，由于疲劳试验数据分散性大，若每个应力水平下只测定一个数据，则测得 S-N 曲线的精度较差。为得到较为可靠的试验结果，一般疲劳极限（或条件疲劳极限）采用升降法进行测定，而有限寿命部分则采用成组试验法进行测定。然后将上述试验数据整理，拟合成疲劳曲线。

1. 条件疲劳极限的测定

常采用升降法测定条件疲劳极限。这种方法是从略高于预计疲劳极限的应力水平开始试验，然后逐渐降低应力水平。整个试验在 3 ~ 5 个应力水平下进行。

其原则是：凡前一个试样若不到规定循环周次 N_0（$N_0=10^7$）就断裂（用符号"×"表示），则后一个试样就在低一级应力水平下进行试验。相反，若前一个试样在规定循环周次 N_0 下仍然未断（用符号"○"表示），则随后一个试样就在高一级应力水平下进行。

第一根试样的应力水平应略高于 σ_{-1}，如果无法预计 σ_{-1}，则对一般材料取（$0.45 \sim 0.50$）σ_b。

第二根试样的应力水平根据第一根试样结果（破坏或通过）而定，如果第一根试样断裂，则对第二根试样施加的应力降低 3% ~ 5%，反之，要升高 3% ~ 5%，其余试样的应力值均应依此法办理，直到得到 13 个以上有效数据为止。升降法测定疲劳极限的示意图如图 2-8 所示。

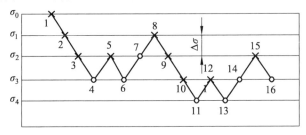

图 2-8　升降法测定疲劳极限示意图

$\Delta\sigma$—应力增量；×—试样断裂；○—试样通过。

处理试验结果时，将出现第一对相反结果以前的数据均舍去，如图 2-8 中第 3 点和第 4 点是第一对出现相反结果的点，因此点 1 和点 2 的数据应舍去，余下数据点均为有效试验数据。条件疲劳极限 $\sigma_r(N)$ 的计算式为：

$$\sigma_r(N) = \sigma_r(10^7) = (1/m)\sum_{i=1}^{n}V_i\sigma_i \qquad (2\text{-}1)$$

式中，m ——有效试验的总次数（断与未断均计算在内）；

　　　n ——试验的应力水平级数；

　　　σ_i ——第 i 级应力水平；

　　　V_i ——第 i 级应力水平下的试验次数。

用升降法测定条件疲劳极限时要注意两个问题：

（1）应力水平的确定。

第一级应力水平应略高于预计的条件疲劳极限；应力增量一般为预计条件疲劳极限的 3% ~ 5%。

（2）评定升降图是否有效，可根据以下两条来评定：

① 有效数据数量必须大于 13 个；

② "×" 和 "○" 的比例大体上各占一半。

2. 有限寿命 S-N 曲线的测定

过载持久值通常用 4 ~ 5 级应力水平的常规成组疲劳试验方法来测定。所谓成组试验法是在每级应力水平下测 3 ~ 5 个试样的数据，然后进行数据处理，计算出中值（即存活率为 50%）疲劳寿命，最后再将测定的结果在坐标上拟合成 S-N 曲线。

在测定时有两点需要注意：

（1）确定各组应力水平。在 4 ~ 5 级应力水平中的第一级应力水平 σ_1：对光滑圆试样取（0.6 ~ 0.7）σ_b；对缺口试样取（0.3 ~ 0.4）σ_b。而第二级应力水平 σ_2 比 σ_1 减少 20 ~ 40 MPa，以后各级应力水平依次减少。

（2）每一级应力水平下的中值疲劳寿命 N_{50} 或 $\lg N_{50}$ 的计算，将每一级应力水平下测得的疲劳寿命 N_1，N_2，N_3，…，N_n，代入式（2-2）计算中值（存活率为 50%）疲劳寿命。

$$\lg N_{50} = (1/n)\sum_{i=1}^{n}\lg N_i \qquad (2\text{-}2)$$

如果在某一级应力水平下的各个疲劳寿命中，出现越出情况（即大于规定的 10^7 循环周次），则这一组试样的 N_{50} 不按上述公式计算，而取这一组疲劳寿命排列的中值。

3. 绘制 S-N 曲线

把上述成组试验所得到的各组应力水平下的 N_{50} 或 $\lg N_{50}$ 数据点，标在坐标图中，拟合成 S-N 曲线。这条曲线就是具有 50% 存活率的中值 S-N 曲线。S-N 曲线的拟合，有两种基本方法：

（1）逐点描绘法。

用曲线板把各数据点连接起来，使曲线两侧的数据点与曲线的偏离大致相等，如图 2-9 所示。在用逐点描绘法绘制 S-N 曲线时，按升降法测得的条件疲劳极限（如图中点⑥），也可以和成组试验数据点（点①~点⑤）合并在一起，绘制成从有限寿命到长寿命的完整的 S-N 曲线。

（2）直线拟合法。

由于疲劳设计上的需要，对某些金属材料常用直线拟合上述成组试验数据点。工程中常见的有指数型关系式（见式 2-3）。

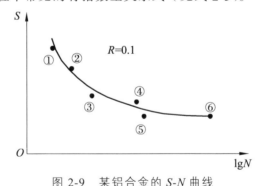

图 2-9　某铝合金的 S-N 曲线

$$N=CS^a \qquad (2\text{-}3)$$

式中，C 和 a 为待定常数。对上式两边取对数，则有下式：

$$\lg N=\lg C+a\lg S \qquad (2\text{-}4)$$

如果以 $\lg N$ 为横坐标，以 $\lg S$ 为纵坐标，则上式可以表示成一条直线。即在双对数坐标中，由实验所得的数据按照线性回归的方法可以得出疲劳极限的经验公式。

具体示例见表 2-1，根据表中所列 30CrMnSi 钢的一组试验数据拟合出其直线方程，见式（2-5）所示。

表 2-1　30CrMnSi 钢成组试验数据

序数 i	σ_i /MPa	$N_i = N_{50}/10^3$	$\lg N_i$
1	700	159	5.2014
2	660	274	5.4378
3	630	428	5.6314
4	610	639	5.8055
5	590	709	5.8506

$$\lg N = 9.52 - 0.00617\sigma \qquad (2\text{-}5)$$

按式（2-5）求出直线上任意两点的坐标，便可画出这条直线；这就是最佳拟合的直线。当用直线拟合 S-N 曲线时，一般仅拟合有限寿命区。对钢而言，整个 S-N 曲线由有限寿命 S-N 直线和长寿命的水平线两部分组成，在两直线相交处用圆角过渡，如图 2-10 所示。

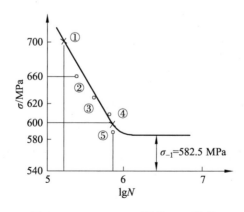

图 2-10　30CrMnSi 钢的 S-N 曲线

工程中最常见的 *S-N* 曲线是在对称循环实验条件下得到的，此时平均应力 $\sigma_m=0$，应力循环特性系数 $r=-1$。通常此时疲劳极限的数值最小。

2.2.4　疲劳图和不对称循环疲劳极限

S-N 曲线可由对称循环应力的试验得到，也可由不对称循环应力得到。很多机件是在不对称循环载荷下工作的，因此还需要测定材料的不对称循环疲劳极限，以满足这类机件的设计和选材的需要。当应力比 *r* 改变时，所得的 *S-N* 曲线也改变。为了使用方便，最好能有一种应力比在 $-1 \leqslant r \leqslant 1$ 范围内表示各种 *S-N* 曲线的线图，即在规定的破坏循环寿命下，可以根据不同的应力比 *r* 得到疲劳极限，画出的疲劳极限曲线图，简称疲劳图。

通常用工程作图法，由疲劳图求得各种不对称循环的疲劳极限。根据不同的作图方法有 4 种疲劳图。

1. σ_a-σ_m 疲劳图

图 2-11 即为用 σ_a-σ_m 表示的疲劳图。图中横坐标为平均应力 σ_m，纵坐标为应力半幅 σ_a。曲线 *ACB* 表示任意 *r* 条件下的疲劳极限，即在曲线 *ACB* 以内的任意点，表示不发生疲劳破坏；在这条曲线以外的点，表示经一定的应力循环次数后即发生疲劳破坏。

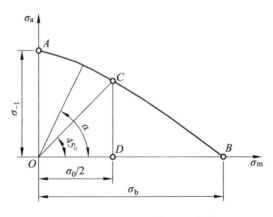

图 2-11　用 σ_a 和 σ_m 表示的疲劳图

曲线上各点的疲劳极限 $\sigma_r=\sigma_a+\sigma_m$。图中 A 点是对称循环应力下发生疲劳破坏的临界点，该点的纵坐标值为对称循环应力下的疲劳极限 σ_{-1}；曲线与横轴交点 B 的横坐标即为静载抗拉强度 σ_b。

C 点表示脉动循环，因 $OD=DC$，又因 $\sigma_r=\sigma_m+\sigma_a$，则其疲劳强度 $\sigma_0=\sigma_a+\sigma_m=2\sigma_a=2\sigma_m$。

若自 O 点作一与水平轴成 α 角的射线与曲线相交，则 σ_r 与 r 的几何关系如式（2-6）所示。

$$\tan\alpha=\frac{\sigma_a}{\sigma_m}=\frac{\frac{1}{2}(\sigma_{max}-\sigma_{min})}{\frac{1}{2}(\sigma_{max}+\sigma_{min})}=\frac{1-r}{1+r} \tag{2-6}$$

所以只要知道应力比 r，代入式（2-6）就可求出 α，在图上作角度 α 的直线，与 ACB 交于一点，则交点的 $\sigma_r=\sigma_a+\sigma_m$ 即为循环特性系数为 r 时对应的疲劳极限。

2. $\sigma_{max}(\sigma_{min})$-$\sigma_m$ 疲劳图

图 2-12 即为用 $\sigma_{max}(\sigma_{min})$-$\sigma_m$ 表示的疲劳图，图中横坐标表示平均应力 σ_m，纵坐标表示应力 σ_{max} 和 σ_{min}。

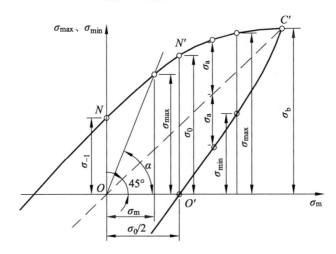

图 2-12　用 $\sigma_{max}(\sigma_{min})$ 和 σ_m 表示的疲劳图

在与水平线成 45° 角的方向内绘一虚线，将振幅的数值 σ_a 对称地绘在斜线的两侧。两曲线相交于 C 点，此点表示循环振幅为零，其疲劳极限即为静载抗拉强度 σ_b。图中 N 点是对称循环应力下发生疲劳破坏的临界点，该点的纵坐标值为对称循环应力下的疲劳极限 σ_{-1}；N' 点是脉动循环应力下发生疲劳破坏的临界点，该点的纵坐标值为脉动循环应力下的疲劳极限 σ_0。曲线 $CN'N$ 就是在不同 r 下的疲劳极限 σ_{max}。

若自 O 点作一与水平轴成 α 角的射线与曲线相交，则 σ_r 与 r 的几何关系如式（2-7）所示。

$$\tan\alpha = \frac{2\sigma_{max}}{\sigma_{max}+\sigma_{min}} = \frac{2}{1+r} \tag{2-7}$$

所以，只要知道应力比 r，代入式（2-7）就可求出 α，在图上作角度 α 的直线，与 $CN'N$ 交于一点，则直线与图形上部曲线的交点的纵坐标即为循环特性系数为 r 时对应的疲劳极限 σ_r。

3. σ_{max}-r 疲劳图

图 2-13 即为用 σ_{max}-r 表示的疲劳图。图中 A 点即为静载抗拉强度 σ_b；B 点为脉动循环应力下发生疲劳破坏的临界点，该点的纵坐标值为脉动循环应力下的疲劳极限 σ_0；C 点为对称循环应力下发生疲劳破坏的临界点，该点的纵坐标值为对称循环应力下的疲劳极限 σ_{-1}。曲线 ABC 上任意一点的纵坐标数值即为循环特性系数为 r 时对应的疲劳极限 σ_r。

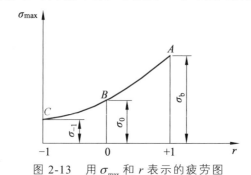

图 2-13　用 σ_{max} 和 r 表示的疲劳图

4. σ_{max}-σ_{min} 疲劳图

图 2-14 即为用 σ_{max}-σ_{min} 表示的疲劳图。纵坐标表示循环中的最大应

力 σ_{max}，横坐标表示循环中的最小应力 σ_{min}。图中 D 点即为静载抗拉强度 σ_b；C 点为脉动循环应力下发生疲劳破坏的临界点，该点的纵坐标值为脉动循环应力下的疲劳极限 σ_0；B 点为对称循环应力下发生疲劳破坏的临界点，该点的纵坐标值为对称循环应力下的疲劳极限 σ_{-1}。

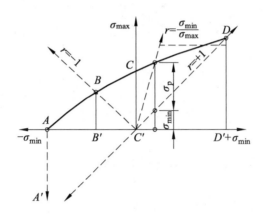

图 2-14　用 σ_{max} 和 σ_{min} 表示的疲劳图

由原点出发的每条射线代表一种循环特性。若自 O 点作一与水平轴成 α 角的射线与曲线相交，则 σ_r 与 r 的几何关系如式（2-8）所示。

$$\tan\alpha = \frac{\sigma_{max}}{\sigma_{min}} = \frac{1}{r} \qquad (2\text{-}8)$$

所以，只要知道应力比 r，代入式（2-8）就可求出 α，在图上作角度 α 的直线，与 BCD 交于一点，则直线与曲线的交点的纵坐标即为循环特性系数为 r 时对应的疲劳极限 σ_r。

图 2-15 所示为一组实例[1]。该钢种的静载强度为 588 MPa（A 点）。200 万次脉动循环的疲劳强度为 304 MPa（B 点）。而其交变载荷 $r=-1$ 的疲劳强度为 196 MPa（C 点）。对于 $r=-1$ 的疲劳强度，根据 ADB 线的交点即可找出，为 412 MPa。同样在该图上也可找出 $N=100$ 万次的各种循环特性的疲劳强度值。

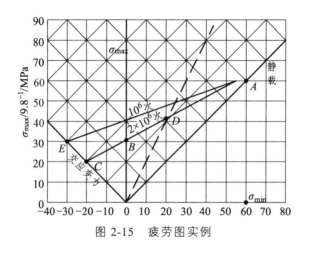

图 2-15　疲劳图实例

2.2.5　疲劳试验结果的分散性和 *P-S-N* 曲线

　　影响疲劳寿命的因素很多，诸如试样的制备过程、试样表面状态、载荷波动、试样装夹精度、材料本身的固有特性、材料的不均匀性以及缺陷等等。这些因素都会对试验结果造成一定的影响，造成试验数据的分散性，使得试验数据分布在相当广的分散带内。所以疲劳试验属于分散性比较大的试验。一般来说，疲劳分散带随应力水平的降低而加宽，随材料强度水平的提高而加宽。在上述影响因素中，试样的加工制备过程是导致疲劳试验数据离散性最重要的环节，例如车削加工、铣削加工和校直等机械加工方法都会影响到试样的最终加工质量。由于机械加工和热加工因素会影响材料的疲劳性能，所以即使是同一批、相同加工方法具有完全相同外观尺寸和形貌的疲劳试样也很难完美重复以前的疲劳试验过程和结果[13]。在引起疲劳数据分散性的外部因素中，除了试验设备、外加载荷和加载频率等的不确定因素外，试验环境的影响同样不可忽视。更应该指出的是材料内部的夹杂物和第二相颗粒，由于它们分布的随机性才导致了疲劳试验结果的大概率分散，也就是说它们才是真正影响疲劳数据分散性的本质原因。上述因素并不是相互孤立的，材料的疲劳损伤实际上是上述各种原因综合作用的结果。图 2-16 为某铝合金的疲劳试验数据。

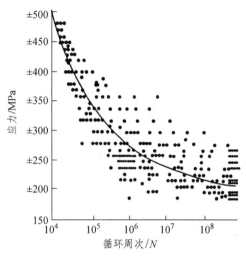

图 2-16　某种铝合金的疲劳试验数据

如果按上述常规成组法测定的存活率为 50% 的 S-N 曲线作为设计依据的话，意味着有 50% 的产品在达到预期寿命之前会出现早期破坏。在工程实践中，对一些重要场合，需要严格控制失效概率，因此作为设计依据的 S-N 曲线上应同时标明失效概率 P（P=1-存活率），作出 P-S-N 曲线。

图 2-17 给出的 P-S-N 曲线上，标明了三个不同应力水平下的疲劳试验数据和相应的失效概率分布。图 2-17 中曲线 AB 为失效概率 P=50% 的 S-N 曲线；CD 为 P=0.01% 的 S-N 曲线；EF 为 P=0.1% 的 S-N 曲线。

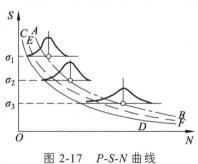

图 2-17　P-S-N 曲线

2.3　疲劳断裂过程和断口形貌

疲劳过程包括疲劳裂纹萌生、裂纹亚稳扩展及最后失稳扩展三个阶段，其疲劳寿命 N_f 由疲劳裂纹萌生期 N_0 和裂纹亚稳扩展期 N_p 所组成。当然在这三个阶段之间是没有严格界限的。例如疲劳裂纹"产生"的定义就带有一定的随意性，这主要是因为采用的裂纹检测技术不一而引起的。

了解疲劳各阶段的物理过程，对认识疲劳本质、分析疲劳原因，采取强韧化措施，延长疲劳寿命都是很有意义的。

2.3.1　疲劳裂纹的萌生

材料在循环载荷作用下，疲劳裂纹总是在应力最高、强度最弱的部位上形成。一般来说，疲劳裂纹的萌生大都在零件的表面，所以要注意零件的表面质量，表面越光洁平整零件的疲劳强度越高。疲劳裂纹在表面萌生，可能有四个位置：

（1）对纯金属或单相合金，尤其是单晶体，裂纹多萌生在表面滑移带处，即所谓驻留滑移带的地方。

对于承受循环载荷作用的金属材料，由于晶粒取向不同，以及存在各种宏观或微观缺陷等原因，每个晶粒的强度在相同的受力方向上是各不相同的；当整体金属还处于弹性状态时，个别薄弱晶粒已进入塑性应变状态，这些首先屈服的晶粒可以看成是应力集中区。一般认为，具有与最大切应力面相一致的滑移面的晶粒首先开始屈服，出现滑移。随着循环加载的不断进行，滑移线的数量增多成为滑移带。与静载荷时均匀滑移带相比，循环滑移不均匀，总是集中分布于某些局部薄弱区域。用电解抛光方法很难将已产生的表面循环滑移带去除，即使能去除，当对试样重新循环加载时，则循环滑移带又在原处出现，这种永久存留或再现的循环滑移带称为驻留滑移带。随着加载循环周次的增加，循环滑移带不断加宽，由于位错的塞积和交割作用，便在驻留滑移带形成微裂纹。

电镜观察表明，驻留滑移带的位错结构是由一些刃位错组成的位错墙，位错墙的位错密度很高，而位错墙之间的地带，位错密度很低，那里可自由变形，变形几乎都聚集在这些地区，这样循环变形的不断重复，在表面形成了许多峰与谷，叫作挤出带和侵入沟，如图 2-18 所示。挤出带和侵入沟处会产生非常大的应力集中，从而成为疲劳裂纹的策源地。

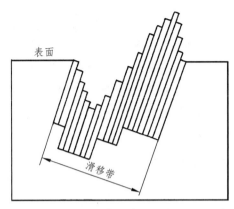

图 2-18　滑移带形成挤出带和侵入沟示意图

（2）当经受较高的应力/应变幅时，裂纹萌生在晶界处，特别是在高温下更为常见。多晶材料由于晶界的存在和相邻晶粒的不同取向性，位错在某一晶粒内部运动时会受到晶界的阻碍作用，在晶界处发生位错塞积和应力集中现象。

在应力不断循环，晶界处的应力集中得不到松弛时，则应力峰越来越高，当超过晶界强度时就会在晶界上产生裂纹。凡是使晶界弱化和晶粒粗化的因素，如晶界有低熔点夹杂物等有害元素和成分偏析、晶界析氢及晶粒粗化等，均易产生晶界裂纹，降低疲劳强度。

（3）对一般的工业合金，裂纹多萌生在夹杂物或第二相与基体的界面上。

在疲劳失效分析中，常常发现很多疲劳源都是由材料中的第二相或夹杂物引起的，因此提出了第二相、夹杂物本身开裂的疲劳裂纹萌生机理。只要能降低第二相或夹杂物的脆性，提高相界面强度，控制第二相或夹杂物的数量、形态、大小和分布，使之"少、圆、小、匀"，均可抵制或延缓裂纹在第二相或夹杂物附近萌生，提高疲劳强度。

（4）材料内部的缺陷处产生。

材料内部的缺陷如气孔、夹杂、分层、各向异性、相变或晶粒不均匀等，都会因局部的应力集中而引发裂纹。

在焊接接头中，产生疲劳裂纹一般要比其他连接形式的循环次数少。这是因为焊接接头中不仅有应力集中（如焊缝的焊趾处），而且这些部位易产生焊接接头缺陷，残余焊接应力也比较高。例如焊趾处往往存在有微小非金属夹渣物，而疲劳裂纹也正是起源于这些缺陷处。对接焊缝和角焊缝的根部，也能观察到夹渣物、未焊透、熔合不良等焊接缺陷。因为有这些缺陷和接头应力集中以及残余应力的存在，致使焊接接头的疲劳寿命一般小于母材的疲劳寿命。

2.3.2　疲劳裂纹的扩展

根据裂纹扩展方向，裂纹扩展可分为两个阶段：

第一阶段：从表面个别侵入沟（或挤出脊）先形成微裂纹，然后裂纹主要沿着与拉应力成45°的主滑移系方向，以纯剪切方式向内扩展，如图 2-19 所示。这是疲劳裂纹扩展的第一阶段。这时的裂纹在表面原有多处，但大多数显微裂纹较早地就停止扩展，呈非扩展裂纹，只有少数几个可延伸到几十微米的长度。

这个阶段的裂纹扩展速率很慢，每一次应力循环大约只有 0.1 μm（微米）数量级，扩展深度为 2 ~ 5 个晶粒。许多铁合金、铝合金中可观察到此阶段裂纹扩展，但缺口试样中可能观察不到。

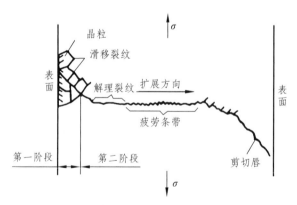

图 2-19　疲劳裂纹扩展的两个阶段示意图

第二阶段：第一阶段裂纹扩展时，由于晶界的不断阻碍作用，裂纹扩展逐渐转向与最大拉应力相垂直的方向生长，进入第二阶段扩展。

在该阶段内，裂纹扩展的途径是穿晶的，其扩展速率较快，每一次应力循环大约扩展微米数量级，在电子显微镜下观察到的疲劳条纹主要是在这一阶段内形成的。第二阶段的断口特征是具有略呈弯曲并相互平行的沟槽花样，称为疲劳条带（疲劳辉纹），如图 2-20 所示。

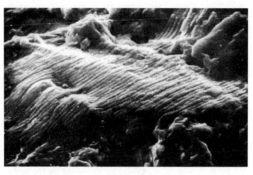

图 2-20　疲劳条带

它是裂纹扩展时留下的微观痕迹，每条带可以视为应力循环的扩展痕迹，裂纹的扩展方向与条带垂直。

目前广泛流行的裂纹扩展模型是塑性钝化模型，如图 2-21 所示。

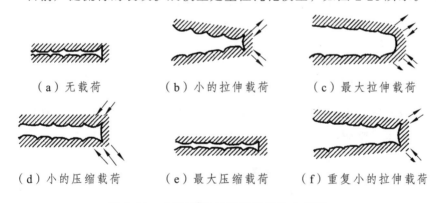

（a）无载荷　　　　（b）小的拉伸载荷　　　（c）最大拉伸载荷

（d）小的压缩载荷　　（e）最大压缩载荷　　（f）重复小的拉伸载荷

图 2-21　疲劳裂纹扩展的塑性钝化模型

图 2-21 中（a），在交变应力为零时裂纹闭合，这是在开始一循环周次时的原始状态。当拉应力增加，见图 2-21 中（b），裂纹张开，在裂纹尖端沿最大切应力方向产生滑移。随着拉应力继续增大到最大值时，见图 2-21 中（c），裂纹张开至最大，塑性变形的范围也随之扩大，图中两个同号箭头之间的距离，即表示裂纹尖端的塑性变形范围。由于塑性变

形的结果，裂纹尖端的应力集中减小，裂纹尖端钝化。理想状态是假定裂纹尖端张开呈半圆形，这时裂纹便停止扩展。当应力变为压缩应力时，滑移方向也改变了，裂纹表面逐被压缩，见图 2-21 中（d）。到压缩应力为最大值时，见图 2-21 中（e），裂纹便完全闭合，又恢复到原始状态。图 2-21 中（f）为另一个循环的开始。循环一周中裂纹扩展的距离，便是裂纹扩展的速率。从图中可以看出，裂纹扩展主要是在拉应力的半周内，在压应力下裂纹是很少扩展的。

裂纹从第一阶段向第二阶段转变的快慢，决定于材料和应力幅两个因素。在一般材料中，第一阶段都是很短的，而在一些高强度镍基合金中，第一阶段可长达毫米的数量级，有时甚至只有第一阶段。应力幅较低时，第一阶段便较长。虽然裂纹扩展第一阶段的长度甚短，但扩展速率却非常缓慢，所以在光滑试样中，第一阶段所消耗的循环周次可以占整个疲劳寿命的大部分。相反，在尖锐缺口的试样中，第一阶段则小到几乎可以忽略，整个的疲劳裂纹传播就是第二阶段。裂纹的第一阶段扩展是由切应力分量控制的，而第二阶段则由拉应力控制。

2.3.3 疲劳断口形貌

1．宏观断口形貌

疲劳断口宏观上由三个区域组成，即疲劳裂纹萌生区、疲劳裂纹扩展区和最终断裂区，如图 2-22 所示。

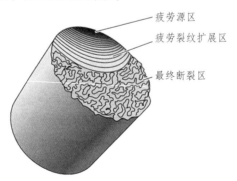

图 2-22　疲劳断口宏观区域划分

（1）疲劳裂纹萌生区。由于材质的质量、加工缺陷或结构设计不当等原因，在零件的局部区域造成应力集中，该区是疲劳裂纹核心产生的策源地。

（2）疲劳裂纹扩展区。裂纹亚稳扩展所形成的。裂纹产生后，在交变载荷作用下扩展，在疲劳裂纹扩展区常常留下一条条的同心圆弧线，称作前沿线（或疲劳线），这些弧线形成了像"贝壳"一样的花样，所以也称之为贝纹线，如图 2-23 所示。断口表面因反复挤压、摩擦，有时光亮得像细瓷断口一样。贝纹线是判断疲劳断裂的重要宏观特征依据。

图 2-23　疲劳宏观断口上的贝壳状花样

（3）最终断裂区（瞬时断裂区）。裂纹不断扩展使零件的有效断面逐渐减少，应力不断增加。当超过材料的断裂强度时，则发生断裂。该区和静载下带有尖锐缺口试样的断口相似。对塑性材料，断口为纤维状、暗灰色，而对于脆性材料则是沿晶状。

根据疲劳断口上疲劳裂纹扩展和最后断裂两个区域所占的比例，可估计零件所受应力高低及应力集中程度的大小。一般来说，瞬时断裂区的面积越大，越靠近中心，则表示工件过载程度越大，应力集中严重；相反，其面积越小，位置越靠近边缘，则表示过载程度越小。应力集中也越小。

2. 微观断口形貌

疲劳断裂微观形貌的主要特征是疲劳辉纹，如图 2-24 所示。疲劳辉纹是疲劳裂纹扩展第二阶段的微观特征。通常是明暗交替的有规则相互平行的条纹，一般每一条纹代表一次载荷循环。疲劳条纹的间距在 0.1 ~ 0.4 μm。

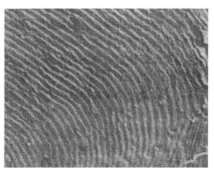

图 2-24　疲劳辉纹

第二阶段观察到的疲劳条纹是裂纹扩展的直接证明，但有几个概念应该明确：

（1）必须把宏观的疲劳断口中显示的海滩状或贝壳状条纹和电子断口金相中观察到的疲劳条纹区别开来。

疲劳辉纹与宏观断口上看到的贝壳状条纹不是一个概念。疲劳辉纹是一次应力循环中裂纹尖端塑性钝化形成的痕迹，贝壳状条纹是循环应力振幅变化或载荷变化形成的宏观特征。相邻的贝纹线之间可能有成千上万条疲劳辉纹。有时在宏观断口上看不到贝壳纹，但在电镜下仍可看到疲劳辉纹。

另外一些构件，尤其是薄板件，其宏观断口上没有明显的贝壳状花纹，却有明显的疲劳台阶。疲劳台阶是在一个独立的疲劳区内，两个疲劳源向前扩展相遇形成的。疲劳台阶也是疲劳裂纹扩展区的一个特征。

（2）在疲劳裂纹扩展的第一阶段中通常看不到疲劳条纹，但这并不等于说疲劳条纹只是第二阶段的固有特征。

（3）疲劳条纹在塑性好的材料如铜、铝、不锈钢中可以显示得很清楚，但对高强度钢便不容易看到，或只看到一部分。通常，疲劳裂纹的传播有两种方式，在塑性材料中显示出疲劳裂纹，在脆性材料中则呈解理台阶。

（4）疲劳条纹明显地取决于试验环境。

最终断裂区是疲劳裂纹扩展到临界尺寸之后发生的快速破断。其特征与静载拉伸断口中快速破坏的放射区及剪切唇相同。非常脆的材料，此区为结晶状的脆性断口。对于塑性材料，最终断裂区的微观断口上有明显的韧窝存在。图 2-25 为 16MnR 焊接接头最终断裂区的韧窝形貌。

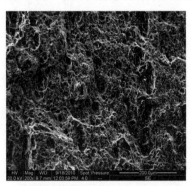

图 2-25　16MnR 焊接接头最终断裂区的韧窝形貌

2.4　断裂力学在疲劳裂纹扩展研究中的应用

在传统的疲劳强度设计方法中，假定材料是无裂纹的连续体，经过一定的应力循环次数后，由于疲劳累积损伤而形成裂纹，再经裂纹扩展阶段直到断裂。

常规的疲劳强度计算就是在疲劳试验的大量统计结果上，获得应力-寿命曲线，即 S-N 曲线，然后在此基础上利用疲劳图并给以一定的安全系数进行设计和选材。然而构件在实际使用中仍然会过早地发生意外破坏。这就是说，设计的可靠性未能得到充分保证。这种情况的出现主要是由于评定疲劳性能所用试件与实际构件之间存有差异。

实际构件在加工制造和使用过程中，由于各种原因（焊接、铸造、锻造、表面切削加工等）往往会产生各种类型的缺陷乃至裂纹。带有缺陷或裂纹的构件，在变载荷的作用下，即使载荷低于材料的疲劳极限，裂纹也会逐渐扩展直至断裂，导致灾难性的破坏。因此，传统的疲劳寿命设计是不能充分保证构件的安全可靠性。断裂力学就是研究带裂纹物体中裂纹扩展规律的一门学科。它给出了含裂纹体的断裂判据，并提出一个材料固有性能的指标——断裂韧性，用它来比较各种材料的抗断能力。应用断裂力学把疲劳设计建立在构件本身存在裂纹这一客观事实的基础上，估算结构的寿命是保证构件安全工作的重要途径，同时也是对传统疲劳试验和分析方法的一个重要补充和发展。

2.4.1 裂纹的亚临界扩展

一个含有初始裂纹 a_0 的构件，当承受静载荷时，只要工作应力 σ 小于临界应力 σ_c，则构件在静应力水平下工作就是安全可靠的；只有在应力水平达到临界应力 σ_c 时（图 2-26），即当其裂纹尖端的应力强度因子达到临界值 K_{IC}（K_C）时，才会发生失稳破坏。

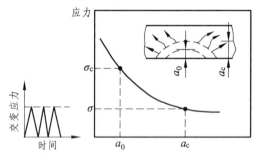

图 2-26 初始裂纹与临界裂纹尺寸

假若构件承受一个低于 σ_c 但又足够大的交变应力，那么这个初始裂纹 a_0 会在交变应力作用下发生缓慢扩展，当裂纹扩展达到临界裂纹尺寸 a_c 时，会使构件发生失稳破坏。裂纹在交变应力作用下，由初始值 a_0 到临界值 a_c 这一段扩展过程就是疲劳裂纹的亚临界扩展阶段，也称为疲劳裂纹 a_0 的剩余寿命阶段。

构件总的疲劳寿命 N 由两部分组成，即疲劳裂纹形成寿命 N_i（Initiation）和疲劳裂纹扩展至断裂的寿命 N_f（Propagation）：

$$N = N_i + N_f \tag{2-9}$$

2.4.2 疲劳裂纹扩展实验

通常用三点弯曲单边切口试样（裂纹为缺口+预制疲劳裂纹），在固定应力条件下测定疲劳裂纹扩展速率。先对试样表面进行抛光，然后借装置在疲劳试验机上的显微镜，直接读出经过一定循环周次 N 时的裂纹长度 a，作出 a 和 N 的关系曲线，如图 2-27 所示。

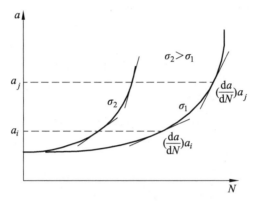

图 2-27 应力水平和裂纹长度对裂纹扩展速率的影响

由图 2-27 可见，裂纹体的寿命大部分消耗在裂纹萌生和亚裂纹扩展阶段，裂纹扩展速率 da/dN 和应力水平及裂纹长度有关。应力水平越高，扩展越快；裂纹尺寸越大，扩展越快。在一般情况下，裂纹扩展速率可写成以下形式：

$$da/dN = f(\sigma, a, C) \tag{2-10}$$

式中，N 为循环次数；σ 为应力；a 为裂纹长度；C 为与材料有关的常数。

1963 年帕瑞斯（Paris）首先把断裂力学引入疲劳裂纹的扩展研究中[14]，指出应力强度因子 K 既然能够表示裂纹尖端的应力场强度，那么也可以认为 K 值是控制裂纹扩展速率的重要力学参量，并由此提出了以下关于裂纹扩展的重要经验公式（2-11）。

$$da/dN = C(\Delta K)^n \tag{2-11}$$

式中，ΔK 为应力强度因子幅度（$\Delta K = K_{max} - K_{min}$），它等于最大载荷时的应力强度因子值减去最小载荷时的应力强度因子值，单位为 MPa·m$^{1/2}$；C 和 n 是由材料决定的常数。n 通常在 $2 \sim 4$。帕瑞斯的这一发现，在随后的许多学者的重复试验中得到了验证。同时，试验表明，n 随循环屈服强度 σ_{ys} 和循环应变硬化指数 n 的增加而减小。

2.4.3 疲劳裂纹扩展规律

对上述的 *a-N* 曲线,在双对数坐标上作图(lgd*a*/d*N*-lg Δ*K*),发现疲劳裂纹扩展可分为如下三个区域,如图 2-28 所示。

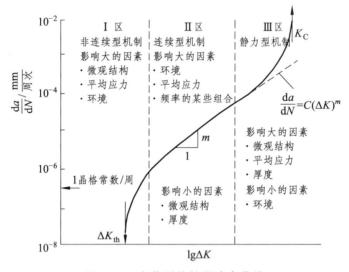

图 2-28 疲劳裂纹扩展速率曲线

Ⅰ区为近门槛区,裂纹扩展速率随 Δ*K* 的降低而迅速降低,以至 d*a*/d*N*→0。与此相对应 Δ*K* 值称为疲劳裂纹扩展的门槛值,记为 ΔK_{th},表示阻止裂纹扩展的能力;ΔK_{th} 越大,材料的抗疲劳性能越好。

当 Δ*K* ≤ ΔK_{th} 时,d*a*/d*N*=0,裂纹不扩展;当 Δ*K* > ΔK_{th} 时,d*a*/d*N*>0,裂纹开始扩展且扩展速度较快,很快进入第二个区域。

研究疲劳裂纹门槛值在理论上和实际工程应用上都是有意义的。ΔK_{th} 很小,为 K_{IC} 的 5% ~ 10%。所以,一般的机械零件和工程构件是不会以 ΔK_{th} 来作为设计指标的,如以 ΔK_{th} 来作为设计标准,这无疑是要求工作应力很低或者容许的裂纹尺寸很小,是不符合实际的。疲劳门槛值除了因应力比 *R* 的增加而减小外,还和组织有关。Ⅰ区接近于 ΔK_{th},故又将Ⅰ区称为近门槛区。其断口为解理花样,由断裂小面组成。

Ⅱ区为中部区或稳态扩展区,是裂纹扩展的主要阶段,决定了疲劳寿命的主要部分。其扩展速率受应力比、组织类型和环境的影响很小。

Ⅱ区的裂纹扩展速率 $da/dN=10^{-8} \sim 10^{-6}$ m/周次，帕瑞斯公式较好的符合该区域，裂纹扩展速率在 $\lg da/dN \sim \lg \Delta K$ 双对数坐标上呈一直线关系。对钢材而言，屈服强度、抗拉强度、加工硬化特性、组织结构以及温度等对此阶段的斜率基本上不发生明显的影响。从试样断口可以看出，在此扩展阶段内为平断口，与外加拉应力成 90°。电子金相图片表明为穿晶断裂，且具有典型的疲劳辉纹。

Ⅲ区为裂纹快速扩展区，$da/dN > 10^{-6} \sim 10^{-5}$ m/周次，并随着 ΔK 的增大而迅速升高。当 $K_{max} = \Delta K /(1-R)= \sigma_{max} (\pi a)^{1/2}=K_{IC}$ 时，试件或零件断裂。这一阶段受应力比、组织和断裂韧性的影响较大。其断口呈现静载断裂机制。

帕瑞斯公式有两个缺点：

（1）它没有考虑平均应力对 da/dN 的影响，而实验证明平均应力对疲劳裂纹扩展速率是有显著影响的。

（2）它没有考虑当裂纹尖端应力强度因子趋近于临界值 K_{IC} 时，裂纹的加速扩展效应。考虑上述两个存在的问题，福尔曼（Forman）提出了以下修正公式[15,16]：

$$da / dN = \frac{C(\Delta K)^n}{(1-r)K_{IC} - \Delta K} \tag{2-12}$$

式中，ΔK 为应力强度因子范围（ $\Delta K =K_{max}-K_{min}$ ）；K_{IC} 为应力强度因子的临界值；C、n 均为由材料决定的常数；r 为应力比。

福尔曼公式不仅考虑了平均应力对裂纹扩展速率的影响，而且反映了断裂韧度的影响。它可以在任何 r 的条件下更好地描述疲劳裂纹扩展规律，同时表明 da/dN 数值不仅取决于 ΔK 的大小，还与 K_{IC} 有关，材料的 K_{IC} 越大，da/dN 数值越小。

图 2-29 示出了 7075-T6 铝合金在各种 r 值条件下的帕瑞斯公式表示的 da/dN-ΔK 的关系。可见同一个 ΔK 值下 r 值越高（亦即平均应力越高），裂纹扩展速率也越高。同时亦可看到每条线都有自己单独的"指数规律"关系。但是，如果用福曼公式处理图 2-29 的 5 组数据，则得到如图 2-30 所示的一条线，其斜率为 4。这说明修正公式比帕瑞斯公式具有更好的概括性。

虽然福尔曼公式在处理许多材料（特别是高强度钢、铝合金）的数据中获得了广泛的应用，但由于此公式中有材料的 K_{IC} 值，这就导致不能用它描述目前尚难以测定出 K_{IC} 值的高韧性材料的裂纹扩展规律。因此，华格（Walker）提出用如下公式来描述裂纹的扩展规律。

$$da / dN = C[K_{max}(1-r)^m]^n \qquad (2-13)$$

式中，m、n、C 为与材料和介质有关的常数。

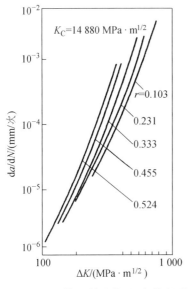

图 2-29　按照帕瑞斯公式绘制的
da / dN-ΔK 的关系

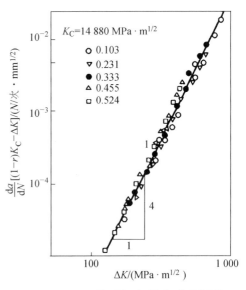

图 2-30　按照福尔曼公式绘制的
$da/dN[$（$1-r$）$K_{IC}-\Delta K$] 与 ΔK 的关系

华格称 $K_{max}(1-r)^m$ 为有效应力强度因子。当 $m=1$ 时，则它与帕瑞斯公式完全一致。可以说，帕瑞斯指数规律公式可看作是华格公式的特例。图 2-31 是图 2-29 的 5 组数据用华格公式处理的结果。

以上所讨论的是在应力循环条件下，裂纹在弹性区内的扩展规律。应当说明，这些规律的应用范围是低应力、高循环、低扩展速率。而这种指数规律不能用来表征高应变循环条件下裂纹的扩展规律。高应变循环疲劳也称为低循环疲劳或塑性疲劳。它一般发生在高应力、低循环、高扩展速率的情况下，此时试验条件不是控制应力，而是控制应变幅值。

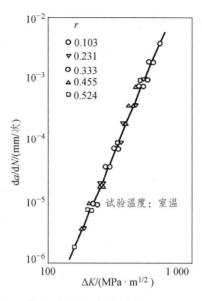

图 2-31 按照华格公式绘制的 da/dN-ΔK 关系

断裂力学中用裂纹尖端的张开位移来描述此时的裂纹扩展规律，即：

$$da/dN = C(\Delta\delta_t)^n \qquad （2-14）$$

式中，$\Delta\delta_t$ 为裂纹尖端的张开位移幅度。

试验结果表明，当张开位移幅度 $\Delta\delta_t$=常数时，则 da/dN 变为一恒值。这就是说在控制裂纹张开位移幅度 $\Delta\delta_t$ 的条件下，裂纹张开位移幅度 $\Delta\delta_t$ 就是影响裂纹扩展速率的主要参量。不过到目前为止，有关这方面的试验做得尚不够多，需要继续进行研究。

多年以来，试图将断裂力学的理论用于焊接结构的疲劳强度评估的努力一直没有停止过，像 BS 7608：2014+A1：2015 标准《钢结构抗疲劳设计与评估》那样，对如何使用断裂力学进行疲劳评估也提供了指导[17]。然而，它又特别提醒在使用断裂力学进行疲劳评估时需要格外小心，例如在裂纹扩展方程中的取值，初始缺陷的尺寸和疲劳裂纹的形状，甚至对于焊趾上的裂纹，它是半椭圆形的还是直线形的，都需要事先做出假设，而这些假设在设计阶段通常是难以建立的。即使这些假设可以被建立，它也完全有可能因人而异，这样计算结果的唯一性就很难从理论上得到保证[18]。因此如何选用公式中的常量，或者说公式中的常量选取正确与否对计算结果的准确性影响是至关重要的。

2.4.4　疲劳裂纹扩展的影响因素

影响疲劳裂纹扩展的因素很多，主要包括平均应力、应力比、过载峰、材料的组织等。

1. 平均应力（应力比）的影响

由于压应力使裂纹闭合不会使裂纹扩展，所以研究 r 对 da/dN 的影响，都是在 $r>0$ 的情况下进行的。大量试验表明，当 ΔK_{IC} 一定时，da/dN 随应力 r 的增加而增加，如图 2-32 所示。从图 2-32 可知，随着应力比 r（平均应力 σ_m）的增加，曲线向左上方移动，使 da/dN 升高，而且在 I、III 的影响比在 II 区的大。

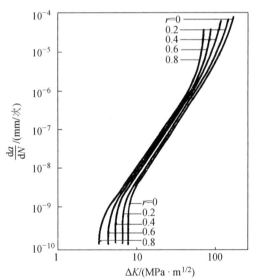

图 2-32　应力比 r 对疲劳裂纹扩展速率的影响

降低疲劳裂纹扩展速率的措施包括表面喷丸、滚压、超声冲击、表面淬火处理、渗碳和氮化等，凡是能够降低平均应力并在表面引入残余压应力的方法，均可以降低疲劳裂纹的扩展速率，提高材料的疲劳抗力。

2. 过载峰的影响

实际机件在工作时很难一直是恒定载荷，往往会有偶然过载。偶然过载进入过载损伤区内，将使材料受到损伤并降低疲劳寿命，但是如果过载适当，反而是有益的。

试验表明：在恒载裂纹疲劳扩展区内，适当的过载峰会使裂纹扩展减慢或停滞一段时间，发生裂纹扩展过载停滞现象，并延长疲劳寿命。图 2-33 是过载峰对 2024-T3 铝合金疲劳裂纹扩展的影响情况。三次过载应力峰都使裂纹扩展停滞了一段时间，随后又恢复正常扩展。

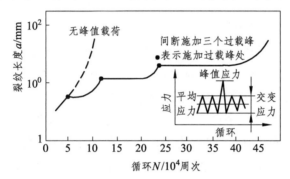

图 2-33　过载峰对 2024-T3 铝合金疲劳裂纹扩展速率的影响

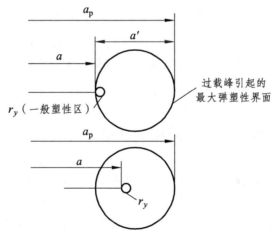

图 2-34　过载在裂纹尖端形成的塑形区

裂纹扩展发生过载停滞的原因，可用裂纹尖端过载塑性区的残余应力影响来说明。图 2-34 是过载在裂纹尖端产生的塑形区示意图。在应力循环正半周时，过载拉应力产生较大的塑性区，当这个较大的塑性区在循环负半周时，因阻止周围弹性变形恢复而产生残余压应力。

这个压应力叠加于裂纹上，使裂纹提前闭合，减少裂纹尖端的 ΔK，从而降低 da/dN，这种影响一般称为裂纹闭合效应。当裂纹扩展使裂纹尖端走出大塑形区后，由于应力恢复正常，疲劳裂纹扩展也就恢复了正常。对 42CrMo 钢亚温淬火的疲劳试验测试结果表明，一定的软相铁素体分布于马氏体基体上，因增大裂纹的闭合效应和吸收较多的能量作用，是疲劳裂纹扩展寿命明显提高。

3. 材料组织的影响

细化晶粒可以提高材料的疲劳强度。结构钢的热处理组织也影响疲劳强度。正火组织因碳化物为片状，其疲劳强度最低，淬火回火组织因碳化物为粒状，其疲劳强度比正火的高。

当钢的淬火组织中存在一定的残余奥氏体时和贝氏体等韧性组织时，可以提高钢的 ΔK_{th}，降低裂纹扩展速率 da/dN。对高强度钢等温淬火疲劳性能进行研究发现，钢中马氏体、贝氏体和残留奥氏体对 ΔK_{th} 的贡献大致比例是 $1:4:7$。可见，在高强度钢的基体上存在适量的软相奥氏体，可以抑制裂纹在 I 区的扩展，从而提高裂纹门槛值 ΔK_{th}[19]。

钢的高温回火组织的韧性好，强度低，其 ΔK_{th} 较高；而低温回火组织的塑韧性差，强度高，其 ΔK_{th} 较低；中温回火的 ΔK_{th} 则介于上述二者之间。

2.4.5 疲劳裂纹扩展寿命的估算

构件在进行疲劳裂纹扩展寿命的估算中，其基本数据就是材料（或构件）的裂纹扩展速率。文献及图册中所给出的裂纹扩展速率与应力强度因子幅度 ΔK 的关系，通常以帕瑞斯公式和福尔曼公式等表示。

疲劳裂纹扩展寿命估算的步骤：

（1）确定初始裂纹尺寸 a_0、形状、位置和取向。

（2）确定 $\Delta K = Y\Delta\sigma(\pi a)^{1/2}$，并由 $K_{IC} = Y\sigma_{max}(\pi a_c)^{1/2}$ 计算出临界裂纹尺

寸 a_c。

式中，Y 为裂纹试样的几何形状因子。

因压应力使裂纹闭合，不扩展。因此在 $R<0$ 时，$\Delta\sigma=\sigma_{max}-0=\sigma_{max}$，$\Delta K=K_{max}$。$R>0$ 时，$\Delta\sigma=\sigma_{max}-\sigma_{min}$。

（3）由 $\Delta K_0=Y\Delta\sigma(\pi a_0)^{1/2}$，并与由 ΔK_{th} 进行比较。当 $\Delta K_0>\Delta K_{th}$ 时，裂纹才会扩展。

（4）由裂纹扩展速率公式，从 a_0 到 a_c 进行积分，求出剩余疲劳寿命 N。

若以帕瑞斯公式为例，则：

$$da/dN = C(\Delta K)^n$$

对此式求定积分

$$N = N_f - N_0 = \int_{N_0}^{N_f} dN = \int_{a_0}^{a_c} \frac{da}{C(\Delta K)^n} \tag{2-15}$$

便可得疲劳扩展寿命。

式中，N_0 为裂纹扩展至 a_0 时的循环数（若 a_0 为初始裂纹长度，则 $N_0=0$），N_f 为裂纹扩展至临界失稳断裂长度 a_c 时的循环次数。

对于无限大板中心穿透裂纹的情况，将 $\Delta K = \Delta\sigma\sqrt{\pi a}$ 代入式（2-15）后，得疲劳裂纹扩展寿命 N 为：

$$N = N_f - N_0 = \frac{1}{C}\frac{2}{n-2}\frac{a_c}{(\Delta\sigma\sqrt{\pi a_c})^n}\left[\left(\frac{a_c}{a_0}\right)^{\frac{n}{2}-1}-1\right] \tag{2-16}$$

上式中 $n\neq2$。若 $n=2$ 时，疲劳裂纹扩展寿命 N 为：

$$N = N_f - N_0 = \frac{1}{C}\cdot\frac{1}{(\Delta\sigma\sqrt{\pi})^n}\ln\frac{a_c}{a_0} \tag{2-17}$$

若以福曼公式为例，则根据式（2-12）$\dfrac{da}{dN}=\dfrac{C(\Delta K)^n}{(1-r)K_{IC}-\Delta K}$ 用 ΔK_f 表示对应于临界裂纹尺寸 a_c 时的应力强度因子幅值，有

$$\Delta K_f = (1-r)K_{IC} \tag{2-18}$$

对于无限大板中心穿透裂纹的情况，用 ΔK_0 表示对应于初始裂纹尺寸 a_0 时的应力强度因子幅值，并将式（2-18）代入式（2-16）中求定积

分得到下面结果：

当 $n \neq 2$，$n \neq 3$ 时，

$$N = N_f - N_0$$
$$= \frac{2}{\pi C(\Delta\sigma)^2}\left\{\frac{\Delta K_f}{n-2}\left[\frac{1}{(\Delta K_0)^{n-2}} - \frac{1}{(\Delta K_f)^{n-2}}\right] - \frac{1}{n-3}\left[\frac{1}{(\Delta K_0)^{n-3}} - \frac{1}{(\Delta K_f)^{n-3}}\right]\right\}$$

当 $n=2$ 时，

$$N = N_f - N_0 = \frac{2}{\pi C(\Delta\sigma)^2}\left[(\Delta K_f)\ln\frac{(\Delta K_f)}{(\Delta K_0)} + (\Delta K_0) - (\Delta K_f)\right]$$

当 $n=3$ 时，

$$N = N_f - N_0 = \frac{2}{\pi C(\Delta\sigma)^2}\left[(\Delta K_f)(\frac{1}{\Delta K_0} - \frac{1}{\Delta K_f}) + \ln\frac{(\Delta K_0)}{(\Delta K_f)}\right]$$

【例 2-1】某压力容器的层板焊缝上有一长度 $2a=42$ mm 的周向贯穿直裂纹，容器每次升压和降压时 $\Delta\sigma=100$ MPa，从材料断裂韧性计算得到裂纹临界尺寸 $a_c=225$ mm，由实验得到裂纹扩展速率 $da/dN = 2 \times 10^{-10}(\Delta K_I)^3$，试估算容器的疲劳寿命和经 5 000 次循环后的裂纹尺寸。

解：（1）容器层板可视为有中心贯穿裂纹的远处均匀拉伸无限大板，所以：

$$K_I = \sigma\sqrt{\pi a},\ \Delta K_I = \Delta\sigma\sqrt{\pi a}$$

（2）疲劳寿命：

$$N_c = \frac{2}{C(\Delta\sigma)^n \pi^{n/2}(2-n)}\left(a_c^{1-n/2} - a_0^{1-n/2}\right)$$
$$= \frac{2}{2\times10^{-10}\times100^3\pi^{1.5}(2-3)}\left(\frac{1}{\sqrt{225\times10^{-3}}} - \frac{1}{\sqrt{21\times10^{-3}}}\right)$$
$$= 8\,600\,(次)$$

（3）5 000 次循环后裂纹尺寸：

$$a_f = \frac{1}{\left[\dfrac{1}{a_0^{(n-2)/2}} - \dfrac{(n-2)NC(\Delta\sigma)^n\pi^{n/2}}{2}\right]^{2/(n-2)}}$$
$$= \frac{1}{\left[\dfrac{1}{\sqrt{21\times10^{-3}}} - \dfrac{1\times5\,000\times2\times10^{-10}\times100^3\times\pi^{1.5}}{2}\right]^2} = 58.95\,(mm)$$

因为 $a < a_c$，故经过 5 000 次循环后，该压力容器仍然安全。

需要强调的是，上述的疲劳寿命评估方法和公式适用于应力疲劳的情况。对于应变疲劳的情况，由于此时最大应变已经与屈服应变相当，裂纹尖端的塑性区很大，故必须用弹塑性断裂力学来分析疲劳裂纹的扩展速率，也就是说利用裂纹尖端张开位移幅度 $\Delta\delta$ 或 J 积分幅度 ΔJ 作为控制裂纹扩展速率的主要参量，即

$$\frac{\mathrm{d}a}{\mathrm{d}N} = A(\Delta\delta)^n \tag{2-19}$$

或
$$\frac{\mathrm{d}a}{\mathrm{d}N} = B(\Delta J)^m \tag{2-20}$$

式（2-19）及式（2-20）中的 A、n 和 B、m 在一定条件下是材料常数。

2.5　影响焊接接头疲劳强度的因素

影响基本金属疲劳强度的因素（例如应力集中、截面尺寸、表面状态、加载情况、介质等）同样对焊接接头及结构的疲劳强度有影响。除此以外焊接结构本身的一些特点，例如接头部位近缝区性能的改变、焊接残余应力等也可能对焊接结构疲劳强度发生影响。弄清这些因素的具体影响，对提高焊接结构的疲劳强度是有益的。焊接接头的应力集中、残余应力以及焊接接头近缝区组织与性能对接头疲劳性能的影响见第3、4、5章所述。

参考文献

[1] 方洪渊. 焊接结构学[M]. 北京：机械工业出版社，2013.

[2] 李伟，李强，鲁连涛，王平. GCr15钢超长寿命疲劳破坏的机理[J]. 机械工程材料，2009，33（5）：37-40.

[3] 何柏林，叶斌，邓海鹏，李力，魏康. 转向架用SMA490BW钢焊接接头超高周疲劳性能[J]. 焊接学报，2019，40（2）：31-37.

[4] 何柏林，张枝森，谢学涛，封亚明. 加载环境对合金超高周疲劳行为的影响[J]. 华东交通大学学报，2016，33（5）：51-57.

[5] 王清远，刘永杰. 结构金属材料超高周疲劳破坏性能[J]. 固体力学学报，2010，13（5）：496-503.

[6] Bathias C. There is no infinite fatigue life in metallic materials[J]. Fatigue & Fracture of Engineering Materials & Structures, 1999, 22(6): 559-565.

[7] I. Marines *, X. Bin, C. Bathias. An understanding of very high cycle fatigue of metals[J]. International Journal of Fatigue 25 (2003) 1101-1107.

[8] Smith R A. The Versailles railwas accident of 1842 and the first research into metal fatigue[J]. Fatigua, 1999, 90(4): 2033-2041.

[9] S Suresh. Fatigue of Materials[B]. Cambridge University Press, 1998.

[10] 周瑾，祁文军，薛强. 浅析应力集中对焊接接头疲劳强度的影响[J]. 机械工程与自动化，2010，No.2，212-213，216.

[11] 田锡唐. 焊接结构[M]. 北京：机械工业出版社，1982.

[12] 张彦华. 焊接结构疲劳分析[M]. 北京：化学工业出版社，2013.

[13] Claude Bathias，André Pineau 著. 材料与结构的疲劳[M]. 吴胜川，李源，王清远译. 北京：国防工业出版社，2016.

[14] Paris P C, Erdogan F. A critical analysis of crack propergation laws[J]. J. Basic Engineering(ASME), 1963, 85(4): 528-534.

[15] Forman R G, Keamy V E, Engle R M. Numerical analysis of crack propergation in cyclic loaded structures[J]. J. Basic Engineering (ASME), 1967, 89(3): 459-464.

[16] Erdogan F, Ratwani M. Fatigue and fracture of cylindrical shell containing a ircumferential crack[J].International Journal of Fracture Mechanics, 1970, 6(4): 379-392.

[17] British Standard Institute. BS 7608: 2014+A1: 2015 Fatigue design and assessment of steel structures[S]. London: BSI, 2015.

[18] 兆文忠，李向伟，董平沙. 焊接结构抗疲劳设计理论与方法[M]. 北京：机械工业出版社，2017.

[19] 石德珂，金志浩. 材料力学性能[M]. 西安：西安交通大学出版社，1998.

第 3 章

超声冲击对焊接接头应力集中的影响

3.1 焊接接头的应力集中

3.1.1 应力集中的概念

承受轴向拉伸、压缩的构件，只有在加力区域稍远且横截面尺寸又无剧烈变化的区域内，横截面上的应力才是均匀分布的。然而在实际工程构件中，有些零件常存在切口、切槽、油孔、螺纹等，致使这些部位上的截面尺寸发生突然变化。如开有圆孔和带有切口的板条，当其受轴向拉伸时，在圆孔和切口附近的局部区域内，应力的数值剧烈增加，而在离开这一区域稍远的地方，应力迅速降低而趋于均匀。图 3-1 所示为中心含圆孔板条，在受到外载拉伸时，圆孔附近区域应力急剧增大，而在离开圆孔边缘区域稍远处，应力迅速减小而趋于均匀。这种由于构件截面尺寸的突然变化，而引起受力部位出现局部应力明显增大的现象称为应力集中。在弹性应力范围以内，应力集中的程度可以用应力集中系数 K_t 来表示，见式（3-1）。

$$K_t = \frac{\sigma_{max}}{\sigma_{av}} \qquad (3-1)$$

式中，σ_{max} 为局部区域的最大应力值；σ_{av} 为平均应力值或者名义应力值；K_t 是一个大于 1 的系数。

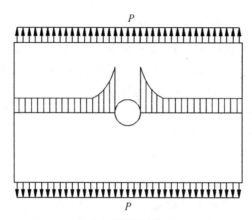

图 3-1　含中心圆孔板条的应力分布

试验和计算均表明，构件截面尺寸的变化越剧烈，应力集中系数越大。当截面几何形状比较简单时，可以运用弹性力学来求解 K_t；当结构比较复杂时，可以运用有限元法方法计算，或者光弹性理学等试验方法确定 K_t。

3.1.2　不同焊接接头的应力集中

在焊接接头的区域内，由于接头形状和焊缝布置的特点，造成焊接接头几何形状从母材向焊缝过渡处发生截面突变，在承受外载荷时，形状的突变破坏了力线的分布条件，因此造成了焊接接头工作应力的分布是不均匀的，接头中最大应力比平均应力值高的现象，即产生了局部应力集中。焊接接头中应力集中系数也可以用（式 3-1）表述。

影响焊接接头应力集中的因素包括以下几个方面：

（1）焊接工艺缺陷、冶金缺陷、夹渣、气孔、咬边、未焊透均会引起应力集中，其中咬边、未焊透较为严重。

（2）不合理的焊缝外形。不同焊缝形状会引起不同程度的应力集中。

（3）接头形式：不同接头形式引起应力集中不同。

（4）制造过程中的缺陷。

（5）焊接残余应力。

以下仅对焊接接头外观形状及几何突变引起的应力集中加以讨论。

焊接接头中应力集中的程度取决于焊接接头的结构形式。一般来说，焊接接头可分为对接接头、T形（十字）接头、搭接接头、角接接头、端接接头、套管接头、斜对接接头、卷边接头和锁底对接接头等，其中对接、T形（十字）、搭接、角接等4种接头用得较多。

1. 对接接头的应力集中

由于焊接接头截面几何形状的突变性，造成焊接接头工作应力高于结构所受的名义应力。对接接头的力线干扰较小，因而应力集中系数较小，其疲劳强度也将高于其他接头形式。焊接对接接头中正应力的分布如图3-2所示。一般正常焊接情况下，对接接头焊趾处的应力集中系数不超过1.6，焊缝背面与母材金属的过渡处的应力集中系数不超过1.5。减小焊趾圆弧过渡半径 r 和增大加厚高 h，应力集中系数会增加，当采用机加工方法去掉加厚高时，$K_t=1$，接头焊趾处的应力集中消失。按照国家有关标准，加厚高一般小于 3 mm。

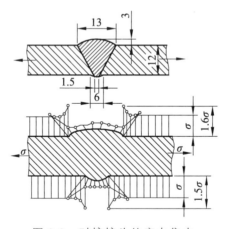

图 3-2　对接接头的应力集中

应力集中对于承受动载荷对接接头的疲劳强度是非常不利的，所以要求接头的应力集中系数越小越好，通常采用削平加厚高或增大焊趾圆弧过渡半径 r 的措施来降低应力集中，从而提高接头的疲劳性能。

对接板的厚度对焊接接头应力集中系数的影响如图 3-3 所示。从图中可以看出，在相同加厚高和相同过渡半径时，随着板厚度的增加，应力集中系数降低；在相同板厚和加厚高时，随着过渡半径的增大应力集中系数降低。无论过渡半径和板厚如何变化，随着加厚高的增加，接头的应力集中系数都是增加的，且随着过渡半径的增加，应力集中系数随加厚高的增加而增加的幅度减小。

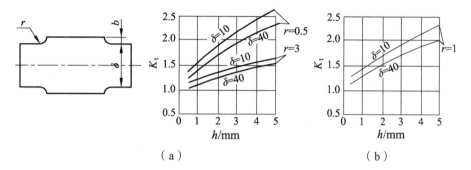

图 3-3 加厚高和过渡半径与应力集中系数的关系

接头焊趾处应力集中系数 K_t 可由公式（3-2）表示[1-3]。

$$K_t = \beta \left[1 + \alpha \left(\frac{d}{r} \right)^{\lambda} \right] \qquad (3-2)$$

式中，d 为板的厚度，r 为焊趾圆弧过渡半径；β，α 和 λ 均为系数，在对接接头形式及拉伸加载方式下它们分别取为 1，$0.27(\tan\theta)^{0.25}$ 和 0.5。

2. 十字（T 形）接头的应力集中

十字接头（又称 T 形接头）在焊接结构中得到了广泛的应用。在这种承力接头中，由于在焊缝向基本金属的过渡处具有明显的截面变化，其应力集中系数要比对接接头的应力集中系数高，因此十字（T 形）接头的疲劳强度要低于对接接头。十字（T 形）接头焊趾的应力集中系数可以表示为[4,5]

$$K_t = 1 + 0.35(\tan\theta)^{1/4} \left[1 + 1.1(c/l)^{3/5} \right]^{1/2} \left(\frac{t}{\rho} \right)^{1/2} \qquad (3-3)$$

图 3-4（a）是未开坡口焊接十字接头的应力集中情况。从图中可以看出，在十字接头的焊趾处具有较大的应力集中。除此之外，由于接头

没有焊透,焊缝根部也有很大的应力集中,两处的应力集中系数均大于 3。图 3-4（b）是开坡口焊透的十字接头，焊趾倾角大幅度降低，大大消除了焊趾处的应力集中。因此，开坡口或采用深熔焊接方法焊透是提高焊接十字接头疲劳性能的关键措施之一。

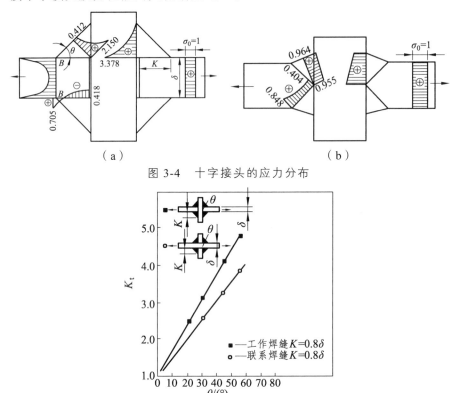

图 3-4　十字接头的应力分布

图 3-5　角焊缝焊趾角度与应力集中的关系

十字接头的应力集中系数 K_t 随焊趾倾角的变化而变化，如图 3-5 所示。从图中可知，在十字接头的外形和尺寸相同的条件下，工作焊缝的应力集中大于联系焊缝的应力集中。在焊趾截面上的工作应力分布也是很不均匀的，焊趾应力集中系数随角焊缝的形状改变而改变[6]。应力集中系数 K_t 随角焊缝的 θ 角增大而增大。

3. 搭接接头的应力集中

由于搭接接头使构件的形状发生了较大的改变，故应力集中系数比对接接头的要复杂，且一般情况下搭接接头的应力集中系数大于对接接头。根据搭接接头角焊缝受力的方向，可以将角焊缝分为正面角焊缝、侧面角焊缝和斜向角焊缝。图 3-6 所示为正面角焊缝的应力分布。

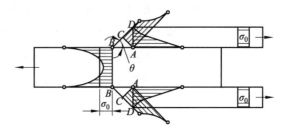

图 3-6　正面角焊缝搭接接头应力分布

焊趾应力集中系数可以表示为[4]

$$K_t = 1 + 0.6\left(\tan\theta\right)^{1/4}\left(t/l_1\right)^{1/2}\left(\frac{t}{\rho}\right)^{1/2} \tag{3-4}$$

只有侧面角焊缝的搭接接头的应力集中系数也非常大，如图 3-7（a）所示。既有正面角焊缝又有侧面角焊缝的搭接接头称为联合角焊缝搭接接头。尽量采用既有侧面角焊缝又有正面角焊缝的搭接接头，不仅可以改善应力分布[见图 3-7（b）]，还可以缩短搭接长度。

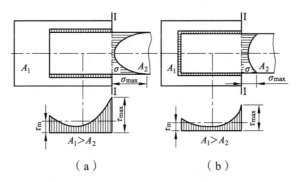

（a）　　　　　　　　　　（b）

图 3-7　侧面角焊缝与联合角焊缝搭接接头的应力分布

3.2　焊接接头应力集中系数的有限元计算

采用有限元方法对焊接接头进行应力分析，考察几何参数对于应力

集中系数 K_t 的影响，国内外都有这方面的研究[7-13]。文献[14]采用有单侧加强高的对接接头计算模型考虑了焊趾圆弧过渡半径 r 和焊趾倾角对 K_t 的影响，给出了估算 K_t 的经验公式但计算数据较少没有涉及板厚 t 对于 K_t 的影响。文献[15]测量了对接接头的主要外形尺寸经统计分析在一定几何参数范围内及 θ、r 和 t 的影响，给出了估算两侧对称加厚高对接接头的经验公式。文献[16]在已有研究基础上扩展了几何参数取值范围对两侧对称加厚高对接接头以及十字接头的应力集中系数进行了计算。

3.2.1　对接接头的应力集中系数

对接焊接接头应力集中的因素影响有很多，包括：焊趾倾角 θ、焊趾圆弧过渡半径 r、板厚 t、余高 h、焊缝宽度 W 等诸多因素[17]，由于焊接接头的疲劳断裂总是发生在对接接头的焊趾处，因此分析应力集中系数主要是考虑焊趾处应力分布情况。文献[18]利用 ABAQUS 软件建立有限元模型并计算，计算分析采用的焊接接头材料为转向架用 16Mn 钢，计算时所用的对接接头试样的形状、尺寸及实物图如图 3-8 所示。

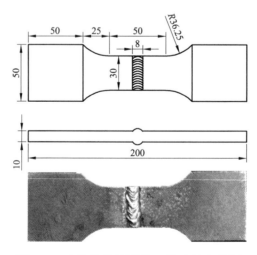

图 3-8　对接接头的形状、尺寸及实物图

由于模型的对称性，故取其 1/8 进行分析。有限元网格模型及网格

划分如图 3-9 所示。为了分析较大圆弧过渡处所带来的应力集中，也是采用了相应的网格细化。

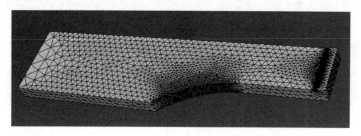

图 3-9　对接接头试样模型有限元网格

　　计算时焊缝宽度 W=6 mm，应力集中系数 K_t 随焊趾倾角 θ、焊趾圆弧过渡半径 r 两个因素的变化情况。为了观察焊趾倾角 θ 和焊趾圆弧过渡半径 r 对应力集中系数的影响，焊趾倾角 θ 从 10° 变化到 60°，焊趾圆弧过渡半径 r 从 0.2 mm 变化到 8 mm，焊趾处的应力集中系数用焊趾处最大的应力与所在截面的平均应力之比。计算结果如表 3-1 所示和图 3-10、图 3-11 所示。

表 3-1　对接应力集中系数 K_t 随 r 与 θ 变化（W=6 mm）

r/mm ＼ θ/(°)	10	20	30	40	50	60
0.2	1.578	2.070	2.429	2.603	2.755	2.795
0.5	1.444	1.746	2.056	2.189	2.263	2.318
1	1.363	1.607	1.783	1.865	1.929	1.973
2	1.310	1.448	1.544	1.607	1.646	1.669
3	1.261	1.374	1.434	1.480	1.507	1.533
4	1.226	1.326	1.370	1.405	1.433	1.452
5	1.206	1.283	1.336	1.358	1.383	1.405
6	1.182	1.257	1.297	1.321	1.346	1.355
7	1.174	1.235	1.274	1.292	1.313	1.329
8	1.167	1.218	1.246	1.273	1.289	1.304

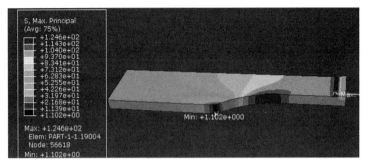

图 3-10　对接接头第一主应力云图

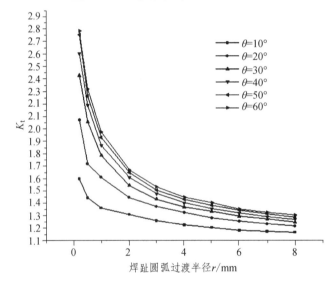

图 3-11　r 和 θ 对 K_t 的影响

从图 3-10 可以看出焊接接头应力集中在焊趾处是比较大的。从表 3-1 和图 3-11 可以看出，焊趾圆弧过渡半径 r 对焊接接头应力集中系数的大小有着很大的影响。对于相同的焊趾倾角，随着圆弧过渡半径 r 的不断增大，应力集中系数逐渐减小。

取焊趾倾角为 30°常见情况，对其进行三阶指数曲线的拟合，得到在该情况下的应力集中系数 K_t 与过渡半径 r 之间的关系见式（3-5）所示。

$$K_t=0.817e^{-r/1.013}+0.482e^{-r/9.717}+$$
$$0.629e^{-r/0.215}+1.038（r=0.2\sim8\text{ mm}）\qquad（3\text{-}5）$$

拟合的曲线如图 3-12 所示。从曲线可以看出，当过渡半径 r 在较小的值变化时，其对于应力集中的减小是非常有效的，曲线下降的较快，当 r 在较大数值变化时，虽然也可以降低应力集中，但是曲线较平缓。过渡半径 r 从 0.2 mm 增加到 3 mm 时，应力集中系数 K_t 从 2.429 下降到 1.434，降幅为 40.96%；过渡半径 r 从 3 mm 增加到 8 mm 时，应力集中系数 K_t 从 1.434 下降到 1.246，降幅仅为 12.9%。

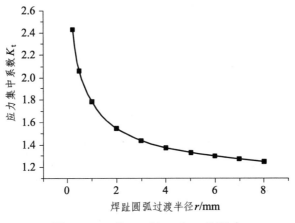

图 3-12　θ 为 30° 时 r 对 K_t 的影响

从表 3-1 和图 3-11 还可看出，焊趾倾角 θ 对焊接接头应力集中系数的大小也有着很大的影响。对于不同的过渡半径下的应力集中系数 K_t 是随着倾角 θ 的不断增大而增大的。取过渡半径 r=0.5 mm 的情况，对其进行相同的指数曲线的拟合，得到在该情况下应力集中系数 K_t 与焊趾倾角 θ 之间的拟合曲线见式 3-6。其中 θ 的单位为度数，θ 从 10° 变化到 60°。

$$K_t=2.438-1.574e^{-\theta/22.464} \tag{3-6}$$

拟合的曲线如图 3-13 所示。θ 从 10° 增加到 60°，应力集中系数 K_t 从 1.444 增加到 2.318，增幅为 60.53%；当 r=8 mm 时，应力集中系数 K_t 从 1.167 增加大 1.304，增幅为 11.74%；随着过渡半径的不断增大，倾角 θ 对应力集中的影响在不断减小。

文献[19]利用 ABAQUS 软件建立有限元模型并计算，研究不同的焊趾圆弧过渡半径 r 和焊趾倾角 θ 对应力集中系数 K_t 的影响，为生产实践中降低焊接接头应力集中系数提供理论参考。计算分析采用的焊接接头材料为 P355NL1 钢，我国某型号动车组转向架焊接构架即采用该钢制造。

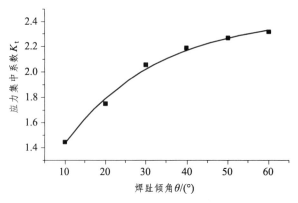

图 3-13 r=0.5 mm 时 θ 对 K_t 的影响

为了简化计算，只考虑焊缝几何形状参数对其应力集中系数的影响。所采用的计算模型如图 3-14 所示，其板厚为 10 mm，焊缝宽度 8 mm，θ 为焊趾倾角，r 为焊趾处圆弧过渡半径。

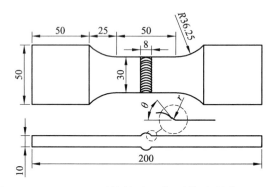

图 3-14   P355NL1 对接接头几何形状（单位：mm）

计算所用的材料属性如表 3-2 所示，取弹性模量 E=2.1×10^5 MPa，泊松比 μ=0.3。边界条件为一端固定，一端加拉伸载荷 60 MPa。由于其端部与中部的宽度比为 5∶3，所以中部的基准应力 σ_0 为 100 MPa。由于采用的模型相对简单，为了提高计算精度，采用 C3D20（二十结点二次六面体单元）对模型进行网格划分，特别在焊趾处设置相对密集的网格。焊趾处网格划分效果如图 3-15 所示。

表 3-2　P355NL1 钢的力学性能

E/MPa	σ_s/MPa	σ_b/MPa	μ	δ/%	$\varPsi$/%
2.1×10^5	360	580	0.3	27	58

图 3-15　焊趾处有限元网格划分（θ=30°，r=2 mm）

为了贴近生产实际，特别设置 r 和 θ 的两组参数，如表 3-3 所示。研究不同的焊趾处圆弧过渡半径 r 和焊趾倾角 θ 对应力集中系数 K_t 的影响。通过计算，即可得 θ 一定时，r 从 0.5～4 mm 变化时应力集中系数 K_t 的变化；r 一定时，θ 从 15°～50°变化时应力集中系数 K_t 的变化。图 3-16 为 θ=30°，r=2 mm 时，焊趾处的应力集中系数计算结果。从图中可看出，应力集中在焊趾处较大，最大应力为 168.3 MPa。焊趾处的应力集中系数 K_t 因可按式（3-4）计算，可得焊趾处的最大应力集中系数为 1.683。

表 3-3　θ 与 r 的取值范围

参　　数	取　值　范　围							
θ /（°）	15	20	25	30	35	40	45	50
r /（mm）	0.5	1	1.5	2	2.5	3	3.5	4

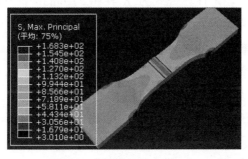

图 3-16　有限元计算结果（θ=30°，r=2 mm）

根据表 3-3 中 θ 与 r 的取值变化，计算出相应的应力集中系数 K_t，利用 Origin 软件对计算结果进行处理，绘制出 θ、r 变化对 K_t 影响的曲线，如图 3-17 所示。

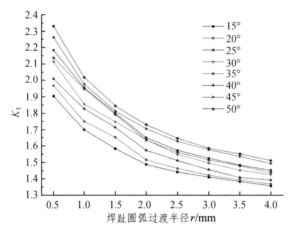

图 3-17　θ 和 r 对 K_t 的影响

从图 3-17 可以看出，焊趾处圆弧过渡半径 r 的变化对应力集中系数 K_t 的影响较大，当焊趾倾角 θ 一定时，K_t 随着 r 的不断增大而减小；当 r 一定时，K_t 随着 θ 的不断增大而增大。文献[2]提供了 16Mn 钢焊接对接接头 K_t 理论计算公式，为了验证数值模拟结果的准确性，将数值模拟结果与理论计算结果进行对照，并分别详细分析 θ 和 r 对 K_t 的影响。K_t 理论计算公式为[2]：$K_t=\beta[1+\alpha(t/r)^\lambda]$。式中，在对接接头形式及拉伸加载方式下，系数 α、β、λ 分别取 $0.27(\tan\theta)^{0.25}$、1、0.5；t 为板厚，取 $t=10$ mm。

选取 $\theta=30°$，理论计算公式为 $K_t=1+0.27(\tan30°)^{0.25}(10/r)^{0.5}$，将相应的有限元计算结果与理论计算结果导入 Origin 软件，可拟合出如图 3-18 所示的曲线。从图 3-18 可以看出，两条曲线的契合度较好。当 $\theta=30°$ 时，两条曲线的 K_t 值都随着 r 的增大而减小。同时，当 $r=0.5\sim2$ mm 时，两条曲线的 K_t 值急剧降低；当 $r=2\sim4$ mm 时，两条曲线的 K_t 值减小速度明显放缓，K_t 值趋向于稳定。通过与理论计算结果的对照，证明有限元计算结果较为准确。

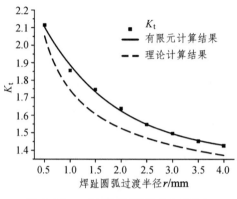

图 3-18　r 对 K_t 的影响（θ=30°）

θ=30°，当 r=0.5 ~ 2 mm 时，K_t 从 2.114 降低到 1.638，减少了 22.52%；当 r=2 ~ 4 mm 时，K_t 从 1.638 降低到 1.427，减少了 12.89%，K_t 变化的幅度明显变小。类似地，如图 3-17 所示，当 θ 值一定时，K_t 值的变化有类似的趋势。θ=15°，当 r=0.5 ~ 2 mm 时，K_t 从 1.904 降低到 1.487，减少了 21.90%；当 r=2 ~ 4 mm 时，K_t 从 1.487 降低到 1.358，减少了 8.68%；θ=50°，当 r=0.5 ~ 2 mm 时，K_t 从 2.330 降低到 1.729，减少了 25.79%；当 r=2 ~ 4 mm 时，K_t 从 1.729 降低到 1.511，减少了 12.61%。这说明，当 r≤2 mm 时，增大焊趾处圆弧过渡半径可以高效地降低焊趾处的应力集中系数，但当 r 不断增大时，这种降低作用会逐渐弱化，当 r 增大到一定值时，应力集中系数 K_t 会趋于一个稳定值。

选取 r=0.5 mm，理论计算公式为 $K_t=1+0.27(\tan\theta)^{0.25}20^{0.5}$，图 3-19 所示为相应的有限元计算结果与理论计算结果经 Origin 软件拟合后的两条曲线。从图 3-19 可以看出，当 r 一定时，随着 θ 的增大，两条曲线的 K_t 值也随之增大，两条曲线的变化趋势一致。r=0.5 mm，当 θ=15° ~ 50°时，有限元计算的 K_t 值从 1.904 增加到 2.330，增长了 22.38%；理论计算的 K_t 值从 1.868 增加到 2.261，增长了 21.04%。两者的增幅相差 1.34%，证明有限元计算结果较为可信。

当 θ 分别为 15°、20°、25°、30°、35°、40°、45°、50°时，r 从 0.5 mm 变化到 4 mm 时，K_t 值的降低量和降幅如表 3-4 所示。

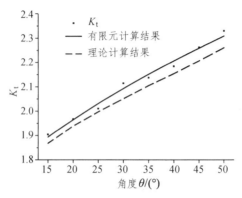

图 3-19 θ 对 K_t 的影响（r=0.5 mm）

表 3-4 K_t 的减少量及降幅（r=0.5 ~ 4 mm）

θ（°）	15	20	25	30	35	40	45	50
K_t 降低量	0.546	0.598	0.617	0.687	0.698	0.732	0.769	0.819
降幅/%	28.68	30.40	30.70	32.50	32.66	33.52	33.99	35.15

从表 3-4 可以看出，随着 θ 的不断增大，r 从 0.5 ~ 4 mm 时，K_t 降低量从 0.546 增加到 0.819，降幅从 28.68% 增加到了 35.15%。这表明焊趾倾角 θ 越大，r 从 0.5 ~ 4 mm 时，焊趾处的应力集中系数 K_t 降低量越大；焊趾倾角 θ 越小，通过改变焊趾处圆弧过渡半径 r 的大小来降低应力集中系数的效果越不明显。

为了探索 θ 和 r 对 K_t 的综合影响，将图 3-17 中有限元计算的结果导入 Origin 软件，生成相应 K_t 的等高线图，如图 3-20 所示；将理论计算公式 $K_t=\beta[1+\alpha(t/r)^{\lambda}]$，[$\alpha$、$\beta$、$\lambda$、$t$ 分别取 0.27$(\tan\theta)^{0.25}$、1、0.5、10]计算的 K_t 导入 Origin 软件，生成理论计算结果的等高线，如图 3-21 所示。

从图 3-20、3-21 可知，当 r=0.5 mm，θ=50°时，有限元计算的最大应力集中系数为 2.330，理论计算的最大应力集中系数为 2.261。对照图 3-20、3-21 可发现，在相同 r、θ 下，有限元计算的应力集中系数总比理论计算相应的结果大。为了增强焊接结构的安全性与可靠性，采用图 3-20 作为生产实践中焊接接头的应力集中系数控制图更为合理。一般情况下，工程上为了保证焊接对接接头在服役期间具有较高的疲劳强度，接头的应力集中系数应小于 1.6。如图 3-20 所示，在对接接头的生产实践中，

应保证焊趾倾角 θ 和圆弧过渡半径 r 的取值范围在等高线 $K_t \leqslant 1.600$ 以内。

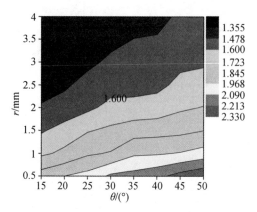

图 3-20　有限元计算结果 K_t 的等高线图

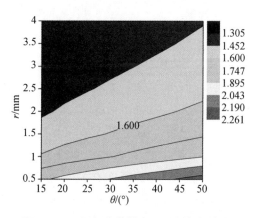

图 3-21　理论计算结果 K_t 的等高线图

3.2.2　十字接头的应力集中系数

十字接头母材向焊缝的过渡是比较剧烈的，其工作应力的分布非常不均匀，在角焊缝的根部和焊趾的地方均存在较大的应力集中。角焊缝按照截面的形状可以分为平角焊缝、凸角焊缝、凹角焊缝和不等腰角焊缝四种。形状如图 3-22 中（a）、（b）、（c）、（d）所示。应用最多的角焊缝是图（a）的平角焊缝，通常用腰长 K 来表示其大小，将 K 称作焊角尺寸。

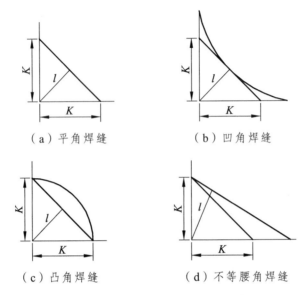

（a）平角焊缝　　　　　　　　（b）凹角焊缝

（c）凸角焊缝　　　　　　　　（d）不等腰角焊缝

图 3-22　十字接头焊缝截面形状

在焊件承受载荷时，各种截面形状的角焊缝的承载能力与它所受载荷的性质有关。静载时，假如母材金属的塑性良好，角焊缝的截面尺寸形状均对承载能力没有太大的影响；动载时，凹角焊缝比平角的承载能力要高，凸角焊缝的能力最低。对于不等腰角焊缝，长边平行于载荷方向时，动载承受能力较好。图中的尺寸 l 为工程上焊件强度计算时的尺寸。

角焊缝的焊脚尺寸 K 与焊件的厚度有关。为了改善焊件的性能，减少其残余应力和残余变形，避免焊接区基本金属产生过烧，国家有关规定角焊缝的焊脚尺寸一般要小于较薄焊件厚度的 1.2 倍。当焊件的厚度较大时，而角焊缝的尺寸又过小，这样会因为冷却速度过快而使焊缝产生淬硬组织，导致母材比较容易开裂。所以，一般角焊缝的焊脚尺寸应 $\geqslant 1.5\sqrt{t_{max}}$，$t_{max}$ 为较厚焊件的尺寸，单位是 mm。当焊件的厚度 $\leqslant 4$ mm，取与焊件厚度一样。

文献[20]就平角、凹角与凸角焊缝截面的应力集中与疲劳寿命进行了分析。焊脚长度为 8 mm，角度 θ 为焊缝切线与母材的夹角，如图 3-23 所示。同样取其 1/8 进行分析，有限元网格模型及网格划分如图 3-24 所示，计算结果如图 3-25 和表 3-5 所示。

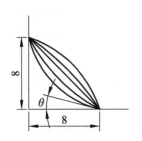

图 3-23　十字焊接接头形状

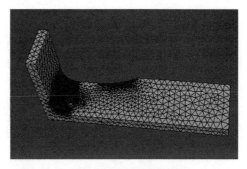

图 3-24　十字接头试样模型有限元网格

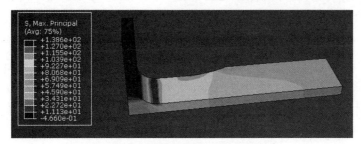

图 3-25　十字接头第一主应力云图

表 3-5　十字应力集中系数 K_t 随 θ 变化

$\theta/(\degree)$	0	10	20	30	45	60	70	80	90
K_t	1.386	1.822	2.506	3.378	3.955	4.727	5.197	5.394	5.667

将表中的数据进行指数增长拟合，如图 3-26 所示，得到切线角度 θ [θ 的单位为度（°），θ 为 0°~90°] 与应力集中系数 K_t 的关系如式 3-7 所示。

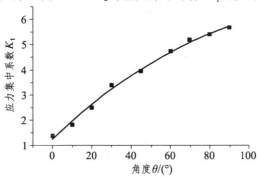

图 3-26　十字接头倾角度数与应力集中拟合曲线图

$$K_t = 8.608 - 7.366e^{-\theta/95.37} \qquad (3-7)$$

随着切线角度度数的不断增大，焊趾处截面突变在不断增大，应力集中系数在不断增大，可以看出内凹曲线的应力集中系数低于直角，而直角又低于外凸焊缝的应力集中系数。

应力集中系数可以反映焊接接头的应力集中程度，应力集中系数越大则接头的疲劳强度越低。考虑到焊趾处应力集中系数对转向架焊接接头疲劳寿命的显著影响，文献[21]应用有限元软件 ABAQUS，计算焊趾倾角在 10°~60°，焊趾圆弧过渡半径在 0.1 mm~4 mm 范围内变化时的焊趾处的应力集中系数，并通过 Origin 软件分析建立应力集中系数与几何参数（焊趾倾角、焊趾圆弧过渡半径）的关系方程式。针对转向架用 SMA490BW 钢十字接头建立模型，诸如焊接残余应力及工艺缺陷不作考虑，如图 3-27 所示，板厚为 12 mm，焊缝宽度为 6 mm，θ 为焊趾倾角，r 为焊趾圆弧过渡半径。采用有限元软件 ABAQUS 里的六面体单元进行网格的划分，为了提高分析的收敛速度和计算精度，采用二次单元 C3D20。同时在应力集中的焊趾区域细化网格，在远离该区域的网格可以适当大些，用以减小控制模型的规模。划分的有限元网格如图 3-28 所示，最小单元尺寸为 0.05 mm，材料的弹性模量 $E=206$ GPa，泊松比 $\mu=0.3$。建立模型边界条件，一端全固定，一端施加 100 MPa 的均匀拉伸载荷。

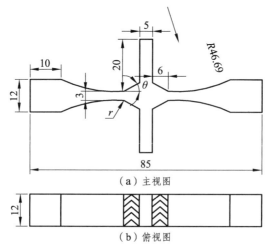

（a）主视图

（b）俯视图

图 3-27 十字接头的几何形状和尺寸（单位：mm）

为了较全面地考察焊趾倾角 θ 和焊趾圆弧过渡半径 r 对焊趾处应力集中系数 K_t 的影响，在作有限元计算时，参数具体取值范围如表 3-6 所示。焊趾处的应力集中系数 K_t 为焊趾处最大应力与所在截面的平均应力之比。图 3-29 是焊趾圆弧过渡半径 r=1.5，焊趾倾角 θ=10° 的十字焊接接头主应力云图，得到的应力集中系数 K_t 为 1.257。

图 3-28　十字接头试样模型的有限元网格

表 3-6　焊趾几何参数取值范围

参　数	取 值 范 围								
θ/ (°)	10		20	30	40		50	60	
r/mm	0.1	0.2	0.5	1	1.5	2	2.5	3	4

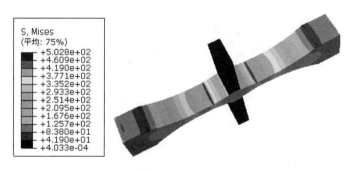

S, Mises
(平均: 75%)
+5.028e+02
+4.609e+02
+4.190e+02
+3.771e+02
+3.352e+02
+2.933e+02
+2.514e+02
+2.095e+02
+1.676e+02
+1.257e+02
+8.380e+01
+4.190e+01
+4.033e-04

图 3-29　十字焊接接头主应力云图（ r=1.5， θ=10° ）

采用相同的网格单元及同样的加载情况下，得到其他参数对应的十字接头应力分布图，应力集中系数 K_t 计算结果如表 3-7 和图 3-30 所示。

表 3-7　十字接头应力集中系数 K_t 随 r 与 θ 变化

θ/ (°) r/mm	10	20	30	40	50	60
0.1	1.405	1.797	2.166	2.493	2.755	2.943
0.2	1.376	1.683	1.971	2.176	2.374	2.438
0.5	1.321	1.536	1.694	1.896	2.008	2.081
1	1.267	1.464	1.557	1.598	1.625	1.636
1.5	1.257	1.370	1.423	1.449	1.461	1.462
2	1.231	1.311	1.341	1.353	1.353	1.360
2.5	1.210	1.268	1.285	1.289	1.290	1.290
3	1.191	1.233	1.243	1.245	1.245	1.246
4	1.164	1.187	1.188	1.188	1.190	1.192

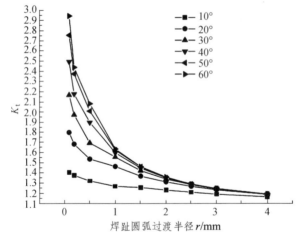

图 3-30　r 和 θ 对应力集中系数 K_t 的影响

从表 3-7 和图 3-30 可以看出，应力集中在十字焊接接头焊趾处是比较大的，焊趾圆弧过渡半径 r 对十字接头应力集中系数的大小有显著的影响。对于相同的焊趾倾角 θ，应力集中系数 K_t 随着焊趾圆弧过渡半径 r 的增大而逐渐减小。取焊趾倾角 θ=30°为例，应用 Origin 软件对数据进行三阶指数曲线的拟合，拟合的曲线如图 3-31 所示，得到该情况下的应力集中系数 K_t 与焊趾圆弧过渡半径 r 之间的关系表达式，如下：

$$K_t = 0.645e^{-r/0.148} + 0.373e^{-r/1.658} + 0.396e^{-r/1.658} + 1.117 \ (r=0.1 \sim 4 \text{ mm}) \ (3\text{-}8)$$

从曲线可以看出，当焊趾圆弧过渡半径 r 在 $0.1 \sim 2$ mm 区间变化时，曲线下降较快，改变 r 对于应力集中的减小是非常有效的。当 r 在 $2 \sim 4$ mm 区间变化时，虽然也可以降低应力集中，但曲线下降较为平缓。焊趾圆弧过渡半径 r 从 0.1 mm 增加到 2 mm，应力集中系数 K_t 从 2.166 下降到 1.341，降幅为 38.09%；焊趾圆弧过渡半径 r 从 2 mm 增加到 4 mm 时，K_t 从 1.341 下降到 1.188，降幅为 11.14%。

同时，如图 3-22 所示，焊趾倾角为 30° 的情况下，焊趾圆弧过渡半径 r 从 0.1 mm 变化到 4 mm，应力集中系数 K_t 从 2.166 下降到 1.188，整体降幅为 45.15%；焊趾倾角为 10°、20°、40°、50°、60° 的情况下对应的应力集中系数 K_t 的降幅依次为 17.15%、33.95%、52.35%、56.81%、59.50%，这说明：随着焊趾倾角的增大，焊趾处圆弧过渡半径 r 对应力集中的影响在不断增大。

从表 3-7 和图 3-30 还可以看出，焊趾倾角 θ 对十字接头应力集中系数也有很大的影响。相同焊趾圆弧过渡半径 r 的情况下，应力集中系数 K_t 随着焊趾倾角 θ 的增大而增大。取圆弧过渡半径 $r=0.5$ mm 为例，应用 Origin 软件对数据进行一阶指数曲线的拟合，θ 与 K_t 之间的拟合曲线如图 3-32 所示。拟合曲线的方程为：

$$K_t = 2.560 - 1.516e^{(-\theta/50.72)} \ [\theta \text{ 的单位为度（°），} \theta \text{ 从 10° 变化到 60°}] \ (3\text{-}9)$$

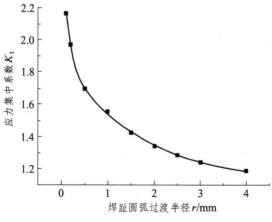

图 3-31　θ 为 30° 时 r 对 K_t 的影响

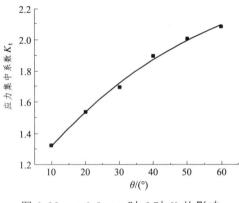

图 3-32　$r=0.5$ mm 时 θ 对 K_t 的影响

当焊趾倾角 θ 从 10°增加到 60°，应力集中系数 K_t 从 1.321 增加到 2.081，增幅为 57.32%。同时，当 r 分别为 0.1 mm、0.2 mm、1 mm、1.5 mm、2 mm、2.5 mm、3 mm、4 mm 时，对应的应力集中系数 K_t 的增幅依次为 109.47%、77.18%、29.12%、16.31%、10.48%、6.61%、4.62%、2.41%。这说明：随着焊趾圆弧过渡半径 r 的不断增大，倾角 θ 对应力集中的影响在不断减小。通过 Origin 软件拟合数据，得到相应的应力集中系数 K_t 与焊趾倾角 θ，焊趾圆弧过渡半径 r 的关系方程。根据关系方程，可以推算出某一十字接头形状下的焊趾处应力集中系数。反之可以得到某一具体应力集中系数对应的十字接头几何参数，应力集中系数关系方程对于转向架超声疲劳十字焊接接头的设计具有指导意义。

3.3　焊接接头应力集中对疲劳性能的影响

在焊接接头中产生应力集中的原因有焊缝中存在工艺缺陷、焊缝外形不合理、焊接接头设计不合理等。本书主要探讨焊接接头几何尺寸引起的应力集中及其对焊接接头疲劳强度的影响。

图 3-33 所示为对接接头的焊趾倾角 θ 和过渡半径 r 对接头疲劳强度的影响。从图中可以看出，随着焊趾倾角 θ 的增加，焊接接头的疲劳强度下降率逐渐增大，而随着过渡半径 r 的增大，接头的疲劳强度下降率逐渐减小。

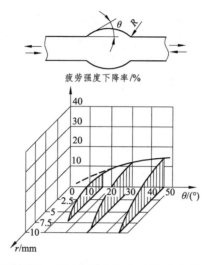

图 3-33　焊趾倾角 θ 和过渡半径 r 对接头疲劳强度的影响

将 3.2.1 节中的表 3-1 里面的应力集中分析的结果导入疲劳分析软件 MSC.Fatigue 进行疲劳分析,计算时所加的疲劳载荷最大应力为 180 MPa,载荷波形为正弦波曲线,应力比为 0.1。疲劳寿命的计算结果见表 3-8。

表 3-8　对接疲劳寿命 N 随 r 与 θ 变化

$\theta/(°)$ r/mm	10	20	30	40	50	60
0.2	2.41×10^6	4.53×10^5	1.46×10^5	1.14×10^5	9.26×10^4	6.88×10^4
0.5	4.42×10^6	1.02×10^6	3.35×10^5	2.46×10^5	2.41×10^5	2.28×10^5
1	6.73×10^6	1.95×10^6	9.88×10^5	6.55×10^5	5.00×10^5	4.71×10^5
2	8.89×10^6	4.38×10^6	2.66×10^6	1.57×10^6	1.47×10^6	1.45×10^6
3	1.15×10^7	6.36×10^6	4.65×10^6	3.99×10^6	3.20×10^6	2.81×10^6
4	1.22×10^7	8.17×10^6	6.49×10^6	5.41×10^6	4.67×10^6	4.29×10^6
5	1.22×10^7	9.10×10^6	7.75×10^6	6.91×10^6	6.06×10^6	5.41×10^6
6	1.22×10^7	1.18×10^7	9.52×10^6	8.39×10^6	7.36×10^6	7.02×10^6
7	1.22×10^7	1.22×10^7	1.08×10^7	9.78×10^6	8.75×10^6	8.05×10^6
8	1.22×10^7	1.22×10^7	1.22×10^7	1.09×10^7	9.93×10^6	9.18×10^6

为分析应力集中系数与疲劳寿命之间的关系，取焊趾倾角为 30°下的情况进行相应的曲线拟合，如图 3-34 所示，得到疲劳寿命 N 与焊接接头应力集中 K_t 之间的关系为：

$$\lg N = 8.894e^{-K_t/1.191} + 3.987 \tag{3-10}$$

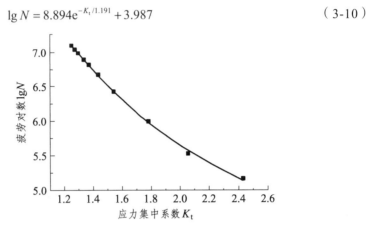

图 3-34　对接应力集中系数与疲劳寿命关系

从表 3-8 和图 3-34 可以得出，降低对接接头焊趾处的应力集中系数可以有效地提高结构的疲劳寿命。当应力集中系数 K_t 由 1.783 下降到 1.544 时，接头的疲劳寿命 N 由 9.88×10^5 提高到 2.66×10^6，可见下降 13.4%的应力集中系数使得疲劳寿命增加了 169%。应力集中系数越小，对于同样的疲劳载荷来说，接头疲劳寿命就越长，其疲劳极限也越高。从图 3-10 的计算结果可知，对接接头的疲劳破坏一般在应力集中系数较大的焊趾区域，计算结果得到了相应的试验验证，如图 3-35 所示。

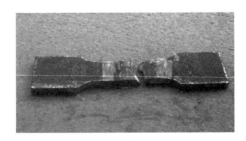

图 3-35　对接接头断于焊趾

将 3.2.2 节中的十字接头应力集中分析的结果同样导入到疲劳分析软件 MSC.Fatigue 进行焊接接头疲劳寿命分析，计算时所加的疲劳载荷最大应力为 180 MPa，载荷波形为正弦波曲线，应力比为 0.1。疲劳寿命的计算结果见表 3-9。

表 3-9　十字接头疲劳寿命 N

$\theta/(°)$	0	10	20	30	45	60	70	80	90
寿命 /N	1.05×10^8	7.62×10^6	9.88×10^5	1.46×10^5	6.88×10^4	3.42×10^4	2.56×10^4	2.51×10^4	2.49×10^4

十字接头中疲劳发生的部位也是在应力集中系数最大的焊趾处（见图 3-36），这一点和对接接头是一致的，焊趾是最薄弱的地方。随着应力集中系数的不断增加，疲劳寿命也是在不断的降低。通过拟合可以得出两者之间的关系如下：

$$\lg N = 9.647 e^{-K_t/1.486} + 4.152 \qquad (3-11)$$

图 3-36　十字接头断于焊趾

本书采用机加工方法，在焊接接头的焊趾处获得不同的几何形状参数，研究了应力集中对转向架用 16MnR 钢对接接头疲劳寿命的影响[1]。试验所用对接接头的形状和尺寸如图 3-8 所示，材料的力学性能见表 3-10 所示。

表 3-10　16MnR 钢的常规机械性能

材料	σ_s/MPa	σ_b/MPa	δ/%
16MnR	360	580	27

采用线切割方法将焊接接头的焊趾处进行机加工，机加工前后的焊趾形貌如图 3-37 所示。另外采用磨削加工方法将焊接接头的余高去掉，得到无应力集中的焊接接头。

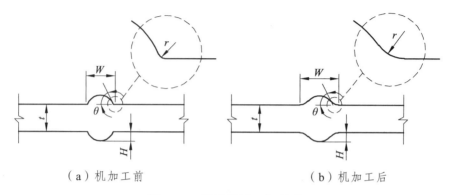

（a）机加工前　　　　　　　　　　（b）机加工后

图 3-37　焊趾区域几何形貌

可采用德国 GOM 公司生产的 ATOS-Ⅱ型非接触式精密光学测量仪，来测量原始焊态接头和经过机加工处理接头焊趾区域的几何参数。

采用岛津 EHF-EM200K2-070-1A 电液伺服疲劳试验机进行疲劳试验。所有疲劳试验全部在横幅载荷作用下进行。采用拉-拉疲劳载荷，施加的最大应力为 260 MPa，应力比为 R=0.1、频率为 f=10 Hz。为了观察焊接缺陷对焊接接头疲劳性能的影响，本试验还制备了含咬肉缺陷的焊接接头，焊接接头机加工后获得的接头形状如图 3-38 所示。

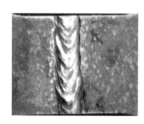

（a）原始焊接接头　　　（b）线切割接头　　　（c）线切割接头（含咬肉缺陷）

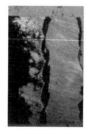

（d）去掉余高接头（含咬肉缺陷）　　　（e）去掉余高接头

图 3-38　不同机加工接头处形貌

采用 ATOS-Ⅱ型非接触式精密光学测量仪测量了焊接接头焊趾区域的几何参数，见表 3-11。

表 3-11　焊接接头焊趾区域的几何参数

接头状态	r/mm	θ/ (°)	H/mm
原始焊态	0.51	49	2.8
线切割	6	32	2.8
去掉余高	∞	0	0

应力集中系数 K_t 的计算公式见式（3-2）所示。即 $K_t = \beta[1+\alpha(t/\rho)^\lambda]$。

式中：对接接头形式及拉伸加载方式下，系数 β、α 和 λ 值见表 3-12 所示；t 为试板厚度，单位为 mm。根据式（3-2），利用表 3-11 中的有关数据计算应力集中系数 K_t，计算结果列于表 3-13。

表 3-12　应力集中系数 K_t 的计算参数

接头形式	加载方式	λ	α	β
对接接头	拉伸	0.5	$0.27(\tan\theta)^{0.25}$	1

表 3-13　应力集中系数 K_t 的计算结果

接头状态	K_t
原始焊态	2.24
线切割	1.29
去掉余高	1

采用岛津 EHF-EM200K2-070-1A 电液伺服疲劳试验机对上述 5 种具有不同应力集中程度的焊接接头进行了拉-拉疲劳试验，试验结果见表 3-14。

表 3-14　不同应力集中试样的疲劳试验结果

试样编号	接头状态	K_t	σ_{max}/MPa	$N/10^6$	平均值/10^6
1-1			260	0.696	
1-2	原始焊态	2.24	260	0.449	0.539
1-3			260	0.478	

续表

试样编号	接头状态	K_t	σ_{max}/MPa	$N/10^6$	平均值/10^6
2-1	线切割		260	0.293	0.410
2-2	（带咬肉）	1.29	260	0.526	
2-3	线切割		260	3.856	3.674
2-4			260	3.492	
3-1	去掉余高		260	0.483	0.507
3-2	（带咬肉）	0	260	0.531	
3-3	去掉余高		260	5.241	5.356
3-4			260	5.155	
3-5			260	5.672	

表中，σ_{max} 为实验过程中施加的最大拉伸应力。

从表 3-11、表 3-13 和图 3-38 可以看出，焊接接头经过机加工处理后，接头焊趾处的几何参数有了明显的改变。机加工处理后焊趾处母材向焊缝的圆弧过渡半径明显增大，焊趾倾角明显降低。从表 3-13 可以看出，焊接接头焊趾区域经过线切割加工后，由于接头焊趾处几何参数的变化，导致接头的应力集中系数得到较大幅度的降低，相比未加工试样，接头的应力集中系数降低了 42.41%；接头经过磨削加工去掉余高后，相比未加工试样，接头的应力集中系数降低了 55.36%，相比线切割试样，接头的应力集中系数降低了 19.35%。从表 3-14 可以得出，由于机加工处理降低了接头的应力集中系数，从而使焊接接头的疲劳寿命大幅度提高。原始焊接接头的平均疲劳寿命为 0.539×10^6，经过线切割加工处理后接头的平均疲劳寿命为 3.674×10^6，相比原始焊态接头，平均疲劳寿命提高了 5.8 倍左右；经过磨削加工去掉余高后接头的平均疲劳寿命为 5.356×10^6，相比原始焊态接头，平均疲劳寿命提高了 8.9 倍左右。用磨削方法加工后接头试件平均疲劳寿命的提高幅度要比用线切割方法高 45.8% 左右。从上述分解结果可以看出，应力集中对焊接接头的疲劳寿命的影响是巨大的。机加工在改变焊接接头焊趾区域的几何形貌的过程中，焊趾区域残余应力也会有一定的变化，但这些变化不会从根本上改变焊缝及其附近区域受残余拉伸应力，远离焊缝区域受残余压缩应力的应力分布特征。对经过线切割和磨削去掉余高后的焊接接头残余应力的测试表明，焊缝及其附近区域沿焊缝长度方向上的纵向拉伸应力仍大于 150 MPa，垂直于焊缝方向的横向残余应力仍大于 100 MPa。因此，在焊接接头的疲劳试验过程中，起主导作用的因素依然是应力集中。从表 3-14 还可以看出，当焊接接头的焊趾处存在严重的咬肉缺陷时，即使采用了机加工方法，也不能提高焊接接头的疲劳寿命。采用线切割加工焊趾，但焊趾处仍有严重的咬肉缺陷时，疲劳寿命仅为 0.410×10^6，经过磨削去掉焊缝余高，在焊趾处仍有严重的咬肉缺陷时，疲劳寿命也只有 0.507×10^6，仅仅与原始焊接态接头的疲劳寿命相当。上述分析表明，16MnR 钢对于咬肉缺陷是非常敏感的，而本试验中的咬肉缺陷[见图 3-38（c）、（d）]相当于在焊趾处开了缺口，缺口处在受到外载荷作用时，不仅有较大的应力集中，还会引发三向应力状态，对结构承载是非常不利的。

综合以上分析，在本试验条件下，16MnR 对接接头的焊趾处经过机加工后，在保证没有咬肉缺陷时，焊接接头的疲劳寿命至少可以提高 5 倍以上，这是一个相当可观的数据，表明应力集中对 16MnR 对接接头的疲劳寿命有极大的影响。随着接头应力集中的降低和消除，在应力集中处可能出现的疲劳裂纹被大幅度延迟。因此，机加工降低接头的应力集中是提高 16MnR 对接接头疲劳寿命的一个非常有效的方法。

当焊接接头带有严重缺陷如咬肉、未焊透时，其缺陷处的应力集中要比焊缝表面和焊趾处的应力集中严重得多，这种情况下，对焊缝表面或焊趾处的机加工是得不偿失的。

增大焊趾圆弧过渡半径能有效降低焊趾处应力集中，从而提高接头的疲劳性能。许多学者通过其他方法如采用高能喷丸、超声冲击、TIG熔修等工艺方法对焊接接头进行了表面处理，验证了上述论点。王东坡等[22]对超声冲击改善 16Mn 钢焊接接头应力集中开展研究，结果表明：焊趾区的圆弧过渡半径 r 从焊态试样的 $0.2 \sim 0.4$ mm 变为超声冲击处理后的 $1.6 \sim 2.0$ mm，十字接头有效应力集中系数降低了 25%。何柏林等[23]研究超声冲击对转向架用16MnR钢十字接头疲劳性能的影响。结果表明：经超声冲击处理后，接头焊趾部位变成平滑过渡，有效降低了接头承载时的应力集中程度，冲击态十字接头的条件疲劳极限比焊态试样提高了49%左右，接头的疲劳寿命延长了 45~52 倍。Pedersen 等[24]采用 TIG 熔修和超声冲击方法对高强度钢接头焊趾部位处理，由于 TIG 熔修后焊缝与母材之间的圆弧变得光滑，圆弧半径的增大降低了应力集中，疲劳试验结果表明，在 2×10^6 下，熔修后接头的疲劳强度为 368 MPa，远远高于焊态试样的 217 MPa，同时疲劳寿命也有明显提高。因此，通过增大焊趾圆弧过渡半径来降低应力集中，能为喷丸、超声冲击、TIG 熔修等技术工艺在改善焊接结构抗疲劳性能方面提供理论依据。

3.4　降低焊接接头应力集中的措施

通过 3.2 节所述可以看出，应力集中是降低焊接接头和结构疲劳强度的主要原因，只有当焊接接头和结构的构造合理，焊接工艺完善，焊接金属质量良好时，才能保证焊接接头和结构具有较高的疲劳强度。为提高焊接结构的疲劳强度，出采用正确的设计措施外，采用适当的工艺措施也是十分必要的，实践证明下列工艺措施对降低接头的应力集中系数是行之有效的。

（1）采用合理的结构形式，减少应力集中，提高疲劳强度。如图 3-39 所示，在支撑与圆筒之间加中间夹板；如图 3-40 所示，通过开孔的方式避免三条焊缝相交于一点。

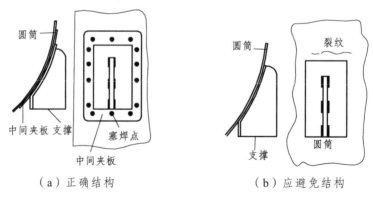

（a）正确结构　　　　　　　　（b）应避免结构

图 3-39　支撑与圆筒之间加中间夹板

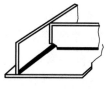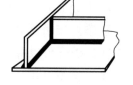

（a）推荐结构　　　　　　（b）力求避免结构

图 3-40　开孔避免三条焊缝相交

（2）尽量采用应力集中系数小的焊接接头形式。焊接接头有对接接头、搭接接头、T 形接头和角接头等 4 种基本形式，在接头部位具有不同的应力集中，对焊接接头疲劳强度的影响程度亦不一样。

对接接头的焊缝存在余高，由于余高的存在，使得构件表面不平滑，在焊缝与母材金属的过渡处引起应力集中。对接接头外形的变化与其他接头相比是不大的，其力线干扰较小，因此它的应力集中系数较小，并且易于降低和消除。T 形接头和十字接头的应力集中系数比对接接头的应力集中系数高，这是因为 T 形接头和十字接头焊缝向母材过渡比较急剧，力线扭曲大，造成工件的应力分布很不均匀，在角焊缝的根部和过渡处易产生很大的应力集中，所以其疲劳强度要低于对接接头。搭接接头使构件形状发生较大的变化，应力集中情况复杂，是一种疲劳极限最低的接头形式。在原来对接接头的基础上通过增加盖板来进行"加强"的方法是行不通的，因为这种盖板并未起到"加强"作用，而是使原来疲劳强度较高的对接接头被很大程度地削弱[22-24]。对接接头的应力集中系数小，因而疲劳强度高，应当尽量选用。可以采用复合结构将角焊缝改为对接焊缝，如图 3-41 所示。

（a）轮毂机构　　　　　　（b）铲土机零件

图 3-41　利用复合结构将角焊缝变为对接焊缝

（3）当采用角焊缝时（有时不可避免）须采取综合措施（机械加工焊缝端部，合理选择接板形状，焊缝根部保证熔透等）来提高接头的疲劳强度，采取这些措施可以降低应力集中并消除残余应力的不利影响。

（4）在某些情况下，可以通过开缓和槽使力线绕开焊缝的应力集中处来提高接头的疲劳强度。图 3-42 所示为用开缓和槽的方法提高焊接接头疲劳强度的实例[25]。

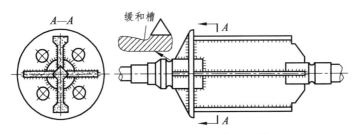

图 3-42　带有缓和槽的焊接电机转子

（5）用表面机械加工的方法，消除焊缝及其附近的各种刻槽，可以降低构件中的应力集中程度，提高接头疲劳强度。但是这种表面机械加工的成本高，因此只有真正有益和确实能加工到的地方，才适合采用这种加工方法。也可以采用合适的焊接工艺，尽量降低焊缝的余高。图 3-43 所示为不同焊缝余高以及将焊缝余高磨平后对焊接接头疲劳性能的影响[26]。

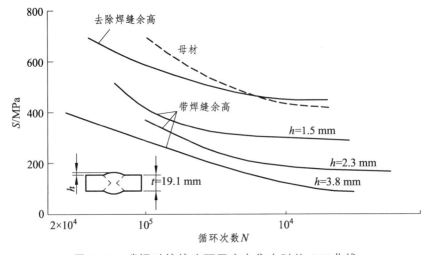

图 3-43　碳钢对接接头不同应力集中时的 *S-N* 曲线

从图 3-43 可以看出，随着焊缝余高的降低，焊接接头应力集中系数逐渐降低，焊接接头的疲劳强度逐渐增加，当采用机加工方法把焊缝余高磨平后，焊接接头的疲劳强度得到大幅度提高，基本上和母材达到同样水平。

（6）采用 TIG 焊整形的方法降低焊接接头的应力集中。TIG 重熔工艺是用钨极氩弧焊方法在焊接接头的过渡部位重熔一次，使焊缝与基本金属之间形成平滑过渡，国际焊接协会（IIW）推荐此法来提高焊接结构的疲劳强度，国内外对此工艺进行了广泛的研究[27]。日本川崎重工生产的 JNR201 系列 DT46 型转向架构架为 SM41B 钢板焊接结构，采用 CO_2 气体保护焊焊接，其大部分焊缝为搭接角焊缝及 T 形和十字形焊缝。为了提高疲劳强度，对约 50% 的焊缝进行整体磨光加工，虽可取得良好效果，但手工操作强度大，耗费工时多。为此进行了 TIG 重熔工艺改进，为了提高生产效率，实现自动化操作，川崎重工设计了转向架全自动 TIG 焊接和重熔处理装置。作业时先进行自动 TIG 焊接，然后停止焊条的进给，由钨极电弧完成重熔处理。使用该装置不但可保持稳定的焊接和重熔参数，而且可确保运条的直线性，振荡宽度的一致性和电极与母材距离的恒定性，从而可以获得高质量的焊缝和良好的重熔效果。此外，还可以减少工件的搬运、装卸次数，提高生产效率。

3.5 超声冲击改善焊接接头的应力集中

超声冲击处理时可以调节的参数包括冲击电流和振幅、冲击时间、静压力、冲头直径等。其中，冲击电流和振幅决定冲击的能量，冲击层金属变形的程度由冲击时间的长短和冲击电流的大小所决定。图 3-44 为超声冲击处理焊接接头示意图。

表 3-15 为超声冲击电流为 1.5 A、冲击振幅为 20 μm 时，经不同超声冲击时间处理后的试样划分表。第 3 小组和第 2 小组相比，除了通过超声冲击时间较长外，还通过改变超声冲击过程中撞击针前后摆动的倾

角使得第 3 小组在焊趾处获得较大的过渡半径（为第 2 小组过渡半径的
2 ~ 3 倍）。

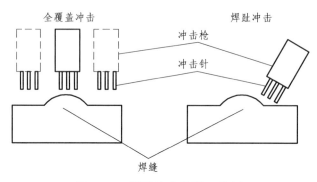

图 3-44　超声冲击处理示意图

表 3-15　不同超声冲击处理参数的具体设置

试样编号	试样处理状态	冲击时间/min
第 1 小组	原始焊态	0
第 2 小组	超声冲击态	5
第 3 小组	超声冲击态	15
第 4 小组	焊态磨平焊缝	0

为了衡量超声冲击对焊接接头焊趾处应力集中系数的影响程度，可
采用德国 GOM 公司产的 ATOS 非接触式精密光学测量仪（见图 3-45），
来测量经过超声冲击处理焊趾区域，使其产生圆滑过渡之后的过渡半径。
由于其独有的流动式设计，让使用者可以在不借用任何工作平台（如数
控机械、三坐标测量机或机械手等）的支援下，在任何可测量的方位测
量头均可做高速测量及快捷抄数。测量的完整过程为：首先基于光学三
角形原理的定位，然后是自动摄取影像，数码影像处理并分析，最后自
动合并所测得的点云数据使之成为一个完整而连续的曲面，由此得到高
质量零件原型的点云数据，并将之保存为后缀名 .igs 格式的文件。经过
NX Imageware 13 进行点云数据处理，进一步拟合得到光滑曲面，通过软
件直接测算出经过超声冲击处理之后，每一个焊趾区域的过渡半径。

图 3-46 所示为焊接对接接头经超声冲击后焊趾区域的表面性貌。

图 3-45　ATOS 测量系统的全景图

（a）对接接头原始焊态焊趾形貌

（b）对接接头超声冲击 1 道焊趾形貌

（c）对接接头超声冲击 3 道焊缝及
焊趾区域形貌

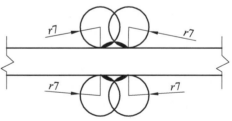

（d）（c）图经过 ATOS 测量转换的形貌

图 3-46　超声冲击后焊趾表面形貌

　　对不同应力集中系数的焊接接头进行疲劳寿命测试，测试时所加的最大外载荷为 260 MPa，由于超声冲击后焊接接头的拉伸残余应力会减小，甚至转变为残余压应力。为了消除超声冲击引起的残余应力变化的影响，原始焊态焊接接头和超声冲击后焊接接头均进行消除残余应力处理。焊接接头的疲劳寿命见表 3-16。

表 3-16　不同应力集中系数焊接接头的疲劳试验结果

试样编号	接头处理状态	疲劳寿命 $N/10^6$	断裂位置	平均 $N/10^6$
1-1	焊态+热处理	0.288	焊趾	
1-2	焊态+热处理	0.302	焊趾	0.335
1-3	焊态+热处理	0.416	焊趾	
2-1	超声冲击+热处理	0.770	焊趾	
2-2	超声冲击+热处理	0.494	焊趾	0.641
2-3	超声冲击+热处理	0.660	焊趾	
3-1	超声冲击+热处理	3.362	焊趾	
3-2	超声冲击+热处理	3.597	焊趾	3.258
3-3	超声冲击+热处理	2.815	焊趾	
4-1	焊态+磨平焊缝	5.241	未断	
4-2	焊态+磨平焊缝	5.155	未断	6.026
4-3	焊态+磨平焊缝	5.672	未断	

从表 3-16 可以看出，随着焊接接头焊趾处圆弧过渡半径的增加，即应力集中系数的降低，焊接接头的疲劳寿命逐渐增加。当采用机加工方法将焊接接头余高磨平以后，焊接接头完全消除了应力集中，其疲劳寿命的到大幅度提高。

叶雄林等人[28]对超高强钢进行了超声冲击处理得到冲击前后焊趾处的形貌，如图 3-47 所示。通过对比可见，经超声冲击处理后的焊件焊趾区的过渡更加平滑。从疲劳试验试件断裂位置看，焊态试件断裂位置都在焊趾，冲击处理试件虽然疲劳性能大幅度提高，但大多也断在焊趾，这说明几何不连续性在焊趾形成的应力集中是影响焊接接头疲劳性能的一个重要因素。

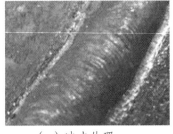

（a）冲击处理　　　　　　　　　　　（b）焊态

图 3-47　超声冲击处理前后焊趾处形貌

杨彦涛等人[29]测量了超声冲击处理前后 Ti80 合金焊接接头的外形尺寸，发现焊缝高度、焊缝宽度、焊缝倾角均无变化，只有焊趾区圆弧过渡半径增大较多，而应力集中系数却明显减小。通过定量计算发现，经超声冲击处理后 Ti80 合金对接接头的有效应力集中系数降低约 20%；十字接头则降低了 22%。向学建等人[30]通过对 Q370qE 钢焊接接头的研究发现，经超声冲击处理后焊缝宽度无变化，而余高稍降低，焊趾区圆弧过渡半径从 1.58 mm 增大到 2.63 mm，焊缝过渡倾角由 38°减小到 27°。霍立兴等[31]对超声冲击处理改善 16Mn 钢焊接接头应力集中的研究表明，焊趾区的圆弧过渡半径 r 从焊态试件的 0.2 ~ 0.4 mm 变为超声冲击处理后的 1.6 ~ 2.0 mm，十字接头有效应力集中系数降低了 25%，对接接头降低了 23%。赵小辉等[32]通过对钛合金十字接头的研究发现，钛合金原始焊态接头焊趾圆弧过渡半径 r 为 0.12 ~ 0.96 mm，而经过超声冲击处理后接头焊趾圆弧过渡半径为 1.3 ~ 3.3 mm，原始焊态的应力集中系数 K_t=4.1，超声冲击处理后应力集中系数 K_t=2.79。从试验结果可知：TC4 钛合金十字接头经过超声冲击处理后，其疲劳裂纹萌生区域的应力集中程度得到更大幅度改善，改善程度约为 47%。法国的 An-dre Galtier[33]研究了超声冲击状态下钢疲劳性能的变化，得出应力集中系数的降低与超声冲击后焊趾圆弧过渡半径 r 增大有关，原因是超声冲击改善了焊趾的表面形貌，而焊趾过渡角 θ 却没有太大改变。何柏林等[34]研究了超声冲击处理 SMA490BW 钢十字接头，超声冲击后随着改变焊接接头焊趾应力集中系数，从而改变焊接接头的疲劳寿命。研究结果表明，随着焊趾倾角的增大疲劳寿命降低，而随着焊趾圆弧过渡半径的增加疲劳寿命降低，如表 3-17 和图 3-48 所示。

表 3-17　对接接头疲劳寿命随圆弧过渡半径 r 和焊趾倾角 θ 的变化

$\theta/(\degree)$ $r/$mm	10	20	30	40	50	60
0.2	4.22×10^5	1.14×10^5	5.26×10^4	2.59×10^4	1.86×10^4	1.46×10^4
0.5	7.06×10^5	2.06×10^5	1.12×10^5	7.87×10^4	6.44×10^4	5.75×10^4
1	8.05×10^5	3.90×10^5	2.55×10^5	2.02×10^5	1.81×10^5	1.75×10^5

续表

$\theta/(°)$ r/mm	10	20	30	40	50	60
1.5	$1.04×10^6$	$5.51×10^5$	$4.16×10^5$	$3.60×10^5$	$3.36×10^5$	$3.24×10^5$
2	$1.22×10^6$	$7.48×10^5$	$6.04×10^5$	$5.45×10^5$	$5.18×10^5$	$5.11×10^5$
2.5	$1.42×10^6$	$9.08×10^5$	$7.31×10^5$	$7.31×10^5$	$7.13×10^5$	$7.10×10^5$
3	$1.57×10^6$	$1.07×10^6$	$9.62×10^5$	$9.23×10^5$	$9.14×10^5$	$9.12×10^5$
4	$1.85×10^6$	$1.43×10^6$	$1.35×10^6$	$1.32×10^6$	$1.27×10^6$	$1.22×10^6$

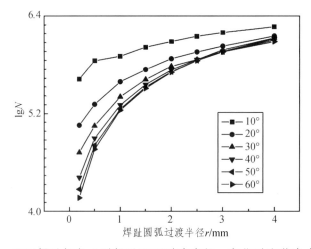

图 3-48　不同焊趾倾角 θ 时焊趾圆弧过渡半径 r 变化对疲劳寿命的影响

当焊趾倾角 θ 分别为 10°、20°、30°、40°、50°、60°时，焊趾圆弧过渡半径 r 从 0.2 mm 变化到 4 mm 时，应力集中系数分别下降 17.18%、31.88%、39.22%、46.84%、50.19%、51.96%，对应的疲劳寿命分别增长3.4、11.5、24.7、67.3、50、82.6 倍。当焊趾圆弧过渡半径 r 分别为 0.2 mm、0.5 mm、1 mm、1.5 mm、2 mm、2.5 mm、3 mm 和 4 mm 时，当焊趾倾角 θ 从 10°变化到 60°时，对应的疲劳寿命分别下降 96.54%、91.86%、78.26%、68.85%、58.11%、50%、41.91%、34.05%。

通过以上研究可认为，增大焊趾区圆弧过渡半径和减小过渡倾角是超声冲击改善焊趾区形貌、降低应力集中的主要实现方式。

参考文献

［1］何柏林，于影霞，史建平，周尚谕. 应力集中对转向架用 16MnR 钢对接接头疲劳寿命的影响[J]. 中国铁道科学，2013，34（5）：96-99.

［2］王东坡，周达. 超声冲击法提高焊接接头疲劳强度的机理分析[J]. 天津大学学报，2007，40（5）：623-628.

［3］D. 拉达伊. 焊接结构疲劳强度[M]. 郑朝云，张式程译. 北京：机械工业出版社，1994.

［4］D Radaj, C M Sonino.Fatigue assessment of welded joint by local approaches[M]. Cambridge, England: Abington Pub., 1998.

［5］张彦华. 焊接结构疲劳分析[M]. 北京：化学工业出版社，2013.

［6］T R 格尔内. 焊接结构疲劳[M]. 北京：机械工业出版社，1988.

［7］何柏林，叶斌，邓海鹏，李力，魏康. 转向架用 SMA490BW 钢焊接接头超高周疲劳性能[J]. 焊接学报，2019，40（2）：31-37.

［8］佐藤邦言等，坡口形状板厚焊缝厚度焊根角度对焊缝根部应力集中系数的影响[J]. 国外焊接技术，1980，（3）：12-17.

［9］汪建华，朱贤博. 焊接接头应力集中系数的有限元计算[J]. 造船技术，1982，（3）：14-20.

［10］李栋才，刘宏亮. 焊趾倾角和焊脚长度对十字接头应力集中系数的影响[J]. 机械工程学报，1992，28（1）：49-52.

［11］尹群，赵其章.船舶十字焊接接头在不同位错精度下应力集中系数的有限元计算[J]. 华东船舶工业学院学报，1995，9（2）：7-11.

［12］Brennan F.P., Peleties P., Hellier A.K.Predicting weld toe stress concentration factors for T and skewed T-joints plate connections[J]. International Journal of Fatigue, 22(2000) 573-584.

［13］张毅. 典型焊接接头应力集中系数和应力强度因子有限元分析[D]. 上海：上海交通大学，2005.

［14］李栋才，曹历杰. 对接接头应力集中系数的有限元分析[J]. 西安石油学院学报，1997，12（1）：30-34.

[15] 胡兵，薛景川，杨玉恭. 对焊接头几何形状参数统计分布及焊趾处 K_t[J]. 计算航空学报 1994，15（11）：1408-1410.

[16] Bolin He, Xiaodong Zhang. Finite element calculation about stress concentration coefficient of welded butt joints based on the ABAQUS [J]. Applied Mechanics and Materials Vols. 80-81 (2011) 807-811.

[17] 中国机械工程学会焊接学会. 焊接结构设计及应用[M]. 北京：机械工业出版社，1990.

[18] 张小东. 应力集中对焊接接头疲劳性能影响的有限元分析[D]. 南昌：华东交通大学，2012.

[19] 张枝森，何柏林. 焊趾几何形状对 P355NL 钢焊接接头应力集中的影响[J]. 热加工工艺，2017，46（11）：171-174.

[20] Yingxia Yu, Bolin He, Xiaodong Zhang. Calculation about the Effect of Stress Concentration Coefficient on the Fatigue Properties for Welded Cruciform Joints of 16MnR Steel[J]. Applied Mechanics and Materials Vol. 189 (2012): 350-354.

[21] 魏康，何柏林. 基于 ABAQUS 的转向架十字焊接接头应力集中系数分析[J]. 兵器材料科学与工程，2016，39（1）：41-44.

[22] 王东坡，霍立兴，荆洪阳，等. 改善焊接接头疲劳强度超声冲击装置的研制及应用[J]. 机械强度，2000，22（4）：249-252.

[23] 何柏林，于影霞，余皇皇，等. 超声冲击对转向架焊接十字接头表层组织及疲劳性能的影响[J]. 焊接学报，2013，34（8）：51-54.

[24] Pedersen M M,Mouritsen O,Hansen M R,et al.Comparison of post weld treatment of high strength steel welded joints in medium cycle fatigue[J]. Welding in the World, 2010, 5(7): 208-217.

[25] 方洪渊. 焊接结构学[M]. 北京：机械工业出版社，2013.

[26] 周瑾，祁文军，薛强. 浅析应力集中对焊接接头疲劳强度的影响[J]. 机械工程与自动化，2010，No.2，212-213，216.

[27] 郭豪. 高速转向架 T 形接头焊趾 TIG 重熔工艺研究[D]. 大连：大连交通大学，2007.

[28] Xionglin Ye, Youli Zhu, Kan Wang. Effect of ultrasonic impact treatment on the residual stress and fatigue performance of ultrahigh strength steel weld joint[C]. International Technology and Innovation Conference, Hangzhou, China, 2006, 150-154.

[29] 杨彦涛，张永洋，余巍. 超声冲击处理钛合金焊接接头性能的研究[J]. 材料开发与应用，2007，22（1）：28-32.

[30] 向学建，黄元林，朱有利，等. 超声冲击对 Q370qE 钢焊接接头性能的影响[J]. 热加工工艺，2011，40（13）：96-98.

[31] 霍立兴，王东坡，张玉凤，荆洪阳，杨新岐. 改善焊接接头疲劳强度超声冲击法的试验研究[J]. 机械工程学报，2000，36（4）：78-82.

[32] 赵小辉，王东坡，王惜宝，等. 承载超声冲击提高 TC4 钛合金焊接接头的疲劳性能[J]. 焊接学报，2010，31（11）：58-60.

[33] Galtier A, Statnikov E S. The influence of ultrasonic impact treatment on fatigue behavior of welded joints in high-strength steel[S]. IIW/IIS Doc. XⅢ-1976-03.

[34] Bolin He, Kang Wei, Yingxia Yu, Zhisen Zhang. Fatigue Life Analysis of Ultrasonic fatigue Welded Butt Joint for Train Bogie Based on ABAQUS/FE-SAFE[J]. China Welding, 2016, 25(4): 1-7.

4 第4章

超声冲击对焊接接头组织的影响

4.1 焊接接头的组织

焊接过程中，焊接接头各部分经受了不同的热循环，因而所得组织各异。组织的不同，导致接头力学性能的变化。焊接接头由焊缝金属、熔合线、焊接热影响区和母材金属组成。焊缝金属的结晶形态与焊接热影响区的组织变化，不仅与焊接热循环有关，也和所用的焊接材料和被焊材料有密切关系。熔化焊是通过加热使被焊金属的联接处达到熔化状态，焊缝金属凝固后实现金属的连接。由于该类接头采用高温热源进行局部加热而形成，焊缝金属是由焊接填充材料及部分母材熔融凝固形成的组织，其化学成分与母材不同或基本相同，但组织和性能可能不同于母材。低碳或低合金结构钢的接头组织一般可以分为 4 个区域，如图 4-1 所示。有时在焊接接头的过热区域会出现魏氏组织，如图 4-2 所示。不完全结晶区组织如图 4-3 所示。某列车转向架用低合金结构钢焊接接头的金相组织如图 4-4 所示。

可以看出，母材为粗大的树枝状铸造组织。紧邻焊缝的母材与焊缝交界处的金属称为熔合区或半熔化区。焊接时，该区金属处于局部熔化状态，加热温度在固液相温度区间。在一般熔化焊的情况下，此区仅有 2 ~ 3 个晶粒的宽度，甚至在显微镜下也难以辨认。但是，它对焊接接头的强度、塑性都有很大影响。粗晶区的加热温度范围为 1 100 ~ 1 350 ℃。由于受热温度很高，使奥氏体晶粒发生严重的长大现象，冷却后得到晶粒粗大的过热组织，故称为过热区。此区的塑性差、韧性低、硬度高。其组织为粗大的铁素体和珠光体。在有的情况下，如气焊或导热条件较差时，甚至可获得魏氏体组织。细晶区加热温度在 A_{c3} ~ 1 100℃。在加热过程中，铁素体和珠光体全部转变为奥氏体，即产生金属的重结晶现象。由于加热温度稍高于 A_{c3}，奥氏体晶粒尚未长大，冷却后将获得均匀而细小的铁素体和珠光体，相当于热处理时的正火组织，故又称为正火区或相变重结晶区。该区的组织比退火（或轧制）状态的母材组织细小。焊接时，加热温度在 A_{c1} ~ A_{c3} 的金属区域为不完全重结晶区。当低碳钢的加热温度超过 A_{c1} 时，珠光体先转变为奥氏体。温度进一步升高时，部分铁素体逐步熔解于奥氏体中，温度越高，熔解的越多，直至 A_{c3} 时，铁素体将全部熔解在奥氏体中。焊后冷却时又从奥氏体中析出细小的铁素体，一直冷却到 A_{r1} 时，残余的奥氏体就转变为共析组织——珠光体。由此看出：此区只有一部分组织发生了相变重结晶过程，而始终未溶入奥氏体的铁素体，在加热时会发生长大，变成较粗大的铁素体组织，所以该区域金属的组织是不均匀的，晶粒大小不一，一部分是经过重结晶的晶粒细小的铁素体和珠光体，另一部分是粗大的铁素体。

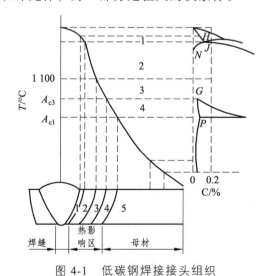

图 4-1 低碳钢焊接接头组织

1—熔合区；2—粗晶区；3—细晶区；4—不完全重结晶区；5—母材。

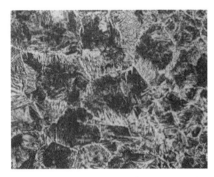 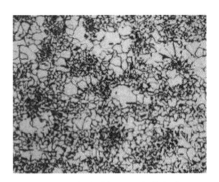

图 4-2　焊接接头过热区域出现的魏氏体组织　图 4-3　不完全结晶区的金相组织

图 4-4　某列车转向架用用低合金结构钢的接头组织

1—焊缝区；2—熔合区；3—粗晶区；4—细晶区；5—不完全重结晶区；6—母材。

4.2　细化焊接接头组织的措施及方法

焊接接头组织除了通过控制焊接工艺参数来调整外，还有以下一些辅助方法。

4.2.1　机械振动细化焊接接头组织

机械振动改善焊接质量的研究主要有两方面内容：其一是在结构焊接过程中施加机械振动场，改善焊缝凝固的组织，降低焊接残余应力，这一过程叫机械振动焊接或振动调制焊接；其二是外加的机械振动场对焊后结构进行作用，以改变构件残余应力分布，改善结构质量，这一过程叫振动时效。卢庆华[1]研究了超低碳不锈钢 304L 焊接结构的振动调制焊接工艺，振动调制设备为黑龙江海伦振动时效设备厂生产的 ZH-A 型振动调制焊接控制仪。对振动加速度分别为 0、0.3 g、0.6 g 三种工况的焊接接头的金相组织进行分析。试验表明，机械振动对接头组织有明显影响，确认了机械振动对焊接接头晶粒的细化作用。随振动幅度的加大，接头金属的细化程度也加大，且作用明显。应用机械振动的方法不仅改善了焊缝组织，还降低了焊接变形程度以及焊接结构的残余应力。

4.2.2　超声振动细化焊接接头组织

功率超声振动是金属凝固过程中改善组织、提高力学性能的有效方法之一。在焊接时，通过机械耦合装置将超声波振动施加到焊接过程中的方法能够使焊缝熔深变大，组织细化。范阳阳等人[2]将超声振动通过机械耦合方式引入 304 不锈钢 TIG 焊的过程中，进行了平板堆焊试验。试验结果表明普通 TIG 焊焊缝中有明显的垂直于熔合线方向生长的粗大柱状晶，柱状晶由于过热，一直生长到焊缝中心附近。当在焊枪上施加超声波振动后，焊缝的结晶方式由粗大的柱状晶为主转化为细小的等轴晶和树枝晶为主。由此可说明，在焊接时施加超声振动可以使焊缝晶粒度减小，焊缝组织均匀化。焊接时，对电弧直接施加超声波振动，使之作用在电弧上，传递到熔池中。电弧压力试验表明：焊接电弧压力在施加超声振动后有明显的提高，并且改变了电弧压力分布模型；使用超声振动电弧复合焊的方法对 304 奥氏体不锈钢进行了堆焊试验，结果显示该方法能够改变熔化形式，增加熔深。何龙标[3]利用高频电流调制电弧等离子体激发出来的电弧超声波，利用搭建的声学信号检测系统，研究了高频调制电弧的激发特性和声场特征，并在此基础上，介绍了利用电弧激发超声波影响焊缝的熔化和凝固过程，从而改善焊接接头金相组织及接头质量。试验采用自动埋弧焊工艺，将超声激励源并联耦合到焊机电源上，激励参数为 60 kHz，激励电流 5 A 的电信号调制，接近熔合线处的焊缝柱状晶组织的对照图如图 4-5 所示，柱状晶的宽度从 60 μm 减小到 30 μm，同时可以观察到白色的先共析铁素体层片变薄。

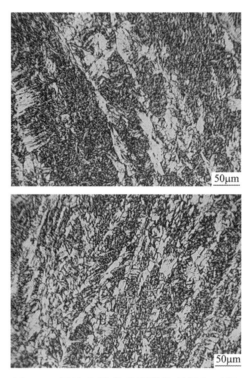

图 4-5　近熔合线处的焊缝柱晶组织对照

4.2.3　电磁振动细化焊接接头组织

在焊接过程中，电磁振动是一种利用脉冲磁场或外加交变磁场，使电弧对熔池中的液态金属产生搅拌作用的细化焊缝晶粒的方法。余圣甫[4]研究了旋转磁场对激光焊 304 不锈钢焊缝金属显微组织的影响，试验结果表明：未外加磁场时 304 不锈钢激光焊焊缝金属的显微组织，焊缝中柱状晶明显，晶粒比较粗大；外加磁场后 304 奥氏体不锈钢焊缝金属的柱状组织完全消失，晶粒细小。证实旋转磁场能有效地对激光焊熔池中液态 304 不锈钢进行搅拌，抑制柱状晶的产生，细化焊缝金属晶粒。

江淑园[5]通过对不同外加纵向磁场强度作用下，GTAW 焊接不锈钢接头显微组织进行了分析研究。在适当的磁场强度下，电磁搅拌起主要作用，细化一次结晶组织，接头性能得到改善；在过大的恒定磁场作用下，电磁阻尼作用占主导地位，它抑制了熔体的自然对流，因而抑制了热量的对流传输，使得温度起伏减小，过冷度减小，而且，随着外加磁场强度的增大，相应地会在熔池凝固体系内增大热效应，导致熔池过热，这些都会使焊缝晶粒粗大。试验得出在外加直流纵向磁场作用下，焊缝凝聚金属偏向一侧堆积。当磁场强度为 5 mT 时，由于电磁搅拌作用最明显，焊缝组织明显细化。在焊接过程中施加磁场的方法能够细化晶粒，改善焊缝组织以及克服电弧磁偏吹。

4.2.4　A-TIG 焊细化焊接接头组织

A-TIG 焊是在传统的 TIG 焊之前将很薄的一层表面活性焊剂涂敷在施焊板材表面，焊接时活性剂引起焊接电弧收缩或熔池内金属流态发生变化，在相同的焊接参数下使焊接熔深显著增加。魏钰[6]研究了奥氏体不锈钢薄板 A-TIG 焊与常规 TIG 焊和填丝 TIG 焊的焊接工艺参数和焊接接头性能，观察焊缝微观组织表明：常规 TIG 焊和 A-TIG 焊的焊缝微观组织均是以奥氏体为基体，存在少量的铁素体；与常规 TIG 焊相比，A-TIG 焊在减小焊接电流的情况下获得了更好的焊接性能，焊缝宽度减小，焊缝表面和内部都不存在缺陷，焊缝组织中晶粒细化，焊接接头的抗拉强度显著提高。

4.2.5　脉冲电流焊接细化焊接接头组织

脉冲电流细化凝固组织的研究开始于 20 世纪 80 年代，印度学者 Misra[7]利用一个低密度的直流电场作用于 Pb-Sb-Sn 合金和铸铁的凝固过程，结果发现金属凝固组织发生显著改变。其后，国内外的材料研究者开展了大量的研究工作，20 世纪 90 年代初期，M Nakada 和 M C Flemings 等人[8]首先使用脉冲电流研究 Sn-15%Pb 合金的凝固过程，发现在凝固的起始阶段施加脉冲电流，可使凝固组织中的初生相由树枝状变为球状，凝固组织获得较大的改善。

4.2.6 锤击、喷丸法细化焊接接头组织

上述方法大都是在焊接过程中使用，而锤击法是一种典型的冷加工方法，这种方法是通过对焊接后的接头焊缝或焊趾区域进行锤击，在其表面会发生明显的塑性变形，细化了其表面的晶粒；同时在接头焊趾区域产生了压缩应力；同时锤击增大了焊缝与母材之间的圆弧过渡半径，改变了其外貌形状，从而减少了应力集中，使得焊接接头的疲劳强度得到了明显的提高[9,10]。喷丸的作用与锤击产生的效果相似，同属于冷加工的范畴。它是以高速的颗粒撞击焊接接头焊趾处，使得该处产生一定的塑性变形，使得该区域的晶粒细化，组织结构及性能发生变化。

4.3 金属材料表面纳米化技术

由于材料的失效大部分是始于材料表面，故改善材料的表面性能在一定程度上可以提高和满足材料的整体性能要求。表面纳米化指的是利用重结晶、加热、机械或相变等物理或化学手段处理材料的表面，细化材料表面的粗晶粒，使粗晶组织的尺寸达到纳米量级，而且形成的纳米结构表层的组织与基体的化学成分基本一致，材料整体的相组成也保持不变，最终其表面性能得到大大提高[11]。经过表面纳米化处理后的试样，其表层至基体的结构依次是纳米层、微晶层、形变孪晶层和近基体组织层。试样经纳米化处理后形成的表面纳米晶粒组织与基体组织之间不存在明显界面，不会发生分离与剥层现象[12]。

表面自纳米化的基本特征是：① 形成的纳米表层无明显界面；② 表面层的微观结构在处理表面深度方向上呈梯度变化。表面纳米化一方面在目前的科技水平的基础上，面向实际工程应用，结合具有独特性的纳米材料和金属材料，为大幅提高传统金属材料的整体性能和寿命提供了可行的途径。另一方面，表面纳米化可以获得满足材料性能结构要求的理想样品，这在一定程度上克服了在制备无缺陷块体纳米晶体材料的技术难题。目前，实现表面纳米化主要采取三种方法：表面涂层或沉积、

表面自纳米化、表面自纳米化与化学处理相结合的混合方式，如图 4-6 所示[13]。

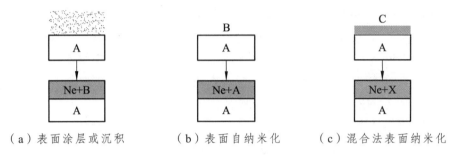

（a）表面涂层或沉积　　　（b）表面自纳米化　　　（c）混合法表面纳米化

图 4-6　表面纳米化的三种途径

4.3.1　表面涂层或沉积

表面涂层或沉积指的是在制备出具有纳米尺度的颗粒后，将其固结在材料表面，以形成一个与基体化学成分相同（或不同）的纳米结构表层，如图 4-6（a）所示。这种方法制备出的纳米表层的特点是：表层与基体之间存在明显的界面，且材料的外形尺寸和之前相比有所增加。因此，用表面涂层或沉积法制备纳米材料的技术关键是实现表层和基体间及与纳米层颗粒间的牢固结合，并且保证表层晶粒不长大[14]。

4.3.2　表面自纳米化

表面自纳米化技术运用非平衡的处理方法如加热、重结晶、相变或机械手段处理材料表面以增加多晶材料表面上的自由能，使粗晶粒组织逐步细化到纳米量级，如图 4-6（b）所示。材料通过这种方式获得纳米表层后，表面晶粒尺寸最小，距离表面越远晶粒尺寸就越大，但不存在边界问题，处理后的材料外形尺寸也不会变化。

表面机械处理法是在材料表面反复施加机械外力，迫使表层原始晶粒朝各个方向产生严重塑性变形，最后再细化至纳米晶粒。表面自纳米化的实质是由于大塑性变形使大尺寸晶粒"破碎"，形成细小晶粒直至纳米晶的过程。这种"破碎"是在位错、孪晶等不同的基本变形方式下逐渐在大尺寸晶粒内引入小角晶界，小角晶界再发展成大角晶界，从而细化成小晶粒，如此往复。决定材料的基本变形方式是材料的层错能和晶体结构，由于两者的差异，不同材料晶粒细化的具体过程是不同的[15,16]。文献[17]也认为，不同结构材料的纳米化行为存在差异，在纳米化工艺及参数一定的情况下，材料的塑性变形方式和纳米化机理主要与其层错能和滑移系数目有关。滑移系较多的立方金属及合金，层错能起主导作用。高层错能金属的塑性变形主要以位错运动为主，位错运动使晶粒分割与再分割是表面纳米晶形成的主要机制，变形过程中没有孪晶生成。低层错能的立方金属，在塑性变形初期形成大量位错，随着变形的增加，孪晶取代位错成为主要变形方式，实现表面晶粒的纳米化[18]。目前，在钢铁材料、有色金属及其合金等常规材料上，利用机械研磨法、超音速颗粒轰击和超声冲击方法制备纳米结构表层都已取得成功。

　　非平衡热力学法是一种局部热处理的方法，在材料表面先采用急热的方式达到相变点或熔点，然后利用急冷方式，通过增加过冷度来提高晶粒的形核速率，控制晶粒的长大速度，获得纳米化组织。目前实现快速加热-冷却的方式有电子辐射和激光加热等[12]。

4.3.3　混合纳米化

　　混合纳米化是一种结合了化学处理与表面纳米化技术的复合方式，将与基体成分不同的化合物或固溶体利用化学处理的方式固溶在已形成纳米结构的材料表层，如图 4-6（c）所示。在纳米结构表层化学处理比较容易进行的原因在于：形成的纳米组织会显著增大材料表面晶界的体积分数，使得原子扩散得以快速有效地进行，因而化学处理所需的温度与时间明显降低，元素渗入的浓度与深度也大幅提高。此种方法在一定程度上满足了材料的结构特殊性要求和工程上的特殊性应用。混合法克服了常见的催化、扩散及表面化合等困难，使得一些化学处理在低温下容易进行，因此，混合法也具有很大的应用潜力和广阔的应用前景。

4.3.4 表面自纳米化的特点

相比于表面涂层或沉积和混合法制备纳米材料，表面自纳米化具有独特的优势。主要集中在以下三个方面：① 工艺简单，成本低，对几乎所有的金属材料具有普适性，在工业应用方面没有明显的技术障碍。② 由表面自纳米化得到的纳米结构表层与基体间结合良好，两者间不存在明显的界面，避免了孔隙等缺陷。③ 表面自纳米化在材料表面产生的高体积分数界面为扩散提供了理想的通道，大幅度地降低了化学处理的温度和时间，从而可能实现精密零部件的化学处理。④ 表面自纳米化在明显提高材料的表面和整体力学性能的同时，不会大幅度地降低其韧性，这在一定程度上解决了提高强度导致韧性明显下降的难题。⑤ 由表面自纳米化得到的纳米结构表层使晶粒的尺寸在材料的厚度方向上呈逐步增大的一种梯度结构。

4.4 超声冲击细化焊接接头的组织

4.4.1 超声冲击细化焊接接头组织概述

原始焊态接头由于是铸造组织，其晶粒粗大、当焊接工艺不恰当时，接头还会含有气孔、缩松等缺陷。而对焊接接头进行超声冲击后，焊接接头试样表面形成致密的塑形变形层，微小的缩松被压实，组织细密、晶粒尺寸显著减小。

李占明[19]等采用 ER5356 铝镁合金焊丝对 2A12 装甲铝合金板材进行焊接，对焊缝进行全覆盖超声冲击，利用 QUANTA200 型环形扫描电镜观察焊接接头显微组织，结果表明：经过超声冲击处理后，在距焊接接头表面 300 μm 的范围内，焊缝区金属晶粒因塑性形变被拉长，形成了平行于焊缝表面的纤维状组织结构（宏观织构）。夹杂和析出质点成带状或点链状分布，也产生了形变织构。在距表面 200 μm 的范围内，未进行超声冲击处理的焊缝表面呈现出微孔洞结构，经超声冲击处理后焊缝表层材料产生了剧烈的塑形变形，微孔洞被压合，形成了具有明显方向性的微观结构。朱有利等[20]用手工氩弧焊、ER5356焊丝对2A12铝合金板进行了焊接，用超声冲击方法对焊接接头进行了全覆盖强化处理；借助金相显微镜得到超声冲击处理前后母材区、热影响区和焊缝区的金相组织。对比发现，未进行超声冲击处理的焊缝区和热影响区的晶粒粗大，且熔合区和焊缝区存在明显的气孔和缩松。经过冲击后试件表面形成了致密的塑性变形层，厚度约为300 μm，在变形区内，晶粒尺寸明显减小，无论是气孔的数量还是尺寸都明显减少或减小，焊缝组织更加致密。XRD图谱分析表明，超声冲击处理后接头表层中晶粒的取向随机分布，不具有择优取向，因而组织更加均匀。尤逢海等[21]采用钨极氩弧焊方法对TA15钛合金进行对接拼焊，并对焊接接头进行了全覆盖超声冲击处理，用OLYMPUS BHM立式金相显微镜对超声冲击前后的TA15钛合金焊接接头的母材、焊缝区以及热影响区进行观察，结果表明：在超声冲击前后焊缝区和热影响区的组织相比于母材的组织发生明显的变化。超声冲击处理后的试样表层产生了塑性变形，并随深度增加而逐渐减小，主要是位错形态变化和晶格畸变。因此，超声冲击处理对试样表层组织产生了一定影响，而对试样内部的显微组织结构无太大影响，同时晶粒细化效果非常明显。叶雄林[22]等人应用超声冲击装置对母材为22SiMn2TiB、焊接材料为Cr20Ni10Mn6的异种钢焊接接头进行了冲击强化试验，研究了冲击区域金属的塑性变形情况。用扫描电镜观测冲击层断面区，冲击塑性变形层达到150 μm，其中晶粒细化区超过50 μm；用X-Ray衍射仪测试冲击层细晶衍射线宽化现象，并计算冲击层细化晶粒尺寸，计算结果表明母材冲击层平均晶粒尺寸为63 nm，焊缝金属冲击层的平均晶粒尺寸为82 nm。李东等[23]采用J507焊条，对20钢板进行堆焊，并对堆焊层进行超声冲击处理。利用金相显微镜、X射线衍射仪和透射电子显微镜表征了堆焊层表面纳米晶层的结构。结果表明，最大变形深度可达50 μm，其中强烈塑性变形主要发生在表面到30 μm深度的范围，其组织结构在金相显微镜下已经不能分辨。试样表层的晶粒可细化至21.25 nm。郝明[24]选用合金粉末Ni50作为堆焊材料，31GL不锈钢作为堆焊基体进行焊接。对焊接接头表面进行超声冲击，然后观察冲击前后堆焊层表面的微观组织。超声冲击前后，镍基合金堆焊层表面没有发生相变。堆焊层的微观组织为奥氏体枝晶+枝晶间共晶化合物。冲击处理前奥氏体枝晶完整，碳（硼）化物连续，冲击后的显微组织发生了细化，碳化物明显破碎。超声冲击处理后，表层的微观组织变得均匀、致密，一些焊接裂纹和疏松缺陷被消除，成分偏析明显减少。李占明等[25]采用 H18CrMoA 低氢高强钢焊丝、手工交流氩弧焊（GTAW）双面焊接 30CrMnSiNi2A 钢板材，焊后采用 ZJ-Ⅱ型超声冲击设备对接头试样表面进行全覆盖强化处理，而后使用 OlympusPMG3 金相显微镜观察焊缝试样显微组织。未超声冲击处理焊缝为铸态枝晶组织，晶粒粗大，有较多的气孔、缩松缺陷；超声冲击处理后，在距试样表面 100～150 μm 的范围内，焊缝组织致密化且晶粒尺寸明显减少。超声冲击处理在焊缝试样表面产生了较大的塑性变形，导致微小的缩松被压实、压合，从而使组织致密，晶粒尺寸显著减小。向学建[26]等对 Q370qE 桥梁钢进行双面埋弧自动焊接，所用焊剂为 SJ101 q；并采用超声冲击方法对试件焊缝部位进行往复冲击若干次后，用 QUANTA 200 型扫描电镜观察焊接接头各区域显微组织。结果表明：未冲击试样的焊趾区晶粒粗大、缩孔等缺陷较多，超声冲击后试样的焊缝区、熔合区、热影响过热区及热影响正火各区组织变化均很明显，其表层产生了 100～200 μm 厚的致密塑性变形层，形成了大约平行于焊缝表面的非常细密的纤维状组织结构。

4.4.2　超声冲击焊接接头表面塑性变形层

文献[27,28]采用天津大学自主研制的 HJ-Ⅲ型超声冲击设备对列车转向架用 16MnR 钢焊接接头进行超声冲击处理。根据 16MnR 的硬度，选用直径为 4 mm 的冲击针，将试样分为六小组，对应的超声冲击工艺参数见表 4-1。

经超声冲击处理后，16MnR 接头焊趾表面材料发生严重的塑性变形，最终在冲击表面形成具有一定厚度的塑形变形层。塑性变形越严重，变形层越深，相应的晶粒细化层的厚度也越厚。图 4-7 所示为 16MnR 接头焊趾表面在 1.2 A 和 1.5 A 的超声电流下分别冲击 10 min、20 min、30 min

后，沿垂直于冲击表面抛面的微观组织。

表 4-1　超声冲击工艺参数

试样编号	冲击电流/A	冲击振幅/μm	冲击时间/min
1#	1.2	16	10
3#	1.2	16	20
5#	1.2	16	30
7#	1.5	20	10
9#	1.5	20	20
11#	1.5	20	30

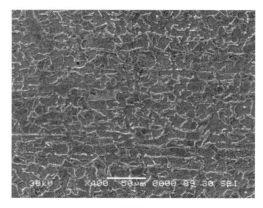

（a）原始组织

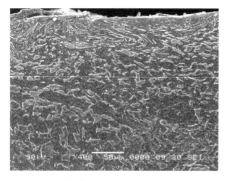

（b）10 min/1.2 A

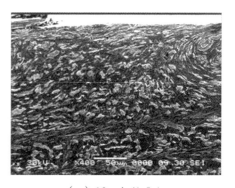

（c）10 min/1.5 A

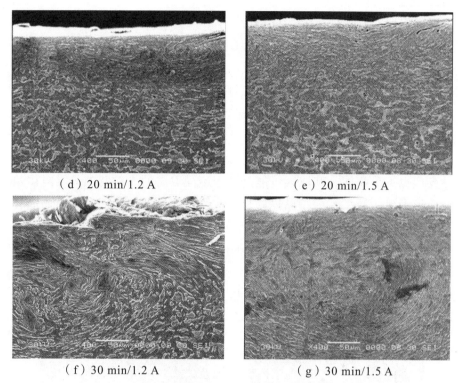

（d）20 min/1.2 A　　　　　（e）20 min/1.5 A

（f）30 min/1.2 A　　　　　（g）30 min/1.5 A

图 4-7　16MnR 原始试样及经不同时间和不同电流超声
冲击处理后试样的冲击层 SEM 形貌

由图 4-7 可知，经不同时间和不同电流的超声冲击处理后，16MnR 接头焊趾的表面都发生了严重的塑性变形，不同超声冲击工艺处理的试样，其变形程度和变形层的厚度也不一样，此外，随着厚度的加深，变形程度逐渐减弱。有些组织由原来的层状被冲击成漩涡状，这些漩涡也是严重塑性变形的体现之一。变形层的厚度随着冲击时间的延长逐渐变厚，由图可知，在冲击时间为 10 min，冲击电流为 1.2 A 的冲击工艺下，试样变形层的厚度约为 60 μm，而采用 10 min，1.5 A 的工艺参数超声冲击处理后，试样变形层厚度可达 90 μm，如图 4-7（b）中漩涡的直径；在冲击电流为 1.2 A 和 1.5 A 的情况下，冲击 20 min 后变形层的厚度分别约为 140 μm 和 150 μm；在 1.2 A 的电流下，冲击 30 min 后，试样塑变层深度可达 180 μm，而在 1.5 A 的电流下，冲击 30 min 后变形层的厚度约为 200 μm。显然，随着冲击时间的延长，冲击电流的增大，16MnR 接头焊趾表面的变形层越深，材料塑性变形越严重。从各试样的变形层厚度来看，冲击电流对变形层厚度的影响要比改变冲击时间对变形层厚度的影响要稍微小一些。由于在进行超声冲击处理的过程中，冲击时间和冲击电流都在一定程度上反映了能量输入的大小，这很好地解释了两者都能影响材料塑性变形程度这一现象。长的冲击时间和大的冲击电流即是输入较大的能量，相应的塑形变形也会更加严重。由图 4-6 还可知，不同地方，甚至是同一表面，采用相同的超声冲击工艺参数，各处的塑性变形也不尽相同，其原因可能是由于不同取向的晶粒间的晶界阻碍塑性变形发生的结果，由于晶界的阻碍作用，使得即使是同一层上的晶粒其塑性变形也会不一样[29]。

文献[30]对列车转向架用 P355NL1 钢焊接接头进行超声冲击处理。冲击电流为 1.5 A，冲击时间分别为 5 min、10 min 和 20 min。图 4-8 所示为经不同超声冲击工艺参数冲击后，沿冲击层深度截面的微观组织。

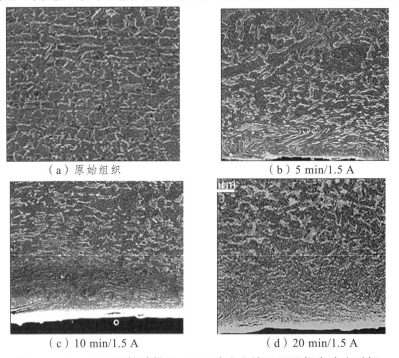

（a）原始组织　　　　　　　（b）5 min/1.5 A

（c）10 min/1.5 A　　　　　　（d）20 min/1.5 A

图 4-8　P355NL1 原始试样及 1.5 A 冲击电流下不同超声冲击时间
处理后试样的 SEM 形貌

从图 4-8 可知，在相同的冲击电流不同的冲击时间下，P355NL1 接头焊趾表面都发生了严重的塑性变形，变形层厚度和塑形变形程度基本一致。在工艺参数为冲击电流 1.5 A，冲击时间 5 min 的条件下，试样变形层的厚度为 60 μm，冲击时间 10 min 的试样变形层的厚度约为 100 μm 左右，20 min 时试样变形层的厚度约为 150 μm。

文献[31]对列车转向架用 SMA490BW 钢焊接接头进行超声冲击处理。冲击电流分别为 1.5 A、2.0 A，冲击时间分别为 5 min、10 min 和 20 min。图 4-9 所示为经不同超声冲击工艺参数冲击后，沿冲击层深度截面的微观组织。

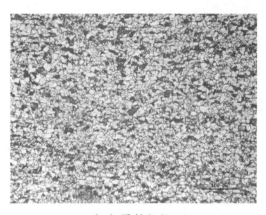

（a）原始组织

（b）1.5 A/5 min

（c）1.5 A/10 min

（d）1.5 A/20 min　　　　　　　　　（e）2.0 A/5 min

（f）2.0 A/10 min　　　　　　　　　（g）2.0 A/20 min

图 4-9　SMA490BW 原始试样及经不同时间和不同电流超声
冲击处理后试样的 SEM 形貌

由图 4-9 可知，经不同时间和不同电流的超声冲击处理后，SMA490BW
接头焊趾的表面发生了严重塑性变形，不同超声冲击工艺处理的试样，
其变形程度和变形层的厚度也不一样。在冲击电流为 1.5 A，冲击时间为
5 min 和 10 min 时，试样变形层的厚度约为 150 μm，而冲击时间达到
20 min 时，试样变形层的厚度达到 220 μm 左右。在冲击电流为 2.0 A，
冲击时间分别为 5 min、10 min 和 20 min 时，变形层的厚度分别约为
200 μm、250 μm 和 300 μm。当接头表面经过一定时间超声冲击后，沿冲
击层深度有些组织被冲击成漩涡状。为辨别图 4-9（g）中的黑色区域的
物质，对其进行了能谱分析，结果如图 4-10 所示。主要成分为 Fe、C、
Mn、Cr。Fe 与 C 的原子百分比为 3∶1。推断 A 处的黑色物质为渗碳体
或者珠光体的富聚集区，此处并非是由于冲击产生的孔洞及杂质，这表

明通过超声冲击处理，金属表层一定区域内的相发生了有趋向的移动，这也验证了超声冲击能诱使表层金属产生严重的塑性变形。

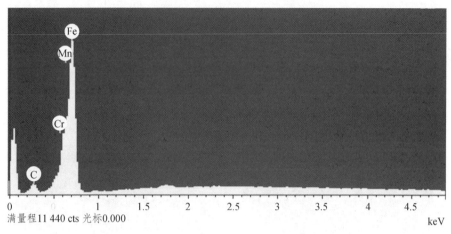

满量程11 440 cts 光标0.000

图 4-10　图 4-9（g）中黑色区域对应的 EDS

在超声冲击处理的初期，材料中的塑性变形首先在一些取向容易产生滑移现象的晶粒中发生，由于晶界的阻碍，致使同一层中的晶粒塑性变形具有不均匀性，塑性变形由材料的表层逐步延伸至材料的深层。随着冲击时间的延长，变形层的厚度也相应地增加。与传统的强塑性变形法制备纳米材料不同的是，经过超声冲击处理后材料截面的组织并没有出现很大的宏观变形量，而传统的强塑性变形法处理后的材料是在经过大的宏观变形后再形成超细的纳米晶组织。这说明，超声冲击导致的变形与其他的超强塑性变形法具有不一样的过程[32-33]。

4.4.3　超声冲击焊接接头表面微观组织观察及细化机理

1. 超声冲击焊接接头表面微观组织观察

P355NL1 焊接接头焊趾表面在超声冲击针高速高频的冲击作用下，产生了强烈的塑性变形，随着冲击时间的延长，在焊接接头表层金属获得了具有一定厚度的变形层。不论是从宏观上还是微观上，变形层内的晶粒组织都产生了与无应变基体中截然不同的变化。文献[30]利用透射电镜技术对超声冲击处理后 P355NL1 钢焊接接头焊趾处的表层组织结构沿层深的变化情况进行了详细的研究，对揭示超声冲击晶粒细化机理具有一定的推动作用。

图 4-11 为在相同的冲击电流，不同的冲击时间下，P355NL1 对接接头焊趾表层的 TEM 像。图 4-11（a）、4-11（b）、4-11（c）分别为超声冲击工艺参数为 5 min/1.5 A、10 min/1.5 A、20 min/1.5 A 的条件下冲击 P355NL1 后的透射电镜明场像，图 4-11（d）为图 4-11（c）选区电子衍射花样。

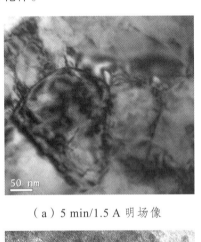

（a）5 min/1.5 A 明场像

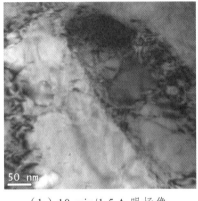

（b）10 min/1.5 A 明场像

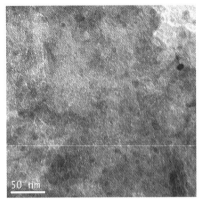

（c）20 min/1.5 A 明场像

（d）图（c）对应选区衍射花样

图 4-11　超声冲击处理后 P355NL1 对接接头焊趾表面的 TEM 像

图 4-11 表明，在三种超声冲击工艺参数 5 min/1.5 A、10 min/1.5 A、

20 min/1.5 A 的条件下，焊接接头焊趾表面均获得了纳米组织。由图 4-11
（a）可知，在采用 5 min/1.5 A 超声冲击工艺参数下，试样表面出现了平均
尺寸为 100 ~ 150 nm 的纳米晶组织；由图 4-11（b）可知，在采用 10 min/1.5 A
超声冲击工艺参数下，出现了平均尺寸为 60 ~ 100 nm 的纳米晶组织；由
图 4-11（c）可知，在采用 20 min/1.5 A 超声冲击工艺参数下，平均尺寸
为 20 ~ 40 nm 的纳米晶组织。由图 4-11（d）的选区电子衍射花样可知，
选区电子衍射花样为连续的同心圆环，可以确定晶粒间的晶体学取向随
机，具有很高的晶界取向差，表明焊趾表面的纳米晶粒取向呈随机分布。

　　一般来说，材料内部塑性变形的方式主要包括机械孪生和位错滑移
两种，而材料塑性变形的方式主要取决于材料层错能。层错能是由晶格
中一种面缺陷引起晶体内能量的增加，层错能是决定材料变形方式的关
键因素。对于高层错能材料来说，其主要的塑性变形方式为位错滑移，
对于低层错能材料，机械孪生为其主要的塑性变形方式，而若材料的层
错能介于高层错能和低层错能之间，其塑性变形的主要方式则为机械孪
生和位错滑移共存。16MnR、P355NL1 钢具有较高的层错能，位错运动
是其主要的塑性变形方式。图 4-12（a）、（b）分别为 16MnR、P355NL1
钢晶粒内部的位错。图 4-13 和 4-14 分别为 16MnR、P355NL1 钢晶粒内
部的位错，位错缠结及由位错堆积而成的位错墙。

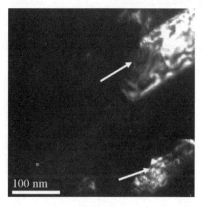 

（a）16MnR 接头表层晶粒内位错　　　（b）P355NL1 接头表层晶粒内位错

图 4-12　晶粒内部的位错

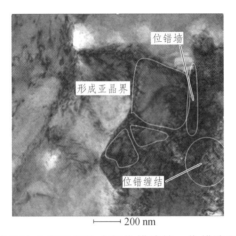

图 4-13　16MnR 接头冲击表面晶粒内部位错缠结、位错胞和位错墙的 TME 像

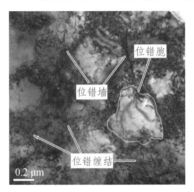

图 4-14　P355NL1 接头冲击表面晶粒内部位错缠结、位错胞和位错墙的 TME 像

　　金属材料塑性变形过程中，随塑性变形量的逐渐增大，位错密度会显著增加，呈不均匀分布状态[34]。位错先在晶体内以混乱的缠结方式纠缠成群，形成位错缠结；密度很高的位错缠结以形变亚晶为中心聚集，这就构成了亚晶的胞壁，而形变亚晶内的位错密度却很低。图 4-14 是在冲击参数 1.5 A/10 min 下，距离焊趾表面 70 μm 处的截面 TEM 明场像。随着表层塑性变形逐渐向材料内部转移，晶粒内原始粗晶粒在较大应力作用下产生晶粒变形，细化成更小尺寸的位错胞，呈等轴状，位错在晶界处堆积后形成了位错缠结与位错墙，继而两者又构成了位错胞的胞壁。此时位错胞内的位错密度较低，随着塑性变形的继续，各位错胞通过位错运动产生小角度晶体学取向差。由于到表面的距离较大，应变量和应

变速率减小，此时位错胞的尺寸较大，约为 400 nm。大量位错缠结出现在位错胞界处，导致位错胞的胞壁较厚。在塑性变形量较小的晶粒内部，可以看到一些排列整齐的位错墙结构，位错墙是通过高密度的位错堆积缠结后形成，彼此相邻的位错墙透过低密度位错分隔开。材料产生塑性变形时，变形晶粒内会出现大量的位错，位错通过滑移，使相邻的位错产生相互交错后形成位错胞，位错胞的形成机理能够帮助理解强塑性变形致晶粒细化的机制[35,36]。

不论金属材料具有何种层错能，都可通过其相对应的塑性变形方式细化晶粒，获得纳米结构组织。不同的塑性变形方式导致金属横截面组织在不同深度处，呈现出不一样的微观结构，可以通过对这些微观组织进行分析研究来确定材料实现表面纳米化的微观机制。选取超声冲击工艺参数为 1.5 A/20 min 试样为研究对象，P355NL1 焊接接头表面经过 20 min 超声冲击处理后，样品表面附近发生了剧烈塑性变形，可观察到尺寸比较匀称，基本成等轴状的纳米晶[见图 4-11（c）]。随观察的横截面逐渐往基体方向增加，变形量呈减小的趋势。此工艺下可产生的塑性变形量最大 160 μm，表面至 60 μm 是其强烈塑性变形的区域，晶粒已经细化至不能用普通光学显微镜来观测。

根据晶粒（晶粒或位错胞）的尺寸，可将表面变形层分为四个区域：距表面 0 ~ 20 μm 为纳米晶层，其晶粒呈等轴状且取向随机；距表面 20 ~ 60 μm 为亚微晶层，它是纳米晶向位错胞组织的过渡区；距表面 70 ~ 150 μm 为过渡层，主要是由位错胞组成，变形区向基体的过渡区域；距表面大于 150 μm 为无应变基体，即材料的原始组织。

图 4-15 为超声冲击后试样焊趾表层处的（距离表面 5 ~ 10 μm）横截面 TEM 像及对应选区电子衍射花样。由 TEM 明场像可以观察到，晶粒平均尺寸非常细小且比较均匀，基本成等轴状晶粒，还能看见某些晶粒的边界；再由选区电子衍射花样呈环形可知，各晶粒的晶体学取向随机，具有很高的晶界取向差，且晶体内位错密度低，这些都充分表明焊趾表面晶粒已经细化成纳米晶[37]。

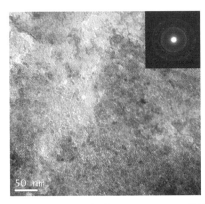

图 4-15 超声冲击 20 min 后距离表层 5 ~ 10 μm 处横截面 TEM 像及
相应选区电子衍射花样

图 4-16 为超声冲击后试样亚表面层处的（距表面约 60 μm）横截面
TEM 像。由图可知，具有小角度取向差及尺寸比较细小的亚晶或亚晶胞，
通过位错墙或者亚晶界共同作用将各个胞状结构隔开。当与表层的距离
不断加大时，导致塑性变形的应变量和应变速率会不断下降，此时塑性
变形程度远不如表层那样激烈，纳米晶粒不会在此层域中产生，而是形
成了尺寸比纳米晶要大的亚微晶或位错胞状结构。以上的观察与分析验
证了通过材料塑性变形过程具有不同时性和不均匀性特点，同样由于在
不同层上的应变量不同，晶粒细化的程度也具有不均匀性。

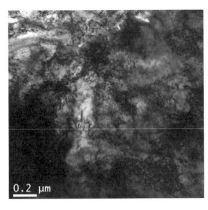

图 4-16 超声冲击 20 min 后距离表层 60 μm 处横截面 TEM 像

图 4-17 是超声冲击后试样过渡层（距表面约 80 μm）的横截面 TEM

像。应变量和应变速率在变形厚度方向呈梯度变化，当距表层的距离继续增大时，塑性变形程度远不如表层那么明显，在晶粒内部出现尺寸比较大的位错胞和一些位错缠结区域，在塑性变形过程中产生位错胞组织结构时，未产生塑性变形的基体组织中原始粗晶的大小并不会对位错胞的大小产生明显的影响，位错胞的尺寸会随塑性变形量的增加而逐渐减小，但这种减小态势并不是一直会随应变量的增加而发生，当位错胞被细化至一定极限尺寸时，便不会发生改变，而是保持在一个稳定值上[38]。

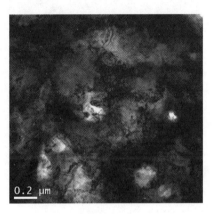

图 4-17　超声冲击 20 min 后距离表层 80 μm 处的横截面 TEM 像

2. 超声冲击焊接接头表面微观组织细化机理

从图 4-13 和图 4-14 可看到，两种钢材的焊接接头经过超声冲击处理后，在接头表面材料内部的原始粗晶当中，形成了位错缠结和位错墙，随着冲击时间的延长，位错缠结和位错墙转变为取向差是小角度的亚晶界，原始较粗大的晶粒被细化成为一个个的亚晶粒，随着变形量的逐步加大，亚晶界逐渐变为大角度的晶界，最终形成了纳米晶粒。

（1）位错缠结及位错墙的形成。

随着冲击时间的延长，材料表面的变形程度不断增强，塑性变形被滑移、聚积、多晶间的相互作用，位错缠结、湮灭、重排等不同的位错运动不断地协调。在变形的金属中，材料的类型及材料的变形量对于位错胞的形成具有决定性的作用。

16MnR、P355NL1、SMA490BW 都是低碳低合金钢，具有较高的层错能，其塑性变形主要是通过位错滑移运动来实现的。超声冲击焊接接头的焊趾表面细化晶粒的具体过程如图 4-18 所示。

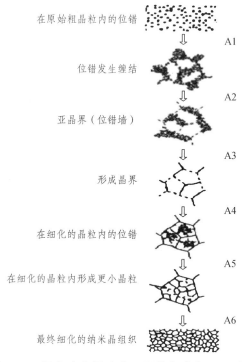

在原始粗晶粒内的位错   A1

位错发生缠结   A2

亚晶界（位错墙）   A3

形成晶界   A4

在细化的晶粒内的位错   A5

在细化的晶粒内形成更小晶粒   A6

最终细化的纳米晶组织

图 4-18   超声冲击焊趾表面晶粒细化机理示意图

当接头表面承受超声冲击时，表面金属晶粒内部会首先开动位错，如图 4-18 中 A1 所示。具备高层错能的金属材料在塑性变形发生的过程中，会迅速地形成一种胞状结构，其原因是，位于具备高层错能晶体中的位错不容易发生分解，由于其可以通过交滑移而克服移动时所碰到的阻碍，故移动性较高，直到和其他的位错之间发生交互作用最后缠结聚集。所以，高层错能的晶体在其变形之后，其位错呈现不均匀地分布，且这些位错将晶体分成为具有低位错密度区和高位错密度区域，以上是形成位错胞的初级阶段。随着塑性变形的进一步加深，位错缠结将变成位错胞。随着塑性变形量的不断增大，位错胞界上的位错互相作用，随后，具有小角度取向差的位错墙便形成了。形成的位错缠结和位错墙把原始的粗晶粒分割成为具有更小尺寸的位错胞。如图 4-16 及图 4-17 所示的细分现象。粗晶粒内部形成位错胞的尺寸大小（L）与各晶粒内的位错墙间的距离有直接的关系。L 的数值大小由剪切应力及晶粒取向决定，根据公式 4-1[39]即可计算出 L 的大小。

$$L=10\ Gb/\tau \tag{4-1}$$

式中，G 和 b 分别为形变材料的剪切模量、柏式矢量；τ 为剪切力，剪切力随着距表面的距离的增大而减小。

由式 4-1 可知，越靠近材料的表面，由于剪切力越大故其形成的位错胞的尺寸越小，在表面处的某些位错胞甚至可达纳米量级。此外，高密度的位错又会形成新的更多的位错缠结和位错墙，然后产生更多的尺寸更小的位错胞和亚晶界。

在进行超声冲击处理时，冲击针来回地冲击材料的表面，致使材料中的很多位错开动，即使是处于同一晶粒中，也发生多个滑移系开动。位错的交互作用除了发生于滑移系之内，还在不同的滑移系之间发生，也就是说位错不仅只与处于此前已激活的滑移系上的位错交互作用，还与之前的静止的位错交互作用。所以，与其他的一些诸如等通道角挤压法和滚压技术等简单的塑性变形技术相比，超声冲击处理技术可通过形成高致密度的位错缠结和位错墙而更有效地细化原始的粗晶粒。

（2）亚晶界的形成。

据文献[40,41]可知，在由强塑性变形法所获得的纳米结构的金属内部，存在亚晶界和非平衡晶界。在亚晶界和非平衡晶界上，晶格发生严重畸变，位错密度非常高，处于一种高能状态，故此状态下的晶界非常不稳定，具有转变为低能态的平衡晶界的趋势。非平衡晶界及晶格畸变的示意图如图 4-19 所示[42]。符号相反的位错在高密度的位错墙上相互靠近，但是仍然有位错环存在，而且晶面扭转严重，当应变量增大的时候，高密度的位错结构有可能将转变成平衡晶界[43]。位错密度随着变形的增强而不断增大，为了降低晶界中的高能量、高密度的位错在位错缠结和位错墙的附近区域发生湮灭、重排，随后位错缠结和位错墙变成具有更小角度的亚晶界，原始的粗晶粒被细分为多个不一样的亚晶，如图 4-18 中的 A2 所示，由于亚晶界的形成，位错密度也随之降低，而所对应的点阵微观应变也将降低。材料发生强烈的塑性变形时，不同的位错结构演变的示意图如图 4-20 所示[44]。

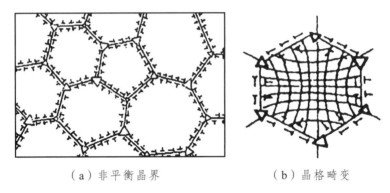

（a）非平衡晶界　　　　　　　（b）晶格畸变

图 4-19　非平衡晶界及晶格畸变示意图

图 4-20　材料发生严重塑性变形时不同状态下的位错结构演变的示意图

由图 4-20 可知，当位错胞的位错墙中的位错密度达某一个临界值的时候，不同符号的位错便会发生湮灭现象，而剩下的同符号的位错残留下来。剩下的同符号的位错起着很多作用，而 Burgers 矢量上垂直晶界的位错将增大取向差。上述的此种位错数量不断地增加，最终位错胞逐渐转变成亚晶粒。此外，与滑动的位错有关的长程应力场也将致使晶粒沿着晶界滑移。

（3）大角度晶界的形成。

当变形量继续增大的时候，更多位错将在亚晶界上发生湮灭现象，很多位错往亚晶界处滑移，这不断地增大了晶界两侧取向差，小角度的晶界转变成为大角度的晶界，而晶粒的取向也逐步地趋向随机分布的状态，如图 4-17 的 A3 所示。主要有两个原因导致相邻晶粒间的取向差增大：一方面，不一样的 Burgers（柏格斯）矢量位错积累在晶界的附近；

另一方面，相邻的晶粒间相对转动（或叫作晶界滑移）。由晶粒转动和晶粒尺寸的关系可知，在晶粒的尺寸小到一定值时，很容易发生晶粒转动现象[45]。

随着冲击处理时间的延长，形变量进一步增大，在已经被细化的亚晶和晶粒的内部又会产生新的位错缠结和位错墙，这说明之前已被细化的亚晶和晶粒重复上述的微观结构的演变过程，从而进一步地被细分，如图 4-17 中的 A4～A6 所示，而此种亚晶和晶粒再细分的过程发生在尺度更小的范围中。当位错的湮灭速率与位错的增值速率保持动态平衡时，晶粒的尺寸不再因为应变量的增加而随之减小，即晶粒尺寸也达到了相应的稳定值。

（4）纳米晶结构的形成。

在进行超声冲击处理时，16MnR 十字接头焊趾表面的应变速率很高，而在远离材料表面的方向上快速下降。由于在材料表面的应变速率及应变量都很大，且变形导致位错密度也很高，这为间距为纳米量级的位错墙的形成提供了有利条件。与常规的粗晶粒相比，纳米晶粒发生晶粒转动和晶界滑动的现象更容易发生，因此，在超声冲击处理后，在材料的表层，可发现形成的等轴，随机取向的纳米晶或纳米结构。

4.4.4　塑性变形过程中晶粒细化的影响因素

由上述对晶粒细化机制的探讨可知，材料在发生强塑性变形时，应变速率和应变量对于晶粒细化的程度及细化后的平均晶粒尺寸大小具有非常重要的影响。

在应变速率一定的情况下，位错密度会随着应变量的增加而增大，形成的晶粒尺寸更小，此现象在一些相关的文献中可观察得知[46-47]。但是经过强塑性变形所得到的晶粒尺寸不会无限制地减小，到了一定程度，会保持在一种相对稳定的状态。由滚压变形和等通道径角挤压法所获得的晶粒，晶粒平均尺寸为 100～200 nm[48-50]。到了一定程度后，即使应变量继续增加，晶粒的尺寸不再改变而保持稳定状态。其原因是，在应变速率一定的情况下，位错湮灭和增值的速率相当，达到一种动态平衡状态，故在被细化了的晶粒内部未产生新的位错缠结和位错墙。作者通过研究，也证实了这一点，在冲击电流都为 1.2 A 的条件下，冲击 30 min 后在材料表面所获得的纳米晶尺寸并没有比冲击 20 min 所获得的小。

除了应变速率和应变量对晶粒细化产生重要的影响，变形过程中的温度也是晶粒细化的一个影响因素。一般来说，温度对于位错运动，是一个敏感参数。在高温下，位错更易发生运动、湮灭等现象；而低温时，位错运动受阻，致使晶粒尺寸被减至更小值。这里有一点要注意，虽然接头的焊趾处经超声冲击处理后，表面及附近由于受较大的约束而很难发生明显的宏观塑性变形，但其显微组织中，仍然有由位错胞转为大角度晶界及小角度晶界的纳米晶的转变现象。而由小角度晶界转变为大角度晶界的过程有以下三种可能性：第一种可能性是，晶体转动或晶界滑动，由晶粒尺寸与晶界滑动的关系可推出，在晶粒尺寸达到纳米量级时，很可能发生小角度晶界转为大角度晶界的现象；第二种可能性是，亚晶界或位错墙不断地吸收位错，导致相邻间的晶粒取向差相应地增大，但当晶粒小到纳米级时，位错很难再存在于晶粒内部，此过程是否可能发生到目前为止仍然没有足够的实验证明；第三种可能是，随着冲击的继续，变形量继续增加，形变的储存能也不断增大，当冲击针冲击材料表面的产生的温度达到一定值时，将有可能发生动态再结晶现象。

参考文献

[1] 卢庆华，饶德林，朱政强. 振动调制工艺下焊接接头力学性胜能试验研究[J]. 机械工程学报，2006，42（S1）：219-222.

[2] 范阳阳，孙清洁. 基于超声振动的 304 不锈钢 TIG 焊接[J]. 焊接学报，2009-30（2）：91-94.

[3] 何龙标. 高频调制电弧的声学特性及其细化焊缝组织的应用素[J]. 应用声学，2010，29（3）：222-226.

[4] 余圣甫. 旋转磁场对激光焊缝金属显微组织的影响[J]. 华中科技大学学报，2005，33（12）：24-26.

[5] 江淑园. 外加纵向磁场对 GTAW 焊接不锈钢接头宏观形貌及组织的影响[J]. 上海交通大学学报，2010，44（10）：89-91.

[6] 魏钰. 奥氏体不锈钢 A-TIG 焊焊接性能研究[J]. 宁夏大学学报，2012，33（2）：176-178.

[7] Mists A K. A novel solidification technique of metal sand alloys and the influence of applied potential[J]. Metallurgiical Transactions，1985(16A): 1354-1355.

[8] Kanaka M, Shiohats Y and Fhmings MC. Modification of solidification structure by pulse electric discharging[J]. ISIJ Intemational, 1990, 30 (1): 27-33.

[9] 夏首秦. 锤击强化对焊缝焊趾疲劳强度的影响[J]. 汽车研究与开发，1996，（2）：40-45.

[10] 李丰博，肖桂枝. 喷丸对 X70 管线钢焊接接头组织与性能的影响[J]. 金属热处理，2017，42（9）：178-182.

[11] 刘刚，雍兴平，卢柯. 金属材料表面纳米化的研究现状[J]. 中国表面工程，2001，3：1-5.

[12] Bolin He, Liu Jing, Wang Bin. Study on the Methods of the Surface Self-nanocrystalline Technology and its Effect on the Materials Properties[J]. Applied Mechanics and Materials Vols. 80-81 (2011) pp 673-677.

[13] 徐滨士. 纳米表面工程[M]. 北京：化学工业出版社，2003.

[14] Sudarshan T S，范玉殿. 表面改性技术工程师指南[M]. 北京：清华大学出版社，1992.

[15] 哈宽富. 金属力学性质的微观理论[M]. 北京：科学出版社，1983.

[16] Eliezer D, Aghion E, Froes F H. The science and technique of magnesium alloy[J]. Adv Perform Mater, 1998, 5: 201.

[17] Tao N R, Wang Z B, Tong W P, et al. An investigation of surface nanocrystallization mechanism in Fe induced by surface mechanical attrition treatment[J]. Acta Mater, 2002, 50: 4603.

[18] 于影霞，何柏林. 镁合金焊接接头表面自纳米化及其疲劳性能研究现状与展望[J]. 材料导报，2013，27（9）：121-124.

[19] 李占明，朱有利，王侃. 超声冲击处理对 2A12 铝合金焊接接头组织的影响[J]. 金属热处理，2008，33（7）：53-56.

[20] 朱有利，李占明，韩志鑫，等. 超声冲击处理对 2A12 铝合金焊接接头表层组织性能的影响[J]. 稀有金属材料与工程，2010，39（1）：130-133.

[21] 尤逢海，杨夏炜，朱景川，等. 超声冲击对 TA15 钛合金焊接接头的影响[J]. 宇航材料工艺，2010，40（6）：86-90.

[22] 叶雄林，朱有利. 超声冲击细化 22SiMn2TiB 超高强钢焊接接头晶粒研究[J]. 热加工工艺，2006，35（23）：12-14.

[23] 李东，樊钊，廖礼宝，等. J507 堆焊层超声冲击表面纳米化[J]. 焊接学报，2009，30（1）：101-103.

[24] 郝明. 超声冲击对镍基合金堆焊层微观组织及性能的影响[D]. 大连：大连理工大学，2012.

[25] 李占明，朱有利，刘开亮，等. 超声冲击对 30CrMnSiNi2A 焊接接头组织性能的影响[J]. 热加工工艺，2012，41（21）：150-152.

[26] 向学建，黄元林，等. 超声冲击对 Q370qE 钢焊接接头组织结构的影响[J]. 热加工工艺，2011，40（9）：122-129.

[27] Bolin He, Yingxia Yu, Shangyu Zhou, et al. The Fatigue Life of Welded Butt Joints with Ultrafine Grains Induced by Ultrasonic Impact Treatment [C]. Proceedings of the 11th. International Conference on Frontiers of Design and Manufacturing, May 23 ~ 25, 2014, Nanjing, China.

[28] 刘菁. 超声冲击 16MnR 焊接接头表面纳米化机理研究[D]. 南昌：华东交通大学，2011.

[29] Petrov Y N, Gavriljuk V G, Berns H, et al. Surface structure of stainless and Hadfield steel after impact wear[J]. Science and Technology Information Center National Science Council, 2006, 269 (6): 687-691.

[30] 宋燕. 超声冲击对 P355NL1 钢焊接接头疲劳性能影响的研究[D]. 南昌：华东交通大学，2014.

[31] 吕宗敏. 超声冲击对转向架焊接十字接头表层组织及超高周疲劳性能的影响[D]. 南昌：华东交通大学，2016.

[32] 何柏林，史建平，颜亮，等. 超声冲击对钢轨钢组织与性能的影响[J]. 中国铁道科学，2009，30（4）：58-62.

[33] 何柏林，余皇皇.超声冲击表面纳米化研究的发展[J]. 热加工工艺，2010，49（18）：112-114.

[34] 廖礼宝. 金属表面纳米晶化方法及性能研究[D]. 上海：华东理工大学，2010.

[35] Bolin He, Lei Xiong, Mingming Jiang, Yingxia Yu, and Li Li. Surface grain refinement mechanism of SMA490BW steel cross joints by ultrasonic impact treatment[J]. International Journal of Minerals，Metallurgy and Materials, 2017, 24(4): 410-414. Volume 24, Number 4, April 2017, Page 410.

[36] 胡兰青. 金属纳米晶化及机理研究[D]. 太原：太原理工大学，2005.

[37] 李茂林. 高能喷丸铝合金表层晶粒细化机制研究[J]. 中国表面工程，2007，30（3）：18-21.

[38] 毛卫民，赵新兵. 金属的再结晶与晶粒长大[M]. 北京：冶金工业出版社，1994.

[39] 张洪旺，刘刚，卢柯，等. 表面机械研磨诱导 AlsI304 不锈钢表层纳米化组织与性能[J]. 金属学报，2003，39（22）：342-346.

[40] Yingxia Yu, Bolin He, Jing Liu, et al. Surface Plastic Deformation and Nanocrystallization Mechanism of Welded Joint of 16MnR Steel Treated by Ultrasonic Impact [J]. MATERIALS SCIENCE (MEDŽIAGOTYRA), 2015, Vol.21 (4): 612-615.

[41] Bolin He, Haipeng Deng, Mingming Jiang, Kang Wei, Li Li. Effect of ultrasonic impact treatment on the ultra high cycle fatigue properties of SMA490BW steel welded joints[J]. Int J Adv Manuf Technol, 2018, 62(6): 1-7.

[42] 胡兰青，李茂林，许并社，等. 铝合金表面纳米化处理及显微结构
特征[J]. 中国有色金属学报，2004，14（12）：2016-2020.

[43] Valiev RZ, Islmagaliev R K, Alexnadrov I V. Bulk nanostructured
materials from severe plastic deformation[J]. Progr Mat Sci, 2000,
45(2): 103-189.

[44] 潘金生，全健民，田民波. 材料科学基础[M]. 北京：清华大学出版
社，1998.

[45] Wu X, Tao N, Hong Y. Strain-induced grain refinement of cobalt during
surface mechanical attrition treatment[J].Acta Mater, 2002, 53 (3):
681-691.

[46] 刘刚. 中国科学院金属研究所博士后研究工作报告[J]. 中国有色金
属学报，2000，15（12）：30-32.

[47] 金泉林，吴慧英. 超硬铝合金大变形热扭转时微观组织的演变机制[J].
材料处理学报，2002，23（2）：12-15.

[48] 王科，许并社. 爆炸冲击制备纳米晶金属复合膜[J]. 材料热处理学
报，2002，23（2）1-3.

[49] 吴桂英，秦冬祺，杨桂通. 在冲击载荷作用下弹塑性圆板的反直观
动力行为数值分析[J]. 固体力学学报，2004，25（4）：389-393.

[50] Chang-Min Suha, Gil-Ho Song, Min-Soo Suh, et al. Fatigue and
mechanical characteristics of nano-structured tool steel by ultrasonic
cold forging technology[J]. Materials Science and Engineering A 443
(2007) 101-106.

5 第5章
超声冲击对焊接接头残余应力的影响

超声冲击不仅可以改变焊接接头表层的金相组织，降低焊接接头的应力集中系数，还可以降低焊缝及其附近区域的残余拉应力，甚至在冲击表层产生有利于提高接头疲劳性能的残余压应力。

5.1 焊接接头中的残余应力及其分布

一般情况下，将焊缝长度方向的焊接残余应力称为纵向残余应力，用 σ_x 表示；将垂直于焊缝长度方向上的残余应力称为横向残余应力，用 σ_y 表示。通常制造焊接结构所用的板材大都为薄板和中厚板，厚度方向的残余应力较小，通常可不予考虑。但当板的厚度较大时，必须考虑板厚方向的残余应力 σ_z。

5.1.1 纵向残余应力的分布

平板对接焊缝上的纵向残余应力的分布如图 5-1 所示。当对接板较长时，在长焊缝的中段会出现一个稳定数值区。对于低碳钢材料来说，稳定区的纵向残余应力 σ_x 将达到或接近材料的屈服强度 σ_s。在焊缝端部存在一个应力过渡区，纵向残余应力 σ_x 逐渐减小，由于板的端部为自由边界，故纵向残余应力在板的端部为零。当焊缝比较短时，纵向残余应力的稳定数值区将消失，仅存在过渡区，且焊缝越短，纵向残余应力的数值就越小。

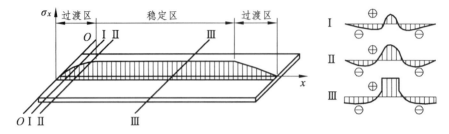

图 5-1　长板条对接焊缝的纵向残余应力分布[1]

纵向残余应力沿板的横截面上的分布表现为焊缝及其附近区域受拉伸应力，其他区域为残余压应力，拉应力和压应力在截面内自身平衡，如图 5-2 所示。

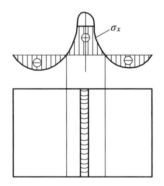

图 5-2　纵向残余应力沿垂直于焊缝横截面上的分布

不同材料的板材焊接后纵向残余应力分布规律基本相同，但由于材料的热物性参数和力学性能参数的差异，从而导致不同材料焊接接头的纵向残余应力不尽相同。对于铝合金而言，接头纵向残余应力只有母材屈服强度的 3/5 ~ 4/5。对于钛合金来说，由于其膨胀系数和弹性模量都比较低，其接头的纵向残余应力也只有母材屈服强度的 0.5 ~ 0.8 倍。

5.1.2　横向残余应力的分布

金属在焊接时，除了产生平行于焊缝长度方向的纵向残余应力 σ_x 外，还会在垂直于焊缝方向产生横向残余应力 σ_y，焊接接头的横向残余应力一般由两部分组成。

（1）由纵向收缩引起的横向残余应力 σ_y'。当焊缝纵向收缩时，有使两块对接钢板向外弯成弓形的趋势，但由于受焊缝金属阻止，因而产生焊缝中部受拉，两端受压的横向应力，如图 5-3 所示。

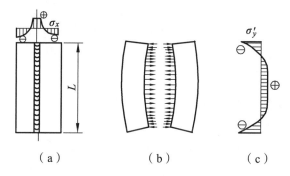

（a）　　　　　　　（b）　　　　　　　（c）

图 5-3　由纵向收缩引起的横向应力 σ_y' 的分布

焊缝长度不同时，纵向收缩引起的横向应力也不尽相同，如图 5-4 所示。

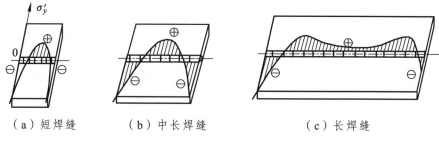

（a）短焊缝　　　　（b）中长焊缝　　　　　（c）长焊缝

图 5-4　不同长度焊缝 σ_y' 的分布规律

（2）由于焊缝是依次施焊的，后焊部分的收缩受到已经冷却的先焊部分的阻碍，先焊部分同样受到后焊部分收缩的影响，这种先焊和后焊之间的相互制约就形成了横向应力 σ_y''。该应力与焊接方向和焊接顺序有关，如图 5-5 所示。

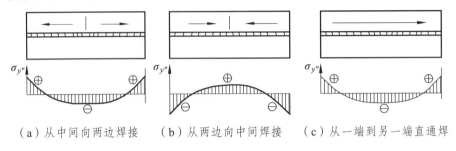

（a）从中间向两边焊接　　（b）从两边向中间焊接　　（c）从一端到另一端直通焊

图 5-5　不同焊接方向对横向应力 σ_y'' 的分布

由于焊缝纵向收缩和横向收缩是同时进行的，所以横向焊接残余应力 σ_y 是由上述两部分 σ_y' 和 σ_y'' 两部分综合作用的结果。

5.1.3　厚度方向的残余应力分布

在厚钢板的连接中焊缝需要多层施焊，因此除有纵向和横向焊接残余应力外，沿厚度方向还存在着焊接残余应力位 σ_z。随着板材厚度的增加，纵向应力和横向应力在板材厚度方向上的分布也会发生很大的变化。此外，厚板中的残余应力对于不同的焊接工艺也会出现很大的差别。图 5-6 所示为 80 mm 厚低碳钢 V 形坡口对接接头多道多层焊在板材厚度方向上的应力分布。

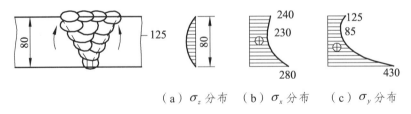

（a）σ_z 分布　（b）σ_x 分布　（c）σ_y 分布

图 5-6　厚板多道多层焊中残余应力的分布

值得注意的是横向应力 σ_y 的分布，在对接接头的焊根部位数值极高，大大超过了板材的屈服强度。原因是多层多道焊时，每焊一道或一层都会使焊接接头产生一次角变形，在焊根部引起一次拉伸塑性变形。多次塑性变形的积累导致焊缝根部金属产生应变硬化，应力不断上升，在严重的情况下，甚至可以达到金属的抗拉强度，从而导致焊缝根部开裂[2]。

5.2　焊接残余应力对焊接结构的影响

焊接残余应力对焊接结构的影响是多方面的，也是非常复杂的，其影响机理也不尽相同。另外，焊接残余应力的存在并非总是有害的，要具体情况具体分析[3]。

5.2.1　对结构静载强度的影响

假设有一焊接构件，其焊接残余应力分布如图 5-7 所示，中间部分为拉应力，两侧为压应力。构件在外加拉伸载荷 P 作用下产生拉应力 σ 可由式（5-1）求出。

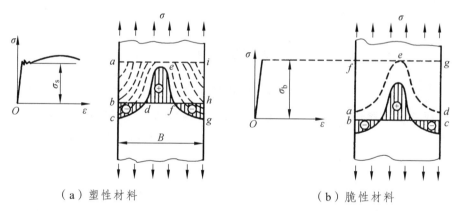

（a）塑性材料　　　　　　　　（b）脆性材料

图 5-7　外载荷作用下构件中的应力变化

$$\sigma = P/F = P/(B \cdot \delta) \tag{5-1}$$

式中，F 为构件截面积；B 为构建宽度；δ 为构件厚度。

由于外加拉伸载荷产生的拉伸应力 σ 的作用，构件内部的应力分布将发生变化。随着 σ 的增加，构件两侧部分原来的压应力逐渐减少而转变为拉应力，而构件中部的残余拉应力则与外力拉伸应力叠加。如果材料具有足够的塑形，当应力峰值达到 σ_s 后，该区域中的应力就不再增加，而产生塑性变形。其余区域应力未达到 σ_s，则随着外力的增加应力还继续增加，整个截面上的应力逐渐均匀化，直到构件上的全部应力都达到 σ_s，应力就全面均匀化了，如图 5-7（a）所示。这时外力的大小可以用面积 $abcdefghi$ 来表示。如果构件没有残余应力，要同样使整个截面应力都达到 σ_s，所需要的外力 $P=\sigma_s\times F=\sigma_s\times B\times\delta$，其数值可用矩形面积 $abhi$ 来表示。因为残余应力是内部平衡的应力，面积 def=面积 bcd+面积 fgh，故面积 $abcdefhi$ 和面积 $abhi$ 相等。由此可见，只要材料具有足够的塑性，能进行塑性变形，内应力的存在并不影响构件的承载能力，也就是说对静载强度没有影响。

对于脆性材料或材料处于脆性状态来说[见图 5-7（b）]，当外加载荷不断增加时，由于材料不能进行塑性变形，构件上的应力不能均匀化，应力峰值就会不断增加，一直到达材料的强度极限 σ_b，发生局部破坏，从而最后导致整个构件断裂。也就是说，当材料塑性变形能力不足时，残余应力的存在将降低构件的静载强度。

5.2.2　对受压杆件稳定性的影响

受压杆件（如柱、桁架中的压杆等）在压力作用下可能发生整体失稳现象。从材料力学的基本理论得知，两端铰接的受压杆件，在弹性范围内工作时，其失稳的临界应力 σ_{cr} 可由式（5-2）求得：

$$\sigma_{cr}=\frac{\pi^2 EI}{l^2 F} \tag{5-2}$$

式中，E 为弹性模量；l 为受压杆件的自由长度；I 为构件截面惯性矩；F 为构件横截面面积。当构件的长细比 $\lambda=l/r$，构件的截面惯性半径 $r=\sqrt{I/F}$ 时，式（5-2）可以用式（5-3）表示。由式（5-3）可见 σ_{cr} 与 λ^2 成反比。

$$\sigma_{cr}=\frac{\pi^2 E}{\lambda^2} \tag{5-3}$$

焊接残余应力在构件中是自身平衡的，即构件截面上同时存在压应力和拉应力，拉应力和压应力分布于构件的不同区域。当构件承受外加压应力时，截面上的压缩残余应力将与外载所引起的压应力叠加。应力的叠加使压应力区先期达到屈服极限 σ_s。该区应力不再增加，从而使该区域丧失了进一步承受外载荷的能力。这样就相当于削弱了整个构件的有效面积。另一方面，拉应力区中的拉应力与外加载荷引起的压应力方向相反，使这部分截面积中的应力晚于其他部分达到屈服极限 σ_s。因此，该区还有可能继续承受外力。以焊接 H 形受压杆件为例，如图 5-8 所示。其纵向焊接应力的分布如图 5-8（a）所示，当外力引起的压应力 $\sigma_p + \sigma_2 = \sigma_s$ 时，应力的分布如图 5-8（b）所示。

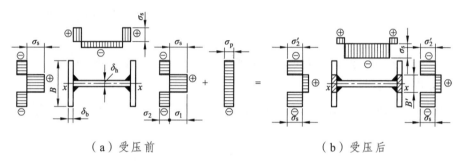

（a）受压前　　　　　　　　　　（b）受压后

图 5-8　焊接 H 形钢受压时的应力分布

这样，H 形钢的有效面积将从 F 缩小到 F'（图中用剖面线表示）。而有效面积的惯性矩将从 I_x 减至 I'_x。因为对 X-X 轴惯性矩 $I_x = 2 \times B^3 \times \delta_b / 12$（腹板对 X-X 轴的惯性矩忽略不计）。所以 I_x 与 B^3 成正比。而 $I'_x = 2 \times (B')^3 \times \sigma_b / 12$，$I'_x$ 与 $(B')^3$ 成正比。因为 $B > B'$，所以 $B^3 >> (B')^3$，因此，$I'_x << I_x$。而 F' 虽然小于 F，但 $I_x / I'_x > F / F'$，故 $r_x > r'_x$（$r_x = \sqrt{I_x / F}$；$r'_x = \sqrt{I'_x / F'}$）。因此，当构件的压缩应力区中的压应力和外载引起的应力达到 σ_s，其长细比 $\lambda'_x = l / r'_x$，它将大于 $\lambda_x = l / r_x$，临界应力将比没有内应力时低。如果内应力的分布与上述情况相反，即在离中性轴的翼缘边为拉应力，使有效面积分布在离中性轴较远处，则情况就大有好转。翼缘采用气割加工或是由几块板叠焊，都可能在翼缘边产生拉伸应力，如图 5-9 所示。

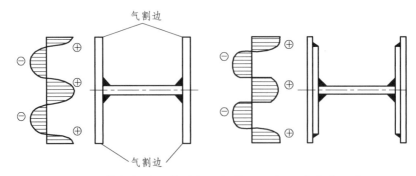

图 5-9 带气割边及带盖板的焊接 H 形钢的内应力分布

实验证明，焊接 H 形受压构件，焊后不处理的比焊后高温回火消除内应力的临界应力低 20% ~ 30%。而焊后又在边缘进行堆焊的临界应力也可提高，其数值几乎与高温回火消除内应力的构件相等。

应该指出，内应力的影响只在构件的一定的长细比 λ 范围内起作用。当杆件的 λ 较大（>150），它的临界应力本来就比较低时，或者当内应力的数值较低时，外载应力与内应力之和在失稳前仍未达到 σ_s，则内应力对稳定性不会产生影响。此外，当杆件的 λ 较小（<30），相对偏心又不大（<0.1）时，其临界应力主要取决于杆件的全面屈服，内应力也不会产生影响。当杆件的长细比介于两者之间时，内应力就会影响到杆件的稳定性。

对翼缘的宽度与厚度的比值（B/δ_b）较大的 H 形截面，压缩内应力将降低翼缘的局部稳定性。局部失稳可能引起构件的整体失稳。在这种情况下，焊接内应力对整体稳定的影响则可能主要通过这一因素起作用。

5.2.3 对刚度的影响

构件受拉伸时，如果应力没有达到屈服极限 σ_s，则构件的伸长与作用力有如式（5-4）所示的关系（见图 5-10 中的 $O\text{-}S$ 线）。

$$\Delta L = \frac{P \times L}{F \times E} = \frac{P \times L}{B \times \delta \times E} \qquad （5\text{-}4）$$

式中，P 为外加载荷；L 为构件长度；E 为材料的弹性模量；$F=B \times \delta$ 为构件截面积；B 为构件的宽度；δ 为构件的厚度。

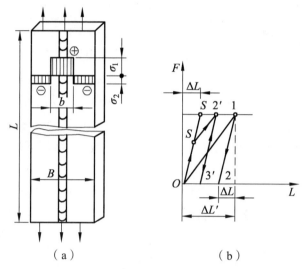

图 5-10　残余应力对刚度的影响

构件的刚度可以用式（5-5）来表征。

$$\tan\alpha = P/\Delta L = E \times F/L \tag{5-5}$$

假设构件中心有一条焊缝，其残余应力的分布如图 5-10（a）所示，在焊缝附近 b 区中内应力为拉应力 σ_1，两侧为压应力 σ_2。σ_1 一般等于 σ_s。在外力 P 作用下，由于 b 区中的应力已达到 σ_s，应力不能继续增加，也就是说 b 区不能再承受负载，而由 b 区以外的 $(B-b) \times \delta$ 来承受，有效面积因此有所缩小。在这种情况下，构件的伸长将变为式（5-6）。

$$\Delta L' = \frac{P \times L}{(B-b) \times \delta \times E} \tag{5-6}$$

比较式（5-4）和式（5-6），构件中有内应力时，构件的伸长量 $\Delta L'$ 比没有内应力情况时大，即 $\Delta L' > \Delta L$。此时刚度指标可由式（5-7）来表示。

$$\tan\alpha' = P/\Delta L' = (B-b) \times \delta \times E/L \tag{5-7}$$

对比式（5-5）和式（5-7）可知，$\tan\alpha' < \tan\alpha$ 及构件的刚度比没有内应力的情况时小。

当构件中没有残余应力时，构件在外载荷 P 的作用下将产生 ΔL 的伸长量，及如图 5-10（b）中的 O-S 线所示。当构件中有残余应力，且拉应力大小等于 σ_s 时，构件在拉应力 P 作用下的伸长量为 $\Delta L'$，伸长过程在图 5-10（b）中可用 O-1 线来表示。在拉伸过程中构件各截面作平行移动，b 区中这种移动只产生拉伸塑性变形，应力仍保持为 σ_s，而在（B-b）区内，应力上升到 $\sigma_2 + P/（B - b）\times \delta$。在此过程中，构件的各截面产生大小为 $\Delta L'$ 的平移。在卸载时，各截面作反方向的平行移动，称之为回弹。在这个过程中并不产生新的塑性变形，各区中的应力均匀下降 $P/B \times \delta$。在 b 区中的应力下降到 $\sigma_s - P/B \times \delta$。在（$B$-$b$）区中的应力下降到 $[\sigma_2 + P/（B - b）\times \delta] - [P/B \times \delta]$，两区中的内应力都比加载前低。构件的回弹量为 $P \times L/B \times \delta \times E$，等于无内应力时的拉伸变形 ΔL，这个过程在图 5-10（b）中用 1-2 线表示。1-2 线与 O-S 线平行。卸载后，在构件上还保留有一个拉伸变形量 O-2 等于 $\Delta L' - \Delta L$。

从以上分析可以得出，若构件中存在着与外力方向一致的内应力，而内应力的数值又达到 σ_s，则在外力作用下刚度将降低，而且在卸载后构件的原来尺寸也不能完全恢复。刚度的降低程度与 b/B 的比值有关，b 所占的比例越大，对刚度的影响也越大。

当构件中有残余应力，且拉应力大小小于 σ_s 时，由于 σ_1 比 σ_s 小，在外加拉力的作用下 b 区还可以承受一部分载荷，在外力作用下构件整个截面上的应力都增加。因此加载过程起初是按 O-S 线进行的，与没有内应力的情况完全一致。这种情况一直持续到外加载荷引起的应力与 σ_1 之和达到 σ_s 为止。在图 5-10（b）上用 1′点表示。如果进一步增加 P 值，b 区中应力不再上升，而产生塑形变形，这时又出现前面一种情况，构件的有效面积缩小，加载过程中用 1′-2′线表示，1′-2′线与 O-1 线平行。卸载时的情况与前一情况相同用 2′-3′线表示。2′-3′线与 O-S 线平行。回弹量小于拉伸变形。第一种情况，经过一次加载和卸载后，b 区内的内应力已由原来的 σ_s 下降到（$\sigma_s - P/B \times \delta$）。如果对这个构件再以同样大小的外力加载一次，可以发现这次加载和第一次不同，所引起的应力与内应力之和恰巧等于 σ_s。加载过程完全是弹性的。卸载后回弹量与拉伸变形相同。因此可以得出一个重要的结论：焊接构件经过一次加载和卸载后，如再加载，只要其大小不超过前一次，内应力就不再起作用，外载也不影响内应力的分布。当然，这个结论只适用于静载，对频率高、次数较多的变载荷则另当别论。上述分析，不仅适用于构件的拉伸，亦可用于其他加载方式，如构件的弯曲等。例如工字梁的弯曲，翼缘焊缝附近区域 A_s，（见图 5-11 中有剖面线的部分）中的内应力达到 σ_s，与外加力矩 M 引起的拉应力符号相同，将引起塑性变形，截面的有效惯性矩 I' 将比没内应力时小。因此挠曲变形比没有内应力时大，刚度有所下降。下降的程度不但与 A_s 的大小有关，还与 A_s 的位置有关。焊缝靠近中性轴时则对刚度的影响小。前面述及的是纵向焊缝引起的内应力，A_s 的面积占总面积比较小。在实际生产中横向焊缝和火焰校正，都可能在相当大的截面上产生较大的拉应力。虽然它们在长度方向的分布范围较小，但是它们对刚度的影响仍不可忽视。特别是采用大量火焰校正后的焊接梁，在加载后可能产生较大的变形，而卸载后回弹量不足，应予重视。

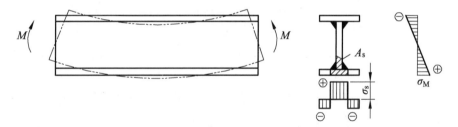

图 5-11　焊接梁工作时的刚度分析

5.2.4　对疲劳性能的影响

焊接残余应力对结构疲劳强度的影响是个比较复杂的问题。一是复杂焊接结构本身残余应力分布就很复杂，很难精确测量；二是焊接结构承受的疲劳载荷大小不同及处于应力疲劳或应变疲劳区间时，即便结构中残余应力相同，可能残余应力对疲劳性能的影响也不尽相同。目前，人们就焊接残余应力对焊接结构疲劳性能的影响进行了大量试验研究工作。有些研究者采用有焊接应力的试样与经过热处理消除内应力后的试样进行疲劳试验对比。由于焊接残余应力的产生往往伴随着焊接热循环引起的材料性能的变化，而热处理在消除内应力的同时也恢复或部分恢复了材料的性能。因此，对于试验的结果就产生了不同的解释，对内应力的影响也有了不同的评价。也有一些研究者采用超声冲击、喷丸等表面处理方法在焊接接头的焊缝、焊趾区域形成残余压应力。然后对经过表面强化处理的试样与原始焊态试样进行疲劳寿命对比试验。采用超声冲击、喷丸等表面强化手段后，不仅在焊缝及其附近区域形成了一定大小的残余压应力，由于冲击或喷丸还会使焊趾处的应力集中系数降低、表层金属组织变细。故该类方法能够提高焊接接头疲劳寿命的原因复杂，并非单一残余应力作用所致。

Wilson、Newman、Navrotskii 等首先对经应力释放前后不同对接接头进行疲劳研究，并对其进行常幅脉动拉伸循环载荷试验。Gurney 对实验结果的分析，认为应力释放对改善疲劳强度影响不大，一般 200 万次应力循环对应的疲劳强度只有约 10%的提高，最大提高比例约为 17%；而随后苏联学者 Kudryavtsev 和 Trufyakov 经过反复试验后，却提出相反结论：焊接残余应力对疲劳强度有较大影响，并对具有较高应力水平焊接残余应力的纵向不承载角焊缝和对接接头构件进行常幅疲劳试验，认为高值残余拉应力的存在会大幅降低焊缝接头疲劳强度，当应力释放后，在 200 万次循环下可大大提高结构的疲劳强度，提高值接近 150%[4]。英国焊接研究所学者 Maddox[5]以 4 种强度钢（屈服点在 332～727 MPa 间）焊接板的纵向不承载角焊缝接头来做疲劳试验研究，结果表明：4 种试件的疲劳强度均与外载荷响应应力范围相关，而加载应力比对其疲劳强度影响不明显；日本国立材料科学研究所对角焊缝和对接焊缝的焊接残余拉应力、应力比、材料拉伸强度等因素对疲劳强度影响进行了深入研究[6-9]并得出结论：焊接残余应力对结构疲劳强度具有重要影响。

图 5-12 是用应力半幅 σ_a 和平均应力 σ_m 表示的疲劳图中，曲线 ACB 代表不同平均应力时的极限应力振幅值 σ_a。当构件中的应力振幅值大于极限幅值时，在规定的循环次数之前将发生疲劳破坏；反之，小于极限幅值则是安全的。由图中可以看出，随着 σ_m 的增加，极限应力幅值有所下降。如果构件中存在内应力 σ_0，则它将始终作用于应力循环中，使整个应力循环的应力值偏移一个 σ_0 值。假设载荷的平均应力为 σ_m，如图 5-13

（a）所示，与此平均应力相应的极限应力振幅为 σ_a。若构件中内应力 σ_0 为正值时，它将与载荷应力相叠加使应力循环提高 σ_0，如图 5-13（b）所示，平均应力将增加到 σ_{m1}（$\sigma_{m1}=\sigma_m+\sigma_0$），其极限应力幅值降低到 σ_{a1}，构件的疲劳强度将降低。若内应力为负值，它将使应力循环降低 σ_0，如图 5-13（c）所示，平均应力将降低到 σ_{m2}（$\sigma_{m2}=\sigma_m-\sigma_0$），其极限应力幅值将增加到 σ_{a2}，构件的疲劳强度将有所提高。

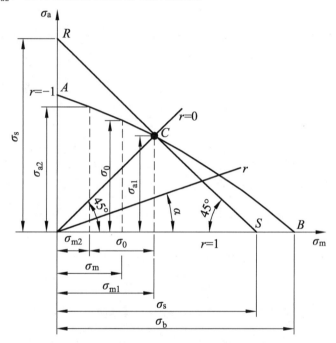

图 5-12　疲劳强度与应力半幅和平均应力的关系

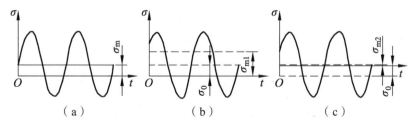

图 5-13　焊接应力对应力循环的影响

在上述分析中，未考虑内应力在载荷作用下的变化。实际上，当应力循环中的最大应力 σ_{max} 到达 σ_s 时，亦即 σ_m 与 σ_a 之和达到 σ_s 时，内应

力将因材料全面达到屈服而消除。在图 5-12 中直线 SCR 与水平轴成 45°
角，是 $\sigma_m+\sigma_a=\sigma_s$ 的轨迹。在此线上所有点的 σ_m 与 σ_a 之和均达到 σ_s。当 σ_m
达到相当于图中 C 点的数值时（$\sigma_m+\sigma_a=\sigma_s$），内应力对疲劳强度将没有影
响。当小于相当于 C 点的数值，则 σ_m 越小，内应力的影响越显著。

图 5-14 为两组带有纵向、横向焊道的试样。它是一个采用不同焊接
次序来获得不同的焊接应力分布的试样对比试验。第一组试样 A 是先焊
纵向焊缝，后焊横向焊缝；另一组试样 B 是先焊横向焊缝，后焊纵向焊
缝。在焊接交叉处，第一组试样的拉伸焊接应力低于第二组。两组试样
的对比疲劳强度结果如图 5-14 所示。从图上可以看出第一组疲劳强度高
于第二组。这个试验并没有采用热处理来消除内应力，排除了热处理对
材料性能的影响，比较明确地说明了内应力的作用。

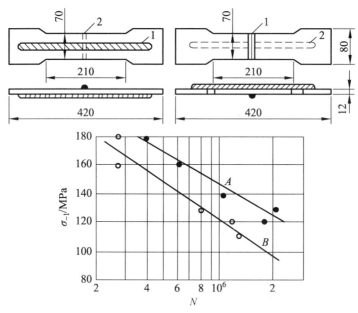

图 5-14 利用不同焊接次序调整焊接应力的疲劳对比试验结果

残余应力对焊接结构疲劳性能的影响不仅与残余应力的大小及其分
布有关，还与焊接结构所受疲劳载荷的应力循环特性、焊接接头的应力
集中程度有关。在 14Mn2 低合金结构钢试样上有一条横向对接焊缝，在
正反两面各堆焊一条纵向焊道。一组试样焊后作消除内应力热处理，另

一组未经热处理。疲劳试验采用 3 种应力循环特性系数 $r=-1$、0、+0.3。
试验结果如图 5-15 所示。由图可见，在交变载荷下（$r=-1$）消除内应力
试样的疲劳强度接近 130 MPa，而未消除内应力的仅为 75 MPa。在脉动
载荷下（$r=0$）两组试样的疲劳强度相同，为 185 MPa。而当 $r=+0.3$ 经热
处理消除内应力的试样的疲劳强度为 260 MPa，反而略低于未经热处理
的试样（270 MPa）。产生这个现象的原因是：在 r 比值较高时，例如在
脉动载荷下，疲劳强度较高，在较高的拉应力作用下，内应力较快地得
到释放，因此内应力对疲劳强度的影响就减弱；当 r 增大到+0.3 时，内
应力在载荷作用下进一步降低，实际上对疲劳强度已不起作用。而热处
理在消除内应力的同时又消除了焊接过程对材料疲劳强度的有利影响，
因而疲劳强度在热处理后反而下降。这个有利影响在交变载荷试样里并
不足以抵消内应力的不利影响，在脉动载荷试样里正好抵消了残余的内
应力的不利影响。上述试验所采用的试样，属于应力集中比较低的情况。
对于带纵向短肋板，具有较高的应力集中系数的情况如图 5-16 所示。

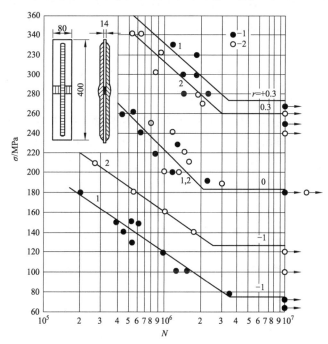

图 5-15　带有交叉焊缝试样焊态 1 与经热处理去应力 2 的疲劳强度对比

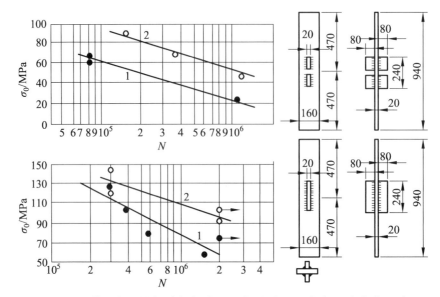

图 5-16　带纵向短筋板试样焊态 1 和经热处理去应力 2 的疲劳强度

结果消除内应力后的试验疲劳强度均高于未热处理的。在这个试验
中，内用力的作用在脉动载荷下仍有反应，说明内应力的影响在应力集
中较高时更大。

文献[10]采用超声冲击方法对转向架用 16MnR 钢焊接十字接头的焊
趾及其附近区域进行超声冲击处理，在接头具有相同应力集中程度并经
过热处理消除残余应力后，在应力比为 0.1、频率为 10 Hz 的条件下，对
具有相同应力集中系数和经过热处理消除残余应力的原始焊态十字接头
和超声冲击处理十字接头的疲劳寿命进行了对比试验。焊接接头焊趾表
层的残余应力的测试结果见表 5-1，不同试样的疲劳试验结果见表 5-2。

表 5-1　焊接接头焊趾表层的残余应力

处理方式	应力（X 方向）/MPa	应力（Y 方向）
焊态试样	249.5	236.8
焊态试样+热处理	57.1	38.6
2 min 超声冲击试样	−158.3	−141.2
2 min 超声冲击+热处理	−67.7	−46.3

表 5-2　疲劳试验结果

试样编号	试样状态	σ_{max} /MPa	$N/10^6$	平均值/10^6
1-1	焊态	260	0.260	0.260
1-2		260	0.214	
1-3		260	0.306	
2-1	焊态+热处理去应力	260	0.290	0.296
2-2		260	0.313	
2-3		260	0.285	
3-1	超声冲击	260	0.483	0.499
3-2		260	0.521	
3-3		260	0.492	
4-1	超声冲击+热处理去应力	260	0.330	0.428
4-2		260	0.487	
4-3		260	0.468	

　　从表 5-2 可以看出，在应力集中程度相同的情况下，原始焊态接头的疲劳寿命是 0.260×10^6，经过热处理消除残余应力后，疲劳寿命为 0.296×10^6，提高了 13.85%左右。原始焊态十字接头经热处理消除残余应力后，接头仍然具有较小的残余拉伸应力（纵向残余拉伸应力为 57.1 MPa，横向残余拉伸应力为 38.6 MPa），考虑这部分较小残余拉伸应力对疲劳寿命的不利影响作用，残余应力的作用应该在 15%左右。超声冲击后十字接头的疲劳寿命为 0.499×10^6，超声冲击+热处理消除残余应力接头的疲劳寿命为 0.428×10^6，疲劳寿命降低了 14.23%。超声冲击接头经过热处理消除残余应力后，接头仍然具有一定的残余压应力（纵向残余拉伸应力为-67.7 MPa，横向残余拉伸应力为-46.3 MPa），考虑这部分残余压应力对疲劳寿命的有利影响作用，残余应力的作用也在 16%左右。

　　采用特殊的焊后表面处理方法引入残余压应力，可以提高焊接接头的疲劳强度及疲劳寿命，如锤击硬化、玻璃或钢的喷丸硬化、应力硬化及拉伸超载等。而较低水平的残余压应力（小于 62 MPa）及焊后表面热应力释放处理对疲劳强度的影响无明显区别[11]。

尽管以上的研究结论已在工程中得到广泛应用，但至今焊接残余应力对疲劳影响机理仍有待于系统和深入的研究，特别是其在实际复杂结构中的真实疲劳影响作用[12]。当前，国际上对设计标准或规范中采用的焊接残余应力疲劳影响考虑方式的正确性及适用性，尚存在不同观点和争论，主要包括：① 接头疲劳危险部位常存在接近或达到母材屈服点的残余拉应力的假设，可能与实际结构的残余应力分布不符，从而导致错误的疲劳评定结果。复杂焊接结构的残余应力分布极为复杂，一些常被假设认为存在高残余拉应力的接头部位，实际上分布着有益于疲劳性能的残余压应力，或者分布的残余拉应力水平很低，故其疲劳危险程度并没有预期的严重。Fricke[13]的试验研究证实了这一观点，提出为确保疲劳分析的可靠性，建议预先确定出由焊接引入的残余应力的真实分布状态，以视具体情况进行分析考虑，如可使用日益发展的有限元数值焊接模拟仿真。② 类似于振动时效应力消除工艺，结构运用中外载作用可导致其焊接残余应力松弛，应力分布和水平发生改变，从而可能降低其对疲劳强度的不利影响。针对该问题，与现行标准或规范中处理方式相同，Maddox[14]较笼统地认为当确实存在高值残余拉应力，且为满足高周设计寿命绝大部分实际载荷循环的应力水平相对较低时，因疲劳加载引起的应力释放有限，驻留的残余拉应力仍可明显提高外加循环应力的平均应力，故残余拉应力在运用中得到一定释放并不会明显改善疲劳强度。与此相反，Krebs[15]等近期的大量试验对比研究结果表明，多数情况下外载作用导致的残余应力改变对结构疲劳强度的影响较为显著，通常比热应力释放工艺的影响还要大，应得到足够重视。其提出只考虑初始残余应力分布和水平，不足以分析其对疲劳强度的影响作用，尚需进一步明确各种因素尤其是外载作用可能导致的残余应力改变情况。③ 复杂及不同条件下的残余应力疲劳影响研究仍有待于系统和深入，如不同加载状态（包括常幅或变幅加载、轴向或弯曲加载、高周或低周加载等）和应力集中程度（包括各类焊缝接头形式、焊后改善工艺等）下，焊接残余应力的疲劳影响程度可能存在较大差异。Sonsino[16]于近年来针对该问题进行了大量试验研究，做出了有益探讨。其研究的主要结论为：对试验的几种应力集中程度差异较大的焊缝接头试件，在随机或变幅载荷下，残余拉应力的不利影响程度均比常幅加载状态下小，同时变幅载荷下应力释放工艺的疲劳强度改进较常幅载荷下差；焊缝接头试件的弯曲疲劳强度较拉压疲劳强度高，故应依据实际加载模式（膜应力为主或弯曲应力为主）选择正确的许用应力或进行必要修正，其对设计轻量化结构尤为重要；不同应力集中情况下应力释放工艺的疲劳强度改进也不同，应力集中程度越严重，疲劳强度改进效果越差，即焊接残余应力的影响越有限，如应力释放对搭接接头（应力集中十分严重）的疲劳强度无改进、对纵向加强筋端部焊趾（应力集中为中等严重）在高周寿命区（$N>10^6$）的疲劳强度改进显著，在中低周区改进较小，对 V 形角接头（应力集中相对低）在全寿命区疲劳强度均有较大改进；交变常幅加载下应力释放对疲劳强度的改进高于脉动常幅加载，且在高周寿命区改进效果优于中低寿命区。

5.2.5　对应力腐蚀的影响

应力腐蚀是拉应力和腐蚀环境共同作用下产生裂纹的一种现象，一般分为三个阶段。第一阶段，局部腐蚀造成小腐蚀坑和其他形式的应力集中，以后又逐渐发展成微小裂纹即裂纹的萌生阶段。第二阶段，在腐蚀介质作用下，金属从裂纹尖端不断被腐蚀掉，进而在拉应力作用下又不断产生新的表面，这些新的表面又进一步被腐蚀。这样在应力和腐蚀的交替作用下裂纹逐渐扩展，即裂纹的稳定扩展阶段。第三阶段，当裂纹扩展到某一临界值，裂纹就在拉应力作用下以极快的速度扩展造成脆性断裂，即失稳断裂阶段。应力腐蚀与应力大小和时间有关。拉应力越大，发生断裂所需要的时间越短；拉应力越小，发生断裂所需的时间越长。有些结构的工作应力比较低，本来不至于在规定使用时间内产生应力腐蚀，但是焊接后由于焊缝及其附近区域的拉伸应力较大，焊接残余拉应力与工作拉应力叠加将促使焊缝附近较快产生应力腐蚀，造成构件产生裂纹，进而发生脆性破坏。文献[17]采用超声辊压方法对 X80 管线钢进行表处理，研究了超声辊压处理对 X80 管线钢在 NS4 溶液中的应力腐蚀行为，试验结果见表 5-3。

表 5-3 应力腐蚀试验参数和结果

试样状态	外加电位 U/mV	试验介质	应变量 ε/mm	断面收缩率 Z（%）	断裂时间 t_f/h
未处理	−1 200	NS4	4.42	25.35	12.86
	−716	NS4	6.78	60.45	17.80
	0	空气	6.98	69.36	19.20
辊压处理	−1 200	NS4	7.14	30.46	20.77
	−716	NS4	8.45	65.23	23.94
	0	空气	8.98	72.45	24.78

从表 5-3 可以看出，X80 管线钢表面经过超声滚压处理后，应力腐蚀断裂时间比未处理试样明显增长。X80 管线钢在 NS4 溶液中的应力腐蚀机理是氢致破裂和阳极溶解共同控制，在裂纹萌生和扩展的早期阶段，阳极发生的是金属溶解，这一阶段主要由电化学腐蚀溶解所致，它的作用是造成局部的脆化，氢促进阳极溶解。处理后试样表面形成的残余压应力会降低裂纹形核驱动力，表面强化层可以阻止氢向金属内部扩展，从而延迟裂纹萌生。文献[18]采用超声冲击方法对 AZ91 镁合金进行表处理，研究了超声冲击处理对 AZ91 镁合金在 NaCl 水溶液中的腐蚀行为。结果表明，与未冲击试样相比，平均腐蚀重量减少 61.04%，腐蚀速率降低了 59.88%。超声冲击处理可以明显提高 AZ91D 镁合金的耐腐蚀性能。超声冲击不仅可以细化 AZ91D 镁合金的表面组织，还可在其表面造成较大的残余压应力。两方面的原因对提高 AZ91D 镁合金表面的耐腐蚀性能均起一定的作用。

5.2.6　对机加工精度的影响

切削加工把一部分材料从工件上切去，如果工件中存在着内应力，那么把一部分材料切去的同时，把原先在那里的内应力也一起去掉，从而破坏了原来工件中内应力的平衡，使工件产生变形。加工精度也就受到了影响。例如在焊接丁字形零件上[见图 5-17（a）]，加工一个平面，会引起工件的挠曲变形。但这种变形由于工件在加工过程中受到夹持，不能充分地表现出来，只有在加工完毕后松开夹具时变形才能充分地表现出来。这样，它就破坏了已加工平面的精度。又例如焊接齿轮箱的轴孔[见图 5-17（b）]，加工第二个轴孔所引起的变形将影响第一个已加工过的轴孔的精度。

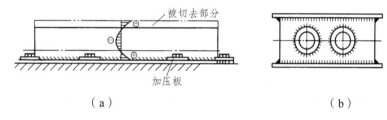

图 5-17　机械加工引起的内应力释放和变形

保证加工精度的最彻底的办法是先消除焊接内应力然后再进行机械加工。但是，有时也可以在机械加工工艺上做一些调整来达到这个目的。例如在加工图 5-17（a）所示零件时，可以分几次加工，每加工一次适当放松夹具，使工件的变形充分表现出来。重新调整好工件后再行紧固，然后再按照这个办法加工第二次，第三次……，加工量逐次递减。又例如在加工几个轴孔时，避免将一个轴孔全部加工完毕后再加工另一个，而采用分几次交替加工的办法，每次加工量递减，这样可以提高加工精度。当然这种方法很不方便，只有非常必要时才采用。

焊接构件在长期的存放和使用过程中，构件中的残余应力也会随着时间的推移而发生变化，从而破坏已经加工完毕的工件尺寸的精度。这点对精度要求高的构件，如精密机床的床身，大型量具的框架等是十分重要的。焊接构件在长期存放实验证明许多结构钢中的焊接应力是不稳定的。焊接构件在长期存放过程中逐渐发生的尺寸变化称之为焊接构件的尺寸稳定性。不同材料中的内应力不稳定程度有较大差异。造成焊接构件尺寸不稳定的原因主要有两个方面。一方面是蠕变和应力松弛，例如，低碳钢 A3 在室温 20 ℃下存放，原始应力 240 MPa，经过两个月降低 2.5%。如果原始应力较小，则降低的百分比相应减少。但随着存放温度的上升，应力降低的百分比将迅速增加。例如在 100 ℃下存放，应力

降低为 20 ℃ 的 5 倍。这种应力不稳定性的根源就是 A3 在室温下发生了
蠕变和应力松弛。第二个方面是组织不稳定性。30CrMnSi、25CrMnSi、
12Cr5Mo、20CrMnSiNi 等高强度合金结构钢在焊后产生残余奥氏体。这
种奥氏体在室温存放过程中不断转化为马氏体。内应力因马氏体的膨胀
而降低，其降低百分比远远超过低碳钢。试验表明 35 号钢和 4Cr13 等钢
材焊后在室温和稍高温度下存放发生内应力增加的相反现象。这是焊后
产生的淬火马氏体逐渐转化为回火马氏体过程中体积有所缩小所引起
的。由于上述合金钢和中碳钢焊后产生不稳定组织，因此内应力不稳定，
构件的尺寸也不稳定。故为了保证构件的尺寸的高精度，焊后必须进行
热处理。低碳钢焊后虽具有比较稳定的组织，尺寸稳定性相对来说比较
高，但长期存放中因蠕变和应力松弛，尺寸仍然有少量变化，因此对精
度要求高的构件来说，仍应先做消除应力处理，然后再进行机械加工。

5.3　焊接残余应力的测量方法

焊接残余应力的测量问题，早在 20 世纪 30 年代就已为人们所关注
并开始研究其测量方法，发展至今共形成了数十种测量方法。残余应力
的测量方法可分为机械释放测量法和非破坏无损测量方法两大类[19]。机
械释放测量法是将具有残余应力的部件从构件中分离或切割出来使应力
释放，然后测量其应变的变化求出残余应力。它主要包括钻孔法、分割
切条法、逐层铣削法等。其优点是测量的精度较高，但对构件的损伤较
大。非破坏性方法包括 X 射线衍射法、中子衍射法、磁性法、超声波法、
电子散斑干涉法等。它对被测构件无损害，但成本较高。目前，国内外
常用测定焊接残余应力的方法和原理如下。

5.3.1　切条法

将需要测定焊接残余应力的构件先划分成几个区域，在各区的待测
点上贴上应变片或加工机械引伸计所需的标距孔，然后测定它们的原始

数据。在靠近测点处将构件沿垂直于焊缝方向切断，然后在各测点间切出几个梳状切口，使焊接残余应力得以释放。再测出释放应力后各应变片或各对标距孔的读数，求出应变量。按照式（5-8）计算焊接残余应力。

$$\sigma_x = -E\varepsilon_x \qquad\qquad\qquad (5\text{-}8)$$

若为双轴受力情况，则可以沿着两个主应力方向贴应变片，分别测出其应变量，按照式（5-9）和式（5-10）求出焊接残余应力。

$$\sigma_x = \frac{-E}{1-\mu^2}(\varepsilon_x + \mu\varepsilon_y) \qquad\qquad (5\text{-}9)$$

$$\sigma_y = \frac{-E}{1-\mu^2}(\varepsilon_y + \mu\varepsilon_x) \qquad\qquad (5\text{-}10)$$

该方法必须将焊件的整体或某一局部彻底破坏，因此，测量后的焊件一般不能再用，所以，该方法不宜对工程实际结构进行测量。然而，这种测量方法有严密的理论依据，数据可靠，测量技术易于掌握，因此，该方法被广泛用来作为试验验证手段，是校核其他测量方法的可靠基础[20]。

5.3.2　钻孔法

钻孔法的测量精度高，对构件的破坏性小，操作简单方便，在工业实际中得到广泛的应用。在直径 d_0 的钻孔外侧有一直径为 d 的圆环，并在圆环上设置测点，与 x 轴成 α 角，其释放的径向应变 ε_x 和 ε_y 与钻孔释放的残余应力之间的关系，可按带孔无限板的弹性理论，同时承受双轴膜应力 σ_x 和 σ_y 的条件求解。为了确定未知的双轴残余应力，可采用 3 个应变片组成的应变花来测量应变。钻孔法测量残余应力的原理是采用特制的箔式应变花粘贴在预测工件的表面上，在应变花中心钻一小孔，产生局部应力释放，应变片感受出应变变化，该应变称为释放应变，可由连接各个应变片的应变仪测读出来，通过弹性力学公式可得到在孔深范围内的平均主应力（ σ_1、σ_2 ）和主应力方向角（ θ ）。

5.3.3　套孔法

套孔法采用套料钻孔加工环形孔来释放应力。如果先在环形孔内部贴上应变片或加工标距孔，则可测出释放后的应变量（ε_A、ε_B 与 ε_C 互成 45°角），根据式（5-11）、（5-12）、（5-13）计算主应力及其方向。

$$\sigma_1 = -E\left[\frac{\varepsilon_A + \varepsilon_C}{2(1-\mu)} + \frac{1}{2(1+\mu)}\sqrt{(\varepsilon_A - \varepsilon_C)^2 + (2\varepsilon_B - \varepsilon_A - \varepsilon_C)^2}\right] \quad (5\text{-}11)$$

$$\sigma_2 = -E\left[\frac{\varepsilon_A + \varepsilon_C}{2(1-\mu)} - \frac{1}{2(1+\mu)}\sqrt{(\varepsilon_A - \varepsilon_C)^2 + (2\varepsilon_B - \varepsilon_A - \varepsilon_C)^2}\right] \quad (5\text{-}12)$$

$$\tan 2\varphi = \frac{2\varepsilon_B - \varepsilon_A - \varepsilon_C}{\varepsilon_A - \varepsilon_C} \quad (5\text{-}13)$$

一般情况下，环形孔的深度只要达到（$0.6 \sim 0.8$）d，应力即可基本释放，本方法的破坏性较小。

5.3.4　X 射线衍射法

金属材料都是由按一定点阵排列的晶体组成的，而晶体内某一取向的晶面之间的距离是一定的。晶体在应力作用下原子的晶面间距将发生变化，其变化与应力成正比。若能测量出自由状态（无应力状态）下的晶面间距与在某一应力作用下的晶面间距的差值，就能计算出作用应力的大小来。X 射线衍射法就是以晶面间距作为应变测量的基长（标距），通过测量晶面间距的变化来确定应力数值的[21]。当 X 射线以角 θ 入射到晶面上时，如能满足式（5-14），则 X 射线在反射角方向上将因干涉而加强。

$$2d\sin\theta = n\lambda \quad (5\text{-}14)$$

式中，d 为晶面间的距离，λ 为 X 射线的波长，n 为任意一整数。根据这一原理可以求出 d 值。用 X 射线以不同的角度入射构件表面，则可测出不同方向的 d 值，从而求得表面焊接残余应力。本方法的最大优点是非破坏性，但只能测得焊件表面的残余应力，而且对被测表面要求较高，要求避免由局部塑性变形所引起的干扰，另外，其测试仪器比较昂贵。

5.3.5　中子衍射法

中子衍射法是一种测量构件内部残余应力的常用方法。通过研究衍射束的峰值位置和强度，即可获应力或应变的数据。但中子的穿透深度比 X 射线大得多，可以用来测量焊接构件沿层深的残余应力。例如，对于钢材来说测试深度可达 30 mm，对于铝合金可达 300 mm。由于材料中参与反射的区域较大，故中子衍射法可测定很大区域内基体中的平均残余应力[22]。

5.3.6　磁性法

磁性法是利用磁致伸缩效应来测定应力。当应力变化时，由于物体的伸缩引起磁路中磁通的变化，并使感应器线圈的感应电流发生变化，由此变化可以测出应力的变化[23]。它的最大特点是测量速度快，非接触测量，适合现场，但测试结果受很多因素影响，可靠性和精度差，量值标定困难，对材质较敏感，且仅能用于铁磁材料。磁性法都是需要外部激励磁场来工作，因此带来了磁化不均匀，设备笨重，消耗能源，剩磁和磁污染等问题。

5.4　调整焊接残余应力的常规方法

焊接残余应力是焊接技术带来的一个几乎无法回避的问题。焊接残余应力对结构的影响非常复杂，它的存在并非总是有害的，要根据具体的焊接结构情况具体分析。例如，对常用的低碳钢及低合金结构钢来说，只有在工作温度低于某一临界值以及存在严重缺陷的情况下才有可能降低其静载强度。要保证焊接结构不产生低应力脆性断裂，可以从合理选材，改进焊接工艺，加强质量检查，避免严重缺陷等方面来解决。消除内应力仅仅是其中的一种方法。

事实证明，许多焊接结构未经消除内应力的处理，也能安全运行。

焊接结构是否需要消除内应力，采用什么方法消除内应力，必须根据生产实践经验、科学实验以及经济效果等方面综合考虑。焊后消除内应力的方法可分为：焊后热处理、机械拉伸、温差拉伸及振动法等几种。下面将各种方法分别介绍。

5.4.1　焊后热处理

焊后热处理是一种消除焊接残余应力常用的方法，工程上称之为去应力退火处理。去应力退火的加热温度越高、保温时间越长，消除焊接残余应力的效果就越好。但是温度过高，使工件表面氧化比较严重，组织可能发生转变，影响工件的使用性能，存在弊端。蠕变应力松弛理论为热处理消除焊接残余应力提供了另一条思路，工件在较低温度时会发生蠕变，材料内部的残余应力会因应力松弛而得到释放，只要保温时间足够长，理论上残余应力可完全消除。在低温消除焊接残余应力时，材料的组织和性能变化甚微，几乎不影响材料的使用性能，而且低温处理材料表面的氧化和脱碳也比较小，这就可以在材料的力学性能和组织基本不变的情况下达到降低材料焊接残余应力的目的。

该方法分为整体去应力退火和局部去应力退火。

1. 整体去应力退火

该方法是将整个焊接结构加热到一定温度，然后保温一段时间，再冷却。消除内应力的效果取决于加热的温度，材料的成分和组织，也和应力状态，保温时间有关。对于同一种材料，加热的温度越高，时间越长，应力消除也就越彻底。图 5-18 所示为低碳钢 A3 在加热温度分别为 500 ℃、550 ℃、600 ℃、650 ℃ 时经不同保温时间后的内应力消除效果。

热强性好的材料消除内应力所需的去应力退火加热温度要比热强性差的高，在同样的加热温度和保温时间下，单轴拉伸应力的消除要比双轴和三轴的效果好。内应力的消除与许多因素有关，去应力退火范围的确定必须根据实际生产的具体情况而定。

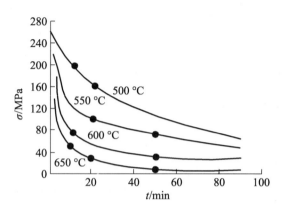

图 5-18　低碳钢在不同温度下内应力与保温时间的关系

　　去应力退火的保温时间目前按焊接构件的厚度来确定，厚度越大，保温时间越长。退火处理的费用与退火时间长短有关。从图 5-18 可以看出，消除内应力并不需要特别长时间。在结构尺寸不大时，一般处理在加热炉内进行。但遇到结构太大，如大型厚壁容器、球罐、原子能发电站设备的压力外壳等，无法在炉内处理，则可采用在容器外壁覆盖绝热层，而在容器内部用电阻加热器或火焰来处理。无论采用炉内处理或后一种方法，费用都比较高。因此是否采用热处理都需要权衡利弊，全面分析后确定。应该指出，对于不同膨胀系数的金属组成的焊接结构，例如奥氏体钢和马氏体钢、奥氏体钢和珠光体钢，虽然去应力退火处理后可以消除焊接应力，但又将产生由于不同膨胀系数而引起的新的内应力。

2. 局部去应力退火处理

　　由于焊接结构整体热处理会消耗很多的能源，甚至有时由于设备、现场条件等而不易进行。这时候也可以选择局部热处理来完成对焊缝及其附近区域的去应力处理。这种处理方法是把焊缝周围的一个局部区域进行加热。由于这种方法带有局部加工的性质，因此消除应力效果不如整体处理，它只能降低应力峰值，而不能完全消除。处理的对象也仅限于比较简单的焊接接头。局部处理可用的热源包括电阻、红外、火焰和感应加热等。消除应力的效果与温度分布有关，而温度分布又与加热区的范围有关。为了取得较好的降低应力的效果，应该保证足够的加热宽度。必须指出，在复杂结构中采用局部热处理时，存在产生较大的反作用内应力的危险。

5.4.2　锤击/辊压法

焊后采用带小圆头面的手锤锤击焊缝及近缝区，使焊缝及近缝区的金属得到延展变形，用来补偿或抵消焊接时所产生的压缩塑性变形，使焊接残余应力降低。锤击时要掌握好打击力量，保持均匀、适度，避免因打击力量过大造成加工硬化或将焊缝锤裂。另外，焊后要及时锤击，除打底层不宜采用锤击外，其余焊完每一层或每一道都要进行锤击。锤击铸铁时要避开石墨膨胀温度。

锤击法的优点是节约能源、降低成本、提高效率，缺点是劳动强度大，并且工件表面质量差。

对于薄板且具有规则的焊缝时，也可以采用圆盘形滚轮碾压焊缝及其附近区域来降低焊缝及其附近区域的拉伸应力。

5.4.3　机械拉伸法

对焊接构件进行一次加载拉伸，拉应力区（在焊缝及其附近的纵向应力一般为 σ_ε）在外载的作用下产生拉伸塑性变形。它的方向与焊接时产生的压缩性变形相反。因为焊接残余内应力正是由局部压缩性变形引起的，加载应力越高，压缩塑性变形就抵消得越多，内应力也就消除得越彻底。从图 5-19 可以比较清楚地看到加载前、加载后和卸载后的应力分布情况。当拉伸应力为 σ_s 时，经过加载卸载，消除的内应力相当于外载荷的平均应力。当外载荷使截面全面屈服时，内应力可以全部消除。

机械拉伸消除内应力对一些焊接容器特别有意义。它可以通过液压实验来解决，液压实验根据不同的具体结构，采用一定的过载系数。液压实验介质一般是水，也可以用其他介质。这里应该指出的是液压实验介质的温度最好高过容器材料的脆性断裂临界温度，以免在加载时发生脆断。对应力腐蚀敏感的材料，要慎重选择实验介质。在实验时采用声发射监测是防止实验中脆断的有效措施。

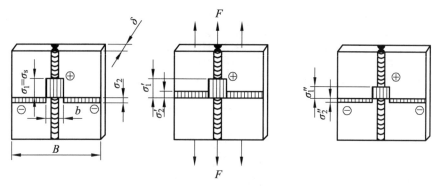

（a）加载前的内应力分布　　（b）加载后的内应力分布　　（c）卸载后的内应力分布

图 5-19　机械拉伸降低焊接内应力

5.4.4　预拉伸法

预拉伸法与机械拉伸法类似，所不同的是机械拉伸法是在焊后实施的，而预拉伸法是在焊接之前对于规则结构（如平板对接）的焊缝两侧施加一个与焊接方向平行的外加拉伸载荷，使结构处在受拉伸载荷的情况下进行焊接。由于预先施加了拉伸载荷，在焊接热输入的作用下，焊缝受拉伸应力作用而产生拉伸应变，可以抵消一部分高温压缩塑性变形。此外，焊接完成后构件是在拉伸应力作用下收缩，当冷却到室温后，去除外加拉伸载荷，焊缝还可以继续收缩，从而降低纵向残余应力。应力降低的大小与外加拉伸载荷的大小有关。

5.4.5　温差拉伸法

温差拉伸法的基本原理与机械拉伸法相同，利用拉伸来抵消焊接时所产生的压缩塑性变形。所不同的是机械拉伸法利用外力来进行拉伸，而温差拉伸法则是利用局部加热的温差来拉伸焊缝区。它的具体做法是：在焊缝两侧各用一个适当宽度的氧-乙炔焰矩加热，在焰矩后一定距离用一个带有排孔的水管喷头冷却。焰矩和喷水管以相同的速度向前移动，如图 5-20 所示。

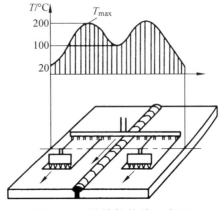

图 5-20　温差拉伸法示意图

图 5-20 造成了一个两侧温度高（其峰值约为 200 ℃），焊缝区温度低（约为 100 ℃）的温度场。两侧金属受热膨胀对温度较低的区域进行拉伸，起了相当于千斤顶的作用。利用温度差拉伸这个方法，如果范围选择恰当，可以取得较好的消除应力效果。

5.4.6　振动法

用振动的方法消除金属构件的残余应力技术，其理论创始人是美国著名物理学家 J.W.Stratt。但直到 20 世纪 60 ~ 70 年代，因受世界能源危机的影响，该方法才逐渐被世界各国所认同。振动法消除残余应力是利用偏心轮和高速电机组成激振系统，其工作原理如图 5-21 所示。

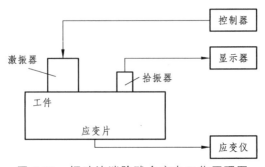

图 5-21　振动法消除残余应力工作原理图

将激振器安装在工件上，将工件用橡皮垫等弹性物体支撑，通过控制器启动激振器，使工件处于振动状态，经一定时间的振动处理达到调整残余应力、稳定工件尺寸的时效目的。振动消除残余应力装置由激振器、控制器、拾振器、显示器、应变片、应变仪等组成。激振器用于产生足够大的激振力，控制器用于调节激振器激振频率并保证工件在稳定的共振状态下进行振动处理，拾振器、显示器用于显示振幅时间曲线等，应变片、应变仪用来监测动应力幅值及其变化。振动试验证明，当变载荷达到一定数值，经过多次循环后，结构中的内应力逐渐降低。例如，截面为 30 mm×50 mm 一侧经过堆焊的试件，经过多次应力循环（σ_{max}=128 MPa，σ_{min}=5.6 MPa）后，内应力不断下降，如图 5-22 所示。

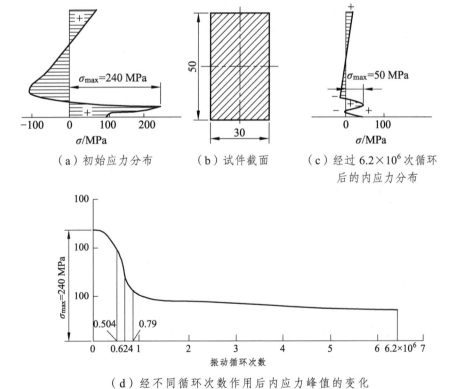

（a）初始应力分布　　　（b）试件截面　　　（c）经过 $6.2×10^6$ 次循环
后的内应力分布

（d）经不同循环次数作用后内应力峰值的变化

图 5-22　振动循环次数与消除应力的效果

由试验结果可以看出，从内应力的消除效果看，振动法比同样大小的静载拉伸好。采用振动法消除碳钢、低合金结构钢以及不锈钢焊接结构中的内应力可取得较好的效果。例如，鞍钢三炼钢厂对高为 9.94 m，壁厚为 70 mm，直径为 7.5 m，材质为 16MnD 的 180 t 转炉上 3 号转炉，采用振动消除残余应力取代热时效，使上锥段消除残余应力达 52.2%、下壳体消除焊接残余应力达 43.9%，均超过国家标准的规定[24]。文献[25] 对不锈钢焊接构件振动消除残余应力处理进行实践，处理对象是核电堆内控制棒导向筒，是核反应堆内尺寸精度要求最高的焊接构件。母材为 304L 超低碳不锈钢。它由 9 块多孔法兰板，8 根双孔管，8 根 C 形管及 2 个半方管外包壳，通过真空电子束焊及手工氩弧焊组成一体，构成有 24 个导向孔系的高精度焊接构件。外包壳断面为 190 mm×190 mm，板厚 6 mm，工件全长 2 388 mm。制造技术要求焊后去应力以严格控制变形。34 个导向孔系在全长范围的位置偏差不得大于 0.8 mm。经振动消除残余应力后应力均化效果明显，有强化材料的现象，残余应力下降及尺寸稳定性均达到要求。

这种方法的优点是设备简单、适应性强。由于设备简单易于搬动，因此可以在任何场地上进行现场处理。它不受构件大小和材料的限制，从几千克到几十吨的工件都可使用振动消除残余应力技术，具有处理成本低、时间比较短的优势。振动消除残余应力只需 30 min 左右即可进行下道工序，相对于热时效来说，振动消除残余应力可节省能源 80% 以上，可节省费用 80% 以上。也没有高温回火时的金属氧化问题，振动消除残余应力无三废污染，是极有应用前景的时效方法。但是这种方法也存在一些问题有待进一步研究。例如，如何在比较复杂的结构中根据需要使内应力均匀地降低；如何控制振动使它既能消除内应力，又不至于降低结构的疲劳强度，因为交变应力始终都是金属材料疲劳损伤的根源。目前所有资料都推荐将振动应力控制在不超过工件的疲劳极限，以确保循环可以无限地进行。

5.5　超声冲击调整焊接接头残余应力

超声冲击处理可以改善焊接接头或焊接结构的残余应力分布，该结论已经得到诸多研究证明[26-29]。

　　Janosch 等[30]采用超声冲击方法对角焊缝焊趾进行处理,利用钻孔法测定残余应力,研究了超声冲击前后焊接接头焊趾区域的焊接残余应力的变化。结果表明,超声冲击后,焊趾表层金属的残余应力可以达到母材的屈服强度,Trufyakov 等[31]也得出了相同的结论。美国 Lehigh 大学的 CHENG[32]采用超声冲击焊后处理工艺处理焊接接头,随后利用中子衍射和 X 射线衍射技术测量残余应力,发现经过超声冲击处理的区域产生了残余压应力,由于形变强化的强烈作用,压应力值达到甚至超过母材的屈服强度,如图 5-23 所示。

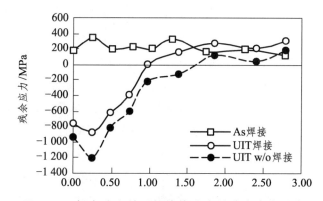

图 5-23　超声冲击前后焊接接头中的残余应力分布

　　残余压应力的深度为 1.5 ~ 1.7 mm,宽度约为 15 mm。上海交通大学饶德林等人[33]对 Q345 钢结构箱形柱的研究表明:采用超声冲击工艺可以在焊缝表面一定深度(<3 mm)下产生压应力,最高测得-134 MPa。而对于非熔透埋弧焊和熔透埋弧焊焊缝的测量结果显示,在盲孔法测量的深度范围内超声冲击可降低焊缝最大主应力达 34% ~ 55%。叶雄林等人[34]通过对超高强钢焊接接头进行焊趾位置的超声冲击处理,并采用 X 射线应力分析仪得到了冲击处理前后各个测试点处焊接残余应力的分布情况,如图 5-24 所示。超声冲击后焊趾表面的残余压应力下降到了 350 MPa 左右。

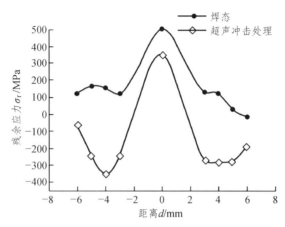

图 5-24　超声冲击前后试样残余应力分布曲线

马杰等[35]在不同的工作电流、不同的冲击头的工作条件下，对不同厚度的钛合金焊接试板进行超声冲击处理。超声冲击后采用 X 射线衍射法检测焊接试片超声冲击产生的压应力大小，试验设备采用加拿大 Proto 公司的 LXRD 型 X 射线应力仪。在同一厚度下，焊后热影响区产生了约 200 MPa 的残余拉应力，而随着超声冲击工作电流的增加，产生的压应力逐渐增加，并且电流每增加 1 A，针状冲击头产生的压应力增加幅度为 150 MPa 左右，而片状冲击头的增幅较小，为 100 MPa 左右。这主要是由于针状冲击头与焊缝的接触面积要小，因此在相同的工作电流下，造成压应力相对较大。对测试数据进行拟合表明，压应力的变化与电流的变化呈线性正相关，因此可以通过控制工作电流的大小来控制压应力，对于针状冲击头，1 A 电流的压应力的水平约为 200 MPa，2 A 约为 350 MPa，而 3 A 约为 500 MPa。对于片状冲击头，1 A 电流的压应力的水平约为 150 MPa，2 A 约为 250 MPa，3 A 约为 350 MPa。片状冲击头作用下的压应力水平不仅明显低于针状冲击头，而且随着电流的增加，残余压应力增加的幅度也比针状冲击头小。同时，试验数据还表明，在相同的工作电流下，不同厚度试板产生的压应力水平是近似相当的，压应力并不随试板厚度的变化而变化，说明试板厚度并不是影响压应力的因素。因此，结合数据分析结果，实现压应力的可控化是完全可行的，压应力的大小只与冲击头类型和工作电流的大小有关。文献[36]对高速列车转向架用 SMA490BW 钢焊接接头进行超声冲击处理,并用盲孔法对超声冲击前后焊接接头焊缝及其附近区域表面的残余应力进行了测量。经过超声冲击处理后,焊缝、焊趾、近缝区(热影响区)的横向残余应力有较为明显的下降趋势。焊缝中心处应力值由 241 MPa 降至 89 MPa,应力消除率为 63%;距离焊缝中心 5 mm 处应力值由 437 MPa 降至 136 MPa,应力消除率为 69%;距离焊缝中心 7 mm 处,即焊趾处,应力值由 265 MPa 降至-49 MPa,应力消除率为 118%。纵向应力亦有类似的趋势,焊缝中心处由 222 MPa 降至-93 MPa,应力消除率为 142%;距离焊缝中心 5 mm 处应力值由 35 0MPa 降至-215 MPa,应力消除率为 161%;距离焊缝中心 7 mm 处,即焊趾处,应力值由 244 MPa 降至 -117 MPa,应力消除率为 148%,纵向残余应力的消除率较横向残余应力要大。文献[37]采用不同超声冲击工艺参数对 16Mn 钢焊接接头进行超声冲击处理,并用 ZS21-B 型应力测试仪对经不同工艺参数超声冲击后的焊接接头表面的残余应力进行了测量,结果见表 5-4。从表 5-4 可以看出随着超声冲击时间的增加和冲击电流的增大,在焊接接头金属表层形成的残余压应力也就越大。在相同冲击时间时,每增加 0.5 A 冲击电流,残余应力基本上增加 20 MPa 左右。

表 5-4　焊接接头经不同工艺参数冲击后的残余应力

冲击工艺参数时间/电流	残余应力/MPa
2 min/1.5 A	−200.3
2 min/2.0 A	−220.5
5 min/1.5 A	−250.4
5 min/2.0 A	−267.7
10 min/1.5 A	−280.9
10 min/2.0 A	−300.8

文献[38]采用全覆盖超声冲击方法对转向架用 16MnR 钢焊接接头进行超声冲击处理,并采用盲孔法测量焊态及超声波冲击处理后的残余应力大小,结果见表 5-5。试件的几何尺寸为 350 mm×300 mm×12 mm,测试位置为焊缝中心部位及沿焊缝方向 60 mm 和-60 mm 三个位置。

表 5-5   焊态及超声波冲击处理试件焊缝区应力测试结果

处理状态	试件编号	测点位置	纵向应力 σ_x/MPa	横向应力 σ_y/MPa
焊态	1	焊缝中心+60 mm	416.89	12.46
	1	焊缝中心	345.65	−11.95
	1	焊缝中心−60 mm	450.72	98.19
	2	焊缝中心+60 mm	554.60	128.01
	2	焊缝中心	589.72	185.28
	2	焊缝中心−60 mm	562.06	125.98
	3	焊缝中心+60 mm	440.62	181.12
	3	焊缝中心	448.25	119.14
	3	焊缝中心−60 mm	583.21	93.97
超声冲击态	4	焊缝中心+60 mm	−289.63	−336.46
	4	焊缝中心	−341.02	−379.63
	4	焊缝中心−60 mm	−231.71	−244.37
	5	焊缝中心+60 mm	−351.73	−365.66
	5	焊缝中心	−317.69	−351.87
	5	焊缝中心−60 mm	−385.48	−402.57
	6	焊缝中心+60 mm	−356.58	−317.34
	6	焊缝中心	−261.89	−343.54
	6	焊缝中心−60 mm	−290.88	−419.99

从表 5-5 可以看出，超声波冲击前焊缝中心处的最大纵向残余应力值达到了 589.72 MPa，横向残余应力的最高值为 185.28 MPa，且分布并不均匀。为便于超声冲击前后焊缝纵向和横向残余应力的变化对比，将纵向和横向残余应力结果分别列于表 5-6 和 5-7。

表 5-6   焊缝区纵向残余应力 σ_x

试件编号	测量点位	冲击前纵向残余应力 σ_x/MPa	冲击后纵向残余应力 σ_x/MPa
C1	b	470.70	−289.63
	c	461.21	−341.02
	d	531.99	−231.71

续表

试件编号	测量点位	冲击前纵向残余应力 σ_x/MPa	冲击后纵向残余应力 σ_x/MPa
C2	b	470.70	−351.73
	c	461.21	−317.69
	d	531.99	−385.48
C3	b	470.70	−356.58
	c	461.21	−261.89
	d	531.99	−290.88

表 5-7　焊缝区横向残余应力 σ_y

试件编号	测量点位	冲击前横向残余应力 σ_y/MPa	冲击后横向残余应力 σ_y/MPa
C1	b	107.20	−336.46
	c	97.49	−379.63
	d	106.05	−244.37
C2	b	107.20	−365.66
	c	97.49	−351.87
	d	106.05	−402.57
C3	b	107.20	−317.34
	c	97.49	−343.54
	d	106.05	−419.99

　　几个焊态试件经超声波冲击后，横纵双向的焊接残余应力都明显下降，与冲击前相比较，冲击后的残余应力峰值显著下降，并使其分布更趋向于均匀化。从超声冲击后三个试件测点的平均值来看，各点之间的横纵向应力均在 30 MPa 的小范围内变化。研究结果表明超声波冲击处理可以显著降低焊接残余应力，把焊缝表层残余拉应力全部转化为有利的压应力；超声冲击处理对焊态 16MnR 钢试件中焊缝上存在的高值双向残余拉应力消除效果均十分显著，可使焊件冲击部位表层双轴拉应力场转变为双向压应力场。

　　文献[39]采用 HJ-Ⅲ型超声波冲击设备对列车转向架用 16MnR 钢焊接接头的焊趾处进行超声冲击处理，试验中采用了相同的冲击电流，不同的超声冲击时间，并对经超声冲击后的焊趾表面进行了残余应力测定，所用测试设备为 X-350 A 型 X 射线应力测试仪，测试结果见表 5-8。

表 5-8　不同冲击时间对应的焊趾表面残余应力

试样编号	冲击时间/min	残余应力值（X 方向）/MPa	残余应力值（Y 方向）/MPa
1	0	267	186
2	3	−384	−484
3	6	−470	−297
4	10	−242	−165
5	15	−246	−63

从表 5-8 可以看出，经过超声冲击后，接头焊趾区域纵向残余应力和横向残余应力的数值发生了明显的变化。试样焊趾处的纵向残余应力值和超声冲击时间不成比例，随着超声冲击的进行，试样焊趾处表面焊接残余应力逐渐减小并形成一定数值的残余压应力，同时随着超声冲击时间增加，纵向残余应力在超声冲击 6 min 后达到一个相对较大值为 −470 MPa。超声冲击时间的继续延长，表面的残余压应力会变小并趋于一个稳定的数值，由 −470 MPa 下降到 −242 MPa。横向残余应力和超声冲击时间具有一定的规律性，超声冲击 3 min 后，测量区域的残余应力数值达到一个相对较大值为 −484 MPa，随着冲击时间的增加，残余压应力数值反而逐渐减小。残余应力产生的本质原因从宏观上看是塑性变形的不均匀性，已发生塑性变形部分和未发生塑性变形部分相互牵制形成残余应力[40]。塑变制约模型如图 5-25 所示。

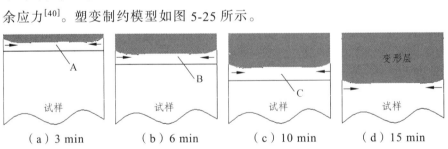

| （a）3 min | （b）6 min | （c）10 min | （d）15 min |

图 5-25　超声冲击塑变层受力示意图

图 5-25 中（a）为冲击 3 min 所形成的塑变层，冲击过程中上部灰色部分的变形层要向左右运动，未变形的区域 A 由于金属的连续性，就会受到上部区域向左右的拉应力影响，相反的灰色区域就会受到压应力；

微观上的表现就是上层晶粒沿左右拉伸变形，而 A 区晶粒为了不变形，必然以弹性变形与之协调。此时由于冲击层深度比较薄，下层未变形金属对表面金属运动有较大的阻碍作用，故而表面存在较大残余压应力。图（b）为冲击 6 min 所形成的塑变层，塑变层厚度较 3 min 加深，塑变扩展到了 A 区域，同样的变形层存在残余压应力，未变形 B 区域主要对（a）中的已变形 A 区域产生阻碍作用，对表面的阻碍作用减弱。图（c）为冲击 10 min 所形成的塑变层，未变形 C 区域主要对（b）中的已变形 B 区域产生阻碍作用，对表面的阻碍作用更加弱化，理论上的试样最大残余压应力应该在变形与未变形的交界处。图（d）为冲击 15 min 所形成的塑变层，塑变层是最大的，表面残余压应力也是相对比较小的。其他学者也得到了一些类似的试验结果，发现表面最大残余应力有内移的现象，高玉魁[41]研究了高强度钢在不同喷丸规范下的残余压应力特性。在各种喷丸规范下表面最大残余压应力变化较大，对喷丸强化工艺参数敏感，一般来说表面残余压应力数值随着喷丸强度变大而减小；而在各种喷丸规范下内部最大残余压应力变化不大，对喷丸强化工艺参数不敏感。杨永红等[42]同样研究了喷丸覆盖率对表面残余应力的影响，表面残余应力随覆盖率升高先降低，后逐渐趋于稳定。覆盖率的升高在一定程度上说明了冲击强度（能量）的增加，也就是超声冲击时间的延长。根据试验得到最佳的超声冲击工艺参数，对于制定焊后超声冲击消除残余应力的合理规范具有重要意义。

文献[43]选取型号为 6061-T651 的铝合金型材,将两块尺寸相同的铝合金板以对接的方式焊接在一起（焊板尺寸为 800 mm×500 mm×8 mm）,焊料为纯铝焊丝。焊接后快速将板材沿焊缝的方向切割,切割时应注意与焊缝方向垂直。切割后将切片分成 3 等份,在每块切下来的板上焊缝处分别标记 6 个点,首先测量冲击前的焊接残余应力；超声冲击设备的频率为 21 ~ 25 kHz,试验中分别以 21.5 kHz（标记 A）、22.5 kHz（标记 B）和 23.5 kHz（标记 C）的频率进行超声冲击。超声冲击时,冲击枪对准焊趾部位,使其基本垂直于焊缝,且冲击头的冲击针阵列沿焊缝方向排列。冲击时使冲击枪基本是在自重的条件下进行冲击,以 1 m/min 的速度冲击处理 3 次,激励电流为 1.3 A,冲击后再次对标注的 6 个点做应力测量。试验前、后 3 组应力水平如图 5-26 所示。打抛面线的为超声冲击处理的试样测试结果。

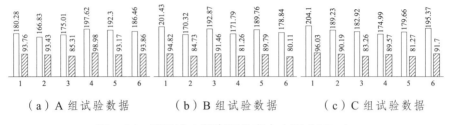

（a）A 组试验数据　　　（b）B 组试验数据　　　（c）C 组试验数据

图 5-26　不同冲击频率下的应力水平（MPa）

由图 5-26 可得出在不同频率超声冲击下残余应力的消除情况：A 组的平均消除量为 93.09 MPa，平均消除率为 49.18%；② B 组的平均消除量为 87.03 MPa，平均消除率为 52.74%；C 组的平均消除量为 88.67 MPa，平均消除率为 52.76%。通过数据可以看出，B 组和 C 组的消除效果好于 A 组，B 组 C 组消除效果无太大差别，B 组的冲击频率为 22.5 kHz，接近构件的 1 阶固有频率，而当冲击频率超过固有频率时，对构件残余应力的改善效果并不明显。当然这种现象也可能是受到试验条件和操作水平的限制，但通过变化的大致趋势可以判断，在选择超声冲击消除残余应力的频率时应尽可能选择其固有频率值，这样既可以得到较好的冲击效果，也可以降低对冲击设备的要求。

文献[44]采用双脉冲 MIG 焊对尺寸为 500 mm×200 mm×15 mm 的 A7N01S-T5 铝合金板材进行对接焊，焊丝采用材料 ER5356。焊后采用热处理、机械振动以及超声冲击技术对 A7N01S-T5 铝合金焊接接头进行处理，并采用 X 射线衍射法测量这三种处理方法前后的焊接残余应力，结果见表 5-9。

表 5-9　不同方法消除应力处理试验结果（MPa）

测点离焊缝中心距离/mm	热处理前残余应力/MPa	热处理后残余应力/MPa	机械振动前残余应力/MPa	机械振动后残余应力/MPa	超声冲击前残余应力/MPa	超声冲击后残余应力/MPa
0	103.26	36.22	108.07	95.43	110.5	−152.5
2	101.10	50.43	80.47	76.74	119.9	−120.1
4（焊趾）	127.25	75.74	134.07	86.12	116.7	−118.4

续表

测点离焊缝中心距离/mm	热处理前残余应力/MPa	热处理后残余应力/MPa	机械振动前残余应力/MPa	机械振动后残余应力/MPa	超声冲击前残余应力/MPa	超声冲击后残余应力/MPa
6	54.17	22.53	58.26	46.83	53.6	-140.6
8	48.13	10.85	49.35	38.22	69.8	-59.0
10	23.95	7.26	27.37	19.39	22.2	-73.2
12	-21.90	-8.21	-18.34	-20.47	-17.4	-74.5
14	-34.56	-18.90	-39.39	-31.38	-37.5	-35.9

从表 5-7 可以看出，退火前焊趾处残余应力最大，为 127.25 MPa，退火后为 75.74 MPa，降低了约 40%。焊缝中心退火前后残余应力分别为 103.26 MPa 和 36.22 MPa，降低了近 65%。机械振动前焊缝最大残余应力为 134.07 MPa，振动后残余应力为 86.12 MPa，应力降低了约 35%。超声冲击前焊缝及热影响区基本呈拉应力，超声冲击后，接头表面基本呈现压应力，应力消除率达到了 95% 以上。经过超声冲击后，从冲击区的外观上看有明显的凹坑，说明超声冲击头将能量传递至工件表面，在冲击区产生压缩塑性变形，产生压应力；另外，X 射线在铝合金中的穿透深度约为 30 μm，而产生压缩塑性变形层的深度达到了约 300 μm，且最大变化区域是在距表面 200 μm 范围内[45]，因此超声冲击后，X 射线测试的残余应力均为压应力。由于焊接接头的疲劳断裂一般均是从表面开始，因此表面应力状态对其疲劳强度有着重要的影响。

综上所述，采用超声冲击的处理效果最为显著，消除率达到了 95%，采用热处理效果次之，而采用机械振动处理效果相对较差。由于铝合金在退火状态下，晶粒易长大，影响焊接接头的综合性能，而采用超声冲击在降低铝合金焊接接头残余应力的同时，能使焊趾处圆弧过渡，降低应力集中，提高疲劳强度。

文献[46]采用超声冲击方法处理动车转向架用 P355NL-1 钢焊接接头，利用日本理光 PSF/MSF-3M 型 X 射线应力分析仪（见图 5-27）对冲击前后焊接接头的表层残余应力进行了测试，测试结果见表 5-10。

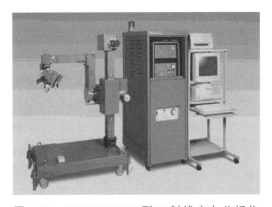

图 5-27　PSF/MSF-3M 型 X 射线应力分析仪

表 5-10　焊态/超声冲击态焊接接头残余应力测试结果

处理方式	应力/MPa（X 方向）	误差	应力/MPa（Y 方向）	误差	接头形式
焊态试样	276	12	251	8	对接接头
5 min 超声冲击	−335	1	−296	33	
焊态试样	236	9	193	14	十字接头
5 min 超声冲击	−224	7	−178	16	

　　从表 5-10 中可以看出，在焊态时，不论是对接接头还是十字接头沿焊缝方向和垂直于焊缝方向均为残余拉伸应力，经过 5 min 超声冲击处理后，两种接头形式不论是沿焊缝方向还是垂直于焊缝方向均形成了残余压应力，压应力最高可以接近母材的屈服强度。原因是超声冲击强化了材料表面。

　　文献[46]研究了超声冲击对 16MnR 钢焊接接头疲劳性能的影响，超声冲击可使焊接接头焊趾处的应力集中大幅度降低，金相组织得到细化；焊趾及其附近区域经超声冲击后，接头的拉伸残余应力变为压缩残余应力，残余应力对提高焊接接头疲劳性能所起的作用在 16%左右。

　　文献[47]对转向架用耐候钢 SMA490BW 焊接接头进行超声冲击处理，并对超声冲击处理前后以及不同冲击工艺对耐候钢焊接接头残余应力消除情况进行研究。为保证被测试部位的焊接残余应力分布大体一致，在焊接试件的中心部位上选择 5 个相邻区域（编号依次为 A、B、C、D、

E）进行测试，如图 5-28 所示。每个区域分别测试 14 个点，以焊接试件的纵向残余应力 σ_x 为研究对象，测试结果如图 5-29 ~ 图 5-33 所示。分别对 A、B、C、D、E 这 5 个区域施以不同的激励电流进行超声波冲击。其激励电流分别为：A 区 1.4 A，B 区 1.6 A，C 区 1.8 A，D 区 2.0 A，E 区 2.2A。冲击速度为 400 mm/min 左右。

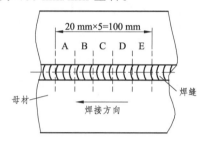

图 5-28 试件超声冲击测试布点区域

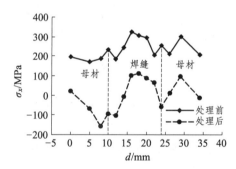

图 5-29 A 区超声冲击处理前后残余应力对比

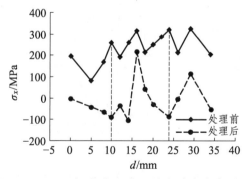

图 5-30 B 区超声冲击处理前后残余应力对比

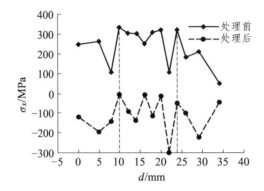

图 5-31 C 区超声冲击处理前后残余应力对比

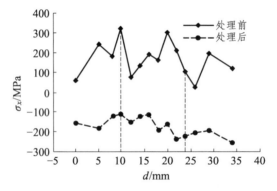

图 5-32 D 区超声冲击处理前后残余应力对比

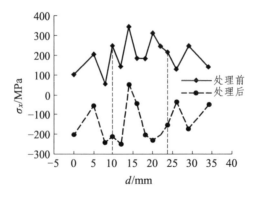

图 5-33 E 区超声冲击处理前后残余应力对比

　　从图 5-29 ~ 图 5-33 可见，超声冲击处理前，焊接接头焊缝、热影响区和母材的纵向残余应力为较大的拉应力，且应力起伏较大、分布不均。超声冲击处理后，不同大小的激励电流对焊接接头残余应力消除效果有较大差异。其中，当激励电流为 2.0 A（D 区）时，经过超声冲击处理后，接头各区域应力都转变为压应力，且应力起伏较小，分布均匀，对残余应力的消除效果最佳。

参考文献

[1]（苏）奥凯尔勃洛姆，著，雷源，译. 焊接应力与变形[M]. 北京：机械工业出版社，1958.

[2] 田锡唐. 焊接结构[M]. 北京：机械工业出版社，1982.

[3] 方洪渊. 焊接结构学[M]. 北京：机械工业出版社，2013.

[4] Gurney T R. Cumulative damage of welded joints[M]. Cambridge: Abington Publishing, 2006.

[5] Maddox S J. Influence of tensile residual stresses on the fatigue behavior of welded joints in steel[C]//ASTM. Residual Stress Effects in Fatigue[M]. Philadelphia: Society for Testing and Materials Publishing, 1982: 63-96.

[6] Ohta A,Maeda Y,Mawari T,et al. Fatigue strength evaluation of welded joints containing high tensile residual stresses[J]. International Journal of Fatigue, 1986, 8(2): 147-150.

[7] Ohta A, Suzuki N, Maeda Y. Effect of residual stresses on fatigue of weldment [C]. International Conference on Performance of Dynamically Loaded Welded Structures. San Francisco: Welding Research Council, 1997: 108-122.

[8] Ohta A, Maeda Y, Suzuki N. Residual stress effect on fatigue strength of non-load-carrying cruciform welded joints of SM570Q steel for welded structures[J]. Welding in the World,2002,46 (11-12): 20-25.

[9] Ohta A. Shift of S-N curves with stress ratio[J].Welding in the World, 2003, 47(1-2): 19-24.

[10] 何柏林，史建平，颜亮，等. 超声冲击对钢轨钢组织与性能的影响[J]. 中国铁道科学，2009，30（4）：58-62.

[11] 何波，胡宗武，商伟军，等. 残余应力对焊接头疲劳性能的影响[J]. 机械强度，1998，20（3）：167-170.

[12] 周张义，李芾. 焊接残余应力对钢结构疲劳性能影响研究[J]. 机车电传动，2009，（3）：24-29，33.

[13] Fricke W. Effects of residual stresses on the fatigue behaviour of welded steel structures[J]. Materialwissenschaft und Werkstofftechnik, 2005, 36(11): 642-649.

[14] Maddox S J. Developments in fatigue design codes and fitnessfor-service assessment methods[C]. International Conference on Performance of Dynamically Loaded Welded Structures. San Francisco: Welding Research Council, Inc, 1997: 22-42.

[15] Krebs J,Kassner M. Influence of welding residual stresses on fatigue design of welded joints and components[J]. Welding in the World, 2007, 51(7-8): 54-68.

[16] Sonsino C M. Effect of residual stresses on the fatigue behaviour of welded joints depending on loading conditions and weld geometry [J]. International Journal of Fatigue,2009,31(1): 88-101.

[17] 王炳英，苗燕，周胜男，等. 表面纳米化对 X80 管线钢应力腐蚀开裂行为的影响[J]. 焊接学报，2013，34（8）：81-84.

[18] 于影霞，何柏林，夏松松，等. 超声冲击对 AZ91D 镁合金耐腐蚀性能的影响[J]. 热加工工艺，2015，44（20）：138-142.

[19] 米谷茂，著，朱荆璞，等译. 残余应力的产生与对策[M]. 北京：机械工业出版社，1983.

[20] 唐慕尧. 焊接测试技术[M]. 北京：机械工业出版社，1988.

[21] 范雄. X 射线金属学[M]. 北京：机械工业出版社，1980.

[22] 陈会丽，钟毅，王华昆，等. 残余应力测试方法的研究进展[J]. 云南冶金，2005，34（3）：52-54.

[23] 王振山，刘树桥. 磁性法测定球罐残余应力[J]. 化工炼油机械，1983，12（3）：13-16+39.

[24] 林成德. 180 t 转炉的焊接及振动时效处理[J]. 焊接学报，1997，（6）：13-16.

[25] 陈立功. 不锈钢焊接构件的振动时效处理[J]. 金属热处理，1997，（8）：24-27.

[26] 何柏林，雷思勇. 超声冲击对焊接残余应力影响的研究进展[J]. 兵器材料科学与工程，2015，38（2）：120-123.

[27] Bolin He, Yingxia Yu, Jing Liu, Jianping Shi. Effect of Ultrasonic Impact Treatment on Corrosion Resistance of Welded Joints of 16MnR Steel[J]. Advanced Materials Research Vol. 815 (2013) pp 689-694.

[28] 周尚谕. 超声冲击改善 16MnR 焊接接头疲劳寿命的原因细分研究[D]. 南昌：华东交通大学，2012.

[29] 何柏林，金辉，张枝森，谢学涛，丁江灏. SMA490BW 钢对接接头高周疲劳性能的机理探究[J]. 材料导报 B（研究篇），2018，32（6）：2008-2014.

[30] Janosch JJ, Koneczny H, Debiez S, Statnikov EC, Troufiakov VJ, Mikhee PP. Improvement of fatigue strength in welded joint (inHSS and in aluminum alloy) by ultrasonic hammer peening. IIW, Doc. XIII-1594-95; 1995.

[31] Trufyakov VI, Mikheev PP, Kudryavtsev YuF, Statnikov ES. Ultrasonic impact treatment of welded joints. IIW, Doc. XIII-1609-95; 1995.

[32] Xiao hua Cheng, Fisher J W, Prask H J, et al. Residual stress modification by post weld treatment and its beneficial effect on fatigue strength of welded structures[J]. International Journal of Fatigue 2003 25(3): 1259-1262.

[33] 饶德林，陈立功，倪纯珍，等. 超声冲击对焊接结构残余应力的影响[J]. 焊接学报，2005，26（4）：48-51.

[34] Xionglin Ye, Youli Zhu, Kan Wang. Effect of ultrasonic impact treatment on the residual stress and fatigue performance of ultrahigh strength steel weld joint[C]. International Technology and Innovation Conference, Hangzhou, China, 2006, 150-154.

[35] 马杰，尤逢海，方声远，等.超声冲击对钛合金焊缝表面压应力的影响[J]. 宇航材料工艺，2012，No.1，89-91.

[36] 苏豪，周伟，陈辉，等. 超声冲击对 SMA490BW 耐候钢焊接残余应力的影响[J].电焊机，2011，41（11）：65-67，105.

[37] 盛永华. 超声冲击处理对 16Mn 焊接接头性能的影响研究[J]. 江西化工，2012，No.2，141-144.

[38] 陈佳伟. 超声波冲击处理消除 16MnR 焊件残余应力研究[D]. 长春：吉林大学，2010.

[39] 吕宗敏，何柏林，于影霞，等. 超声冲击调整焊接接头残余应力的试验研究[J]. 兵器材料科学与工程，2016，39（3）：99-102.

[40] Bolin He, Haipeng Deng, Mingming Jiang, Kang Wei, Li Li. Effect of ultrasonic impact treatment on the ultra high cycle fatigue properties of SMA490BW steel welded joints[J]. International Journal of Advanced Manufacturing Technology, 2018, Vol.96 (5-8), 1571-1577.

[41] 高玉魁. 高强度钢喷丸强化残余压应力场特征[J]. 金属热处理，2003，28（4）：42-44.

[42] 杨永红，乔明杰，张卫红. 喷丸条件对残余应力场的影响规律[J]. 中国表面工程，2009，22（2）：45-48.

[43] 崔高健，郑强，吕婷婷，等. 超声冲击消除残余应力频率参数的确定[J]. 机械工程与自动化，2014，4：32-33.

[44] 樊云杰，吉华，苟国庆. 不同处理工艺对 A7N01S-T5 铝合金焊接接头残余应力的影响[J]. 电焊机，2014，44（1）：73-76.

[45] 李占明，朱有利，王侃，等. 2A12 铝合金焊接接头超声冲击强化机理分析[J]. 焊接学报，2008，9（29）：55-58.

[46] 宋燕. 超声冲击对 P355NL1 钢焊接接头疲劳性能影响的研究[D]. 南昌：华东交通大学，2014.

[47] Yingxia Yu, Bolin He, Jianping Shi, Jing Liu. The Effect of Residual Stress on Fatigue Life of Welded Cruciform Joints of 16MnR for Train Bogie[J]. Advanced Materials Research Vol. 815 (2013), 695-699.

[48] 应之丁，高立群，范庆锋. 超声冲击技术消除转向架构架焊接残余应力试验方案分析[J]. 城市轨道交通研究，2016，（1）: 44-46，51.

第6章

超声冲击处理对焊接接头疲劳性能的影响

钢铁由于具有良好的综合力学性能、价格低廉、资源丰富、回收率高等特点，在国民经济的各个领域得到了广泛的应用，如高层建筑、海洋设施、桥梁、汽车、船舶、工程机械、精密仪器、高铁、能源设施等。而应用于这些领域的钢结构在制造中几乎全部由焊接代替了铆接，焊接结构是焊接技术应用于工程实际产品的主要表现形式。据统计，世界主要工业国家生产的焊接结构占钢总用量的 50% ~ 60%。但是，焊接结构在服役期间受到交变载荷的作用，容易在接头应力集中处发生疲劳失效。疲劳断裂是金属结构的一种主要形式，尤其是焊接结构，大量统计数据显示，疲劳失效是金属结构失效断裂的主导因素，所占比例约为 90%。采用合适焊接后处理工艺以改善钢焊接接头的疲劳性能，必能产生显著的经济价值。超声冲击处理是一种全新的焊后处理技术，即采用大功率冲击头以 20 kHz 的频率冲击焊接接头焊缝及其附近区域的表面金属，使金属表层产生较大的压缩塑性变形。它能够有效降低焊接接头焊趾处的应力集中系数，消除焊接残余拉伸应力，甚至在焊缝及其附近区域引入残余压应力，并使焊接接头表层组织得到明显细化[1-5]，对提高焊接件的疲劳寿命具有重要作用。

6.1 超声冲击对焊接接头常规疲劳性能的影响

焊接结构的疲劳破坏往往起源于焊接接头的应力集中处，因此，焊接结构的疲劳实际上是焊接接头细节部位的疲劳。焊接接头通常存在未焊透、夹渣、咬边、裂纹等焊接缺陷，这种不可避免的焊接缺陷会成为疲劳裂纹的策源地，可直接越过疲劳裂纹萌生阶段或缩短裂纹的萌生周期。超声冲击不仅可以降低焊接接头处特别是焊趾处严重的应力集中，调整焊接残余应力，甚至将焊接缺陷焊合，从而大大增加焊接结构的疲劳寿命。

余皇皇[6]研究了超声冲击工艺对列车转向架用 16MnR 钢焊接接头疲劳性能的影响。试验所用材料的化学成分及力学性能见表 6-1 和表 6-2。16MnR 钢板经线切割后采用手工电弧焊方法焊接。焊接采用的焊接材料为 J506，焊接方法采用手工电弧焊。接头几何形状和尺寸如图 6-1 所示。

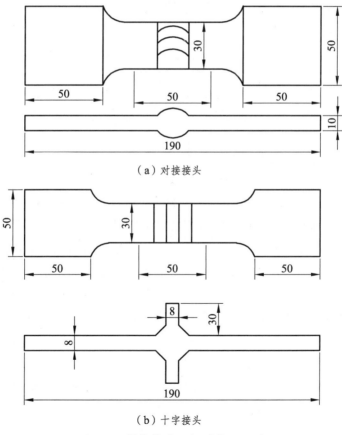

（a）对接接头

（b）十字接头

图 6-1 焊接接头几何形状及尺寸

试样的具体焊接方式如下：

（1）对接接头试样的制备：先在母材板材上采用刨削加工的方式刨出 X 形坡口，然后采用手工电弧焊对坡口进行双面焊接。为减小和防止试样在焊接过程中出现角变形和错位，加工 X 形坡口时，先在钢板的两面分别刨削出 V 形坡口，在中心处留有一定厚度的板材不进行处理。此外，为了防止裂纹产生于母材的圆弧过渡处，将母材的圆弧过渡处全部打磨光滑。

（2）十字接头试样的制备：首先将线切割后的钢板刨削出一个小角度坡口，然后利用手工电弧焊进行四道船形焊。为减小和防止焊接试样在焊接过程中出现角变形和错位，先在四个角进行定位焊，校直纠偏后再完成其他位置的焊接。同样，对十字接头试样母材的圆弧过渡处也进行打磨处理，以防止此处产生裂纹。

表 6-1　16MnR 钢的化学成分

合金元素	C	Mn	Si	S	P	Ni	Cr	Ti
质量分数 ω_t/%	0.14	1.32	0.27	0.004	0.012	0.07	0.06	0.018

表 6-2　16MnR 钢的力学性能

屈服强度 σ_s/MPa	抗拉强度 σ_b/MPa	延伸率 δ/%	断面收缩率 Ψ/%
360	580	27	58

采用天津大学研制的 HJ-Ⅱ型超声冲击设备对两种焊接接头焊趾进行超声冲击处理，具体处理过程为：超声冲击枪对准试样的焊趾部位，使冲击针沿焊缝的焊趾表面有一定的倾角，稍微施加一定的压力，以使处理过程中冲击枪基本在自重的条件下进行，冲击过程中超声冲击枪沿焊趾方向向两侧作小幅的摆动，以便在处理焊接接头焊趾部位的同时，也能使焊趾周边区域受到冲击处理，并获得较好的焊趾圆滑过渡。超声冲击处理时激励电流为 2.2 A，冲击枪对每道焊趾来回冲击处理 2 次。

疲劳试验采用岛津 EHF-EM200K2-070-1A 电液伺服疲劳试验机，如图 6-2 所示。载荷类型为拉-拉载荷，应力比 R=0.1，加载频率 f=10 Hz。将相同接头形式的试件分为两组，第一组不采用超声冲击处理；第二组进行超声冲击处理。16MnR 对接接头和十字接头焊态和超声冲击态的疲劳试验结果见表 6-3、表 6-4。

图 6-2 EHF-EM200K2-070-1A 疲劳试验机

表 6-3 对接接头疲劳试验数据

组 别	编 号	最大应力 σ_{max}/MPa	疲劳寿命 $N/\times 10^6$	断裂位置
焊态	1	300	0.258	焊趾
	2	290	0.355	焊趾
	3	280	0.353	焊趾
	4	280	0.462	焊趾
	5	270	1.007	焊趾
	6	260	2.011	焊趾
	7	250	3.241	焊趾
冲击态	1	370	0.152	母材
	2	360	0.267	母材
	3	350	0.458	母材
	4	340	0.627	焊趾
	5	330	1.613	母材
	6	320	3.031	母材

表 6-4 十字接头疲劳试验数据

组 别	编 号	σ_{max}/MPa	$N/\times 10^6$	断裂位置
焊态	1	200	0.198	焊趾
	2	190	0.567	焊趾
	3	180	0.886	焊趾
	4	175	0.767	焊趾
	5	160	1.168	焊趾
	6	155	2.465	焊趾
	7	150	3.583	焊趾
冲击态	1	300	0.114	焊趾
	2	290	0.236	焊趾
	3	280	0.539	焊趾
	4	250	0.803	焊趾
	5	240	1.609	焊趾
	6	230	2.574	焊趾

根据国际焊接学会（IIW）钢结构循环加载疲劳文件的相关规定，采用下述统计方法对焊接接头疲劳试验数据结果进行处理[7]。

该统计方法的前提条件是疲劳试验数据结果呈对数正态分布，国际焊接学会规定的数据存活率为 95%，置信度标称值为 75%。

标称值通过下述方法进行计算：

（1）疲劳强度与循环次数之间的关系，即疲劳应力和循环次数的 S-N 曲线以指数形式表达为：

$$S^m N = C \qquad (6-1)$$

式中，S 代表疲劳强度，本书用应力范围 $\Delta\sigma$ 表示。

（2）将疲劳试验数据结果的应力范围 $\Delta\sigma$ 和循环次数 N 换算成以 10 为底的对数值。

（3）采用幂指函数回归模型计算指数 m 和常数 $\lg C$ 的值：

$$m\lg\Delta\sigma + \lg N = \lg C \qquad (6-2)$$

式中，m、C 为拟合常数。

（4）设 C_i 是试验数据的对数值，利用所获得的 m 值，计算 $\lg C$ 的平均值 C_m 和标准偏差 $Std\nu$：

$$C_m = \frac{\sum C_i}{n} \tag{6-3}$$

$$\mathrm{Std}\nu = \sqrt{\frac{\sum (C_m - C_i)^2}{n-1}} \tag{6-4}$$

（5）计算特征值 C_k：

$$C_k = C_m - K \cdot \mathrm{Std}\nu \tag{6-5}$$

根据表 6-3、6-4 焊接接头试样的疲劳试验数据结果，分别确定对接接头和十字接头形式超声冲击处理前后循环次数为 2×10^6（周次）时的条件疲劳极限，结果列于表 6-5。条件疲劳极限（2×10^6）是按常规方法进行计算获得的[8]。

表 6-5　16MnR 钢焊接接头冲击前后疲劳极限对比（2×10^6）

接头形式	焊态 σ/MPa	冲击态 σ/MPa	提高程度（%）
对接接头	265	325	22.6
十字接头	157	235	49.7

对于 16MnR 对接接头，原始焊态试样都断于焊趾处[见图 6-3（a）]，而冲击处理态试样几乎都断于母材[见图 6-3（b）]，充分说明了：经过超声冲击的处理，对接接头的疲劳性能得到了显著的提高，焊缝处的疲劳性能甚至要高于母材，这也直接证明了超声冲击方法的有效性。通过对比对接接头冲击处理态与原始焊态试样在循环寿命为 2×10^6（周次）条件下获得的疲劳极限值，发现其疲劳极限的提高程度为 22.6%。

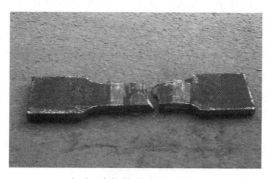

（a）对接接头断于焊趾

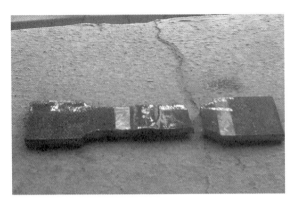

（b）对接接头断于母材

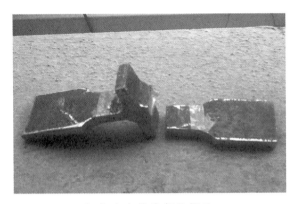

（c）十字接头断于焊趾

图 6-3　焊接接头断裂位置

　　对于 16MnR 十字接头，原始焊态试样和超声冲击处理试样均断于焊趾，一方面说明了由于十字接头焊趾应力集中程度比较大，即便经过超声冲击，焊趾区依然是十字接头的薄弱环节；另一方面也充分说明，经过超声冲击的处理，十字接头母材的疲劳强度仍高于焊缝。通过对比十字接头处理态试样与原始焊态试样在循环寿命为 2×10^6（周次）条件下获得的疲劳极限值发现，冲击相比于未冲击接头试样疲劳极限的提高程度为 49.7%。

　　通过对比 16MnR 对接接头和十字接头两种形式的试样，可以得出如下结论：

（1）在 $N=2\times10^6$ 循环次数下，16MnR 焊态对接接头的条件疲劳极限值为 265 MPa，焊态十字接头的条件疲劳极限值为 157 MPa，超声冲击态对接接头的条件疲劳极限为 325 MPa，超声冲击态十字接头的条件疲劳极限值为 235 MPa。无论是焊态试样还是超声冲击态试样，对接接头的条件疲劳极限值都明显要高于十字接头，这说明接头形式的不同，其条件疲劳极限值差别是很大的，接头形式对条件疲劳极限值有较大的影响，所以，在焊接接头的设计过程中，应充分考虑接头形式对疲劳性能的影响。

（2）十字接头比对接接头焊趾处有更大应力的集中，因此，即使经过超声冲击的处理，十字接头的疲劳断裂仍发生在焊趾处，而对接接头经过超声冲击的处理则基本断于母材。同时，也说明十字接头母材向焊缝的圆弧过渡处有较大的应力集中。对于超声冲击前、后条件疲劳极限值（2×10^6）的提高程度，十字接头（49.7%）要远高于对接接头（22.6%）。这说明超声冲击处理对于 16MnR 十字接头的处理效果要好于对接接头。

按式（6-1）～式（6-5）处理试验中 16MnR 对接接头和十字接头的相应疲劳试验数据，统计结果列于表 6-6。

表 6-6　疲劳试验数据统计结果

处理状态	接头形式	m	C_m	C_k	Stdν
焊态	对接接头	16.01	9.397×10^{44}	4.306×10^{44}	0.109
冲击态	对接接头	20.66	1.644×10^{58}	1.065×10^{58}	0.057
焊态	十字接头	9.29	5.748×10^{26}	2.235×10^{26}	0.130
冲击态	十字接头	11.05	3.481×10^{32}	1.239×10^{32}	0.134

为了获得在相同应力水平条件下，16MnR 两种焊接接头焊态试样和冲击处理态试样的疲劳寿命变化情况，将表 6-3、6-4 中相应的试验数据按方程 $\Delta\sigma^m N = C$ 拟合（参数见表 6-6），分别得出焊接接头焊态试样在疲劳寿命为 10^5 周次时所对应应力水平条件下冲击处理态试样的疲劳寿命以及冲击处理态试样在疲劳寿命为 10^7 周次时所对应应力水平条件下焊态试样的疲劳寿命，其结果列于表 6-7。

表 6-7   超声冲击前后疲劳寿命对比

状　态	接头形式	应力范围 σ_{max}（MPa）	寿命 N_1	应力范围 σ_{max}（MPa）	寿命 N_2
焊态	对接接头	311	1×10^5	301	1.69×10^5
冲击态	对接接头	311	5.11×10^6	301	1×10^7
焊态	十字接头	219	1×10^5	205	1.93×10^5
冲击态	十字接头	219	4.57×10^6	205	1×10^7

对比表 6-7 中两种接头形式焊态和超声冲击处理态试样在相同应力水平条件下的疲劳寿命，粗略估算出 16MnR 对接接头和十字接头经过超声冲击处理后疲劳寿命被延长的情况。对比结果表明：经过超声冲击处理的 16MnR 对接接头，其疲劳寿命是原始焊态接头的 51～59 倍；而经过超声冲击处理的 16MnR 十字接头，其疲劳寿命则是原始焊态接头的 45～52 倍。由此可见，超声冲击处理能够较大幅度地延长 16MnR 焊接接头的疲劳寿命。

同时，通过观察可以发现焊态对接接头和十字接头在疲劳寿命为 10^5 周次时的应力水平分别为 311 MPa 和 219 MPa；冲击态对接接头和十字接头在疲劳寿命为 10^7 周次时的应力水平分别为 301 MPa 和 205 MPa。也就是说，相同状态（焊态或冲击态）和循环周次（10^5 或 10^7）下对接接头的应力水平均高于十字接头，比值大小同为 1.4 左右。这是因为对接接头从焊缝至母材的表面形状和尺寸的变化都比十字接头小，故十字接头的应力集中程度要高出对接接头，因而在相同疲劳寿命条件下的疲劳强度要低于对接接头。

将数据回归处理后获得的 S-N 疲劳曲线如图 6-4、图 6-5 所示。

从两种不同接头形式的对比 S-N 曲线图可以明显地看出，无论是对接接头试样还是十字接头试样：在相同应力水平条件下，超声冲击处理态试样的疲劳寿命都远高于焊态试样；在相同疲劳寿命条件下，超声冲击处理态试样的应力水平同样高出焊态试样不少。该结论充分地说明经超声冲击处理后 16MnR 焊接接头抗疲劳断裂的性能得到了很大程度的提高；使用超声冲击法改善 16MnR 焊接接头的疲劳性能，效果十分明显。

超声冲击法不但可以很大程度地提高 16MnR 焊接接头的疲劳强度，甚至能使焊接接头获得与母材相当的疲劳强度，有时可能还高于母材。所以，对焊接结构进行合理设计，焊接过程中严格控制焊接质量，采用超声冲击法处理焊接接头，就可以大幅度提高焊接接头的疲劳寿命。

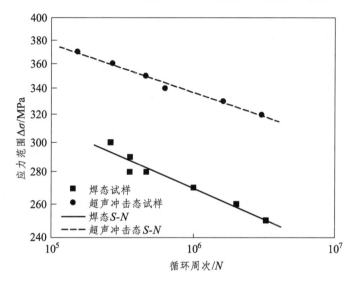

图 6-4　对接接头 S-N 曲线

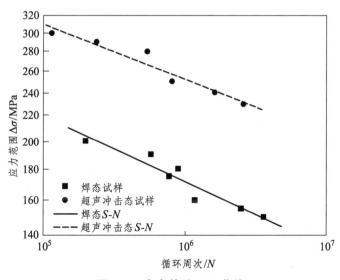

图 6-5　十字接头 S-N 曲线

超声冲击对试样失效机理（裂纹萌生、扩展）的影响比较微弱，超声冲击改善焊接接头疲劳性能的主要原因为：

（1）提高焊趾表层金属的静载强度。表 6-8 为试验测得的 16MnR 对接接头在超声冲击前后焊趾表面的维氏硬度值。

表 6-8　显微硬度试验结果（HV）

试样状态	1	2	3	4	平均值
焊态焊趾	178	191	190	180	185
冲击态焊趾	232	247	239	255	243

从表 6-8 中的数据可以看出：对于 16MnR 对接接头，焊趾区的硬度值由焊态的 HV185 变成了冲击态的 HV243，硬度值提高了 31.4%。硬度作为评价材料力学性能的一项重要指标，硬度的提高改善了焊趾表层组织抵抗局部变形的能力，金属的硬度与强度之间有一定的相关性，硬度越高，材料的静载强度也越高。根据工程经验疲劳强度与材料的静强度成正相关。提高了表层的静强度也就提高了材料的疲劳强度。文献[9]也采用超声冲击方法对 16MnR 焊接接头焊趾表层进行了处理，研究了不同超声冲击工艺参数与 16MnR 焊接十字接头焊趾表层金属硬度之间的关系，结果见表 6-9。由表 6-9 可知，经超声冲击处理后，材料的表面硬度与基体相比，提高了至少 62.2%，而最高可使材料表面硬度提高 86.9%。超声冲击表面处理 16MnR 焊接十字接头的焊趾后，其显微硬度得到提高的主要原因有两方面，一方面由于超声冲击表面处理使得材料表面及附近的晶粒组织得到了细化，这符合 Hall-Petch 关系中，硬度随着晶粒的细化而增大的现象。另一方面，超声冲击表面纳米化处理后材料出现加工硬化现象。因此由显微硬度测试实验可得出，超声冲击表面纳米化处理可大幅提高材料的表面硬度，强化材料的表面性能的结论。

（2）修整焊趾区域的外形，增大了焊趾半径。冲击前后焊趾宏观形貌及焊趾半径变化几何示意图如图 6-6 所示。

表 6-9　各工艺参数下超声冲击后 16MnR 十字接头焊趾表面的显微硬度（HV）

冲击时间/电流	1	2	3	4	5	平均值
10 min/1.2 A	290.5	300.6	286.3	303.4	298.4	296.5
10 min/1.5 A	304.6	310.9	302.3	300.7	312.5	305.9
20 min/1.2 A	337.7	339.8	337.9	340.8	338.5	338.7
20 min/1.5 A	340.6	342.5	356.2	346.3	339.5	340.5
30 min/1.2 A	324.5	336.4	310.6	315.7	329.8	323.1
30 min/1.5 A	336.8	334.4	325.4	339.4	337.4	336.2
基体	182.5	184.5	180.6	182.9	183.6	182.82

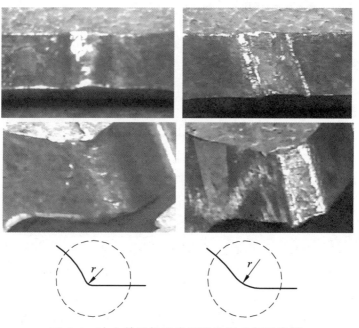

图 6-6　冲击前后焊趾表面形貌及几何示意图

由图 6-6 可见，焊态接头试样的焊趾部位过渡比较尖锐，焊接接头的焊趾经过超声冲击处理后，其焊趾区几何外形有了明显的变化，过渡表面变得更加圆滑，主要表现为焊趾区过渡半径 r 的增大。随着半径 r 的增大，焊趾表面的应力集中程度降低，焊接接头的疲劳强度升高。

（3）在焊趾表层引入了有益于疲劳的残余压应力。16Mn R 十字接头焊趾区经过超声冲击的处理，残余拉应力得到明显的消除，残余压应力的数值为 σ_x =-241 MPa，σ_y =-263 MPa。残余应力在构件承受循环交变载荷的过程中起着平均应力的作用。从断裂力学的角度看，在外加载荷作用下存在材料表面的类裂纹只有达到某个临界值时，即裂纹尖端的应力强度因子达到材料本身的应力强度因子门槛值 $(\Delta K_{th})_0$ 时，裂纹尖端才开始扩展。一般材料的 ΔK_{th} 不但取决于材料本身的性能，而且受外加载荷中的平均应力影响很大。在有平均应力作用的情况下，应力强度因子门槛值的表达式为[10]：

$$\Delta K_{th} = \frac{1.2(\Delta K_{th})_0}{1 + 0.2\left(\dfrac{1+R}{1-R}\right)} \tag{6-6}$$

残余压应力与外加交变载荷中的正平均应力相互作用时，一方面会减小试样所实际承受的应力 ΔK 值，另一方面会降低试样所承受的平均应力 R。根据式 6-6 可以看出，R 值的下降必然会导致类裂纹尖端的应力强度因子值增大，这便提高了类裂纹开始扩展的界限应力强度因子的幅度，使得类裂纹扩展变得更加困难。超声冲击法在处理焊接接头的过程中引入了残余压应力，这便增大了界限应力强度因子的值，从而阻碍裂纹的扩展，故能显著提高焊接接头的疲劳强度。

由于焊接接头经超声冲击以后，焊趾应力集中系数显著降低，残余拉应力转变为残余压应力，表层金属组织得到细化。上述三种因素均对提高焊接接头的疲劳寿命起到了积极的作用，但在三个因素中哪个对提高焊接接头疲劳寿命的作用更大呢？文献[11]详细研究和分析了超声冲击改善焊接接头疲劳性能诸因素的贡献大小。所用材料同样为转向架用16MnR。疲劳试验所使用的试样类型为对接接头，试样的形状、尺寸及其实物如图 6-7 所示。

经过大量的疲劳试验，作者得出了超声冲击改善焊接接头疲劳性能诸因素的重要排序关系。与焊态试样相对比，在一定时间范围内超声冲击处理之后，焊趾应力集中的改善提高 16MnR 对接接头疲劳寿命的贡献为 50%左右，晶粒细化提高 16MnR 对接接头疲劳寿命的贡献为 35%左右，而超声冲击引入的残余压应力对提高 16MnR 对接接头疲劳寿命的贡献率为 15%左右。即应力集中的改善对于提高 16MnR 对接接头的疲劳寿命影响最大，其次是超声冲击处理带来的晶粒细化，最后是超声冲击处理带来的残余压应力。

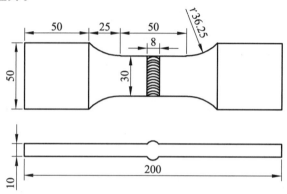

（a）形状与尺寸

（b）试样实物图

图 6-7　16MnR 对接接头的形状与尺寸及实物图

文献[12]就超声冲击对动车转向架用 P355NL1 钢焊接接头疲劳性能的影响进行了详细的研究。试验所用材料为 EN10028-3 标准中的普通低合金钢 P355NL1 板材，与国内的压力容器专用钢 16MnR 基本相当，其化学成分和常规力学性能分别见表 6-10 和表 6-11。

表 6-10　P355NL1 钢的化学成分

合金元素	C	Mn	Si	S	P	Ni	Cr	Ti
质量分数 ω_t/%	0.18	1.1～1.7	0.50	0.015	0.025	0.50	0.30	0.03

表 6-11　P355NL1 钢的常规力学性能

E/MPa	σ_s/MPa	σ_b/MPa	δ/%	v	Ψ/%
2.1×10^5	360	580	27	0.28	58

试验中所用焊接材料为符合 EN440 标准的 G4Si1 焊丝。保护气体为富氩混合气（氩气占比 80%，二氧化碳气体占比 20%）。焊丝化学成分见表 6-12，焊丝熔敷金属力学性能见表 6-13。

表 6-12　焊丝化学成分

合金元素	C	Mn	Si	P	S	Cr	Ni	Mo	V	Cu
质量分数 ω_t/%	0.06 ~ 0.15	1.4 ~ 1.85	0.8 ~ 1.15	≤ 0.025	≤ 0.025	≤ 0.15	≤ 0.15	≤ 0.15	≤ 0.03	≤ 0.5

表 6-13　焊丝熔敷金属力学性能

焊丝型号	抗拉强度 σ_b /MPa	屈服强度 σ_s /MPa	伸长率/ %	试验温度 /°C	冲击功 /kJ
ER50-6	≥500	≥420	22	-40	≥27

疲劳试验采用岛津 EHF-EM200K2-070-1A 型电液伺服疲劳试验机，疲劳试验所使用的试样形状及尺寸如图 6-7 所示。疲劳试验的主要参数为正弦波形式的拉-拉载荷，应力比 $R=0.1$，加载频率 $f=10$ Hz。疲劳试验结果见表 6-14、6-15。

表 6-14　焊态疲劳试验数据

试样编号	名义应力范围 $\Delta\sigma_{max}$/MPa	循环次数 $N\times10^6$/周次	断裂位置
1	270	0.49	焊趾
2	260	0.65	焊趾
3	250	0.63	焊趾
4	240	1.03	焊趾
5	230	1.72	母材
6	220	4.24	焊趾
7	200	6.22	母材
8	180	10.23	未断

表 6-15　超声冲击态疲劳试验数据

试样编号	名义应力范围 $\Delta\sigma_{max}$/MPa	循环次数 $N\times10^6$/周次	断裂位置
1	360	0.26	母材
2	340	0.52	母材
3	320	0.63	母材
4	310	1.10	母材
5	300	2.20	焊趾
6	290	1.28	母材
7	280	1.94	焊趾
8	270	6.10	未断
9	260	10.18	未断

　　根据前述的疲劳数据处理方法，利用 Origin 软件绘出 P355NL1 原始焊态对接接头与超声冲击态接头的名义应力 S-N 曲线，如图 6-8 所示。从图 6-8 可以看出，焊态试样疲劳寿命在相同应力水平下，远低于超声冲击态试样；超声冲击态的疲劳强度在相同循环周次下也明显高于焊态试样。

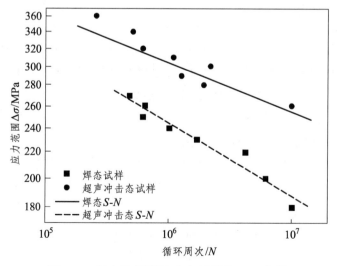

图 6-8　焊态及超声冲击态试样的 S-N 曲线

　　根据式（6-1）~式（6-5）对试验数据进行处理，得出存活率为 95%、置信度为 75% 时的试验特征 S-N 曲线，处理后得到 S-N 曲线表达式为：

　　焊态试样的 S-N 曲线方程为：$\lg N = 26.81 - 8.709 \lg \Delta \sigma$

　　超声冲击态试样 S-N 曲线方程为：$\lg N = 26.81 - 8.709 \lg \Delta \sigma$

　　各统计参数见表 6-16 所示。根据表 6-14、6-15 以及图 6-8 焊接接头试样的疲劳试验数据结果，确定对接接头超声冲击处理前后循环次数为 2×10^6（周次）时的条件疲劳极限，结果列于表 6-17。

表 6-16　P355NL1 焊接对接接头名义应力 S-N 曲线参数

处理状态	m	C_m	C_k	Std$v$
焊态试样	8.709	26.81	25.95	0.288
冲击态试样	11.671	35.09	34.23	0.297

表 6-17　P355NL-1 钢焊接接头冲击前后疲劳极限对比（2×10^6）

接头形式	焊态 σ/MPa	冲击态 σ/MPa	提高程度（%）
对接接头	227	293	29.1

　　由表 6-14、6-15 可知，超声冲击前试样大都断于焊趾，超声冲击后更多的试样断在母材。表明超声冲击对提高焊接接头的疲劳强度作用明显，表明超声冲击态试样的疲劳强度与母材疲劳强度基本相当。在 2×10^6 循环寿命下，超声冲击态的疲劳强度为 293 MPa，而焊态为 227 MPa，两者相比可知，超声冲击后接头的疲劳强度提高了 29.1%。由此可见，超声冲击处理可有效改善 P355NL1 钢对接接头的疲劳强度。超声冲击提高 P355NL1 钢焊接接头疲劳强度的幅度与文献[9]中超声冲击提高 16MnR 对接焊接接头疲劳强度的数值相当。

　　为了获得在相同应力水平条件下，P355NL1 钢焊接接头原始焊态试样和超声冲击处理态试样的疲劳寿命变化情况，将表 6-14、表 6-15 中相应的试验数据按方程 $\Delta \sigma^m N = C$ 拟合（参数见表 6-16），分别得出原始焊态接头试样在疲劳寿命为 10^5 周次时所对应应力水平条件下冲击处理态试样的疲劳寿命以及冲击处理态试样在疲劳寿命为 10^7 周次时所对应应力水平条件下焊态试样的疲劳寿命，其结果列于表 6-18。

表 6-18　超声冲击前后疲劳寿命对比

状　态	δ_{max}/MPa	N_1	δ_{max}/MPa	N_2
焊　态	307	1.0×10^5	255	7.0×10^5
冲击态	307	1.2×10^6	255	1.0×10^7

表 6-18 对比了相同应力水平下 P355NL1 对接接头原始焊态与冲击态的疲劳寿命，可大致推算出超声冲击处理延长接头疲劳寿命的情况。相比于原始焊态焊接接头的疲劳寿命，超声冲击态的疲劳寿命提高了 12～15 倍。超声冲击处理能够较大幅度地延长 P355NL1 焊接接头的疲劳寿命。

文献[11]还进行了超声冲击时间对焊接接头疲劳性能影响的研究，试验在磨平焊缝的接头上进行超声冲击处理，由于没有了加厚高，焊接接头应力集中的影响彻底被消除。采用超声冲击分别处理焊趾处 3 min 和 6 min，然后再经过 200℃ 保温 2 h，充分消除残余应力的影响。疲劳试验结果见表 6-19。两组试样经过超声冲击处理磨平之后的焊趾区域的形貌对比如图 6-24 所示。

表 6-19　磨平焊缝超声冲击试样的疲劳寿命

冲击时间	σ_{max}/MPa	疲劳寿命 $N/10^6$	寿命平均值$/10^6$
3 min	260	3.502	4.025
	260	4.551	
	260	4.022	
6 min	260	5.591	6.026
	260	5.933	
	260	6.554	

根据疲劳试验结果显示，超声冲击 3 min 试样的平均疲劳寿命为 4.025×10^6，超声冲击 6 min 试样的平均疲劳寿命为 6.026×10^6，超声冲击处理 6 min 试样较超声冲击 3 min 试样的疲劳寿命提高了 49.7%。当不同的超声冲击处理时间作用在焊趾附件时，表面组织得到了强化，抑制了裂纹的形核与扩展，从而提高了试样的疲劳寿命。在这个过程中，冲击时间越长，焊趾处的塑性变形越剧烈，晶粒细化程度越高，对于提高

试样的疲劳寿命越好。

文献[11, 13]还就应力集中的改善对 16MnR 焊接接头疲劳寿命的影响进行了探讨。试样先经过超声冲击 15 min，通过控制冲击枪左右摆动的范围来控制焊趾倾角。最后两组试样均经过 200 ℃ 保温 2 h 的消除应力处理。两组接头的疲劳试验结果见表 6-20。

表 6-20　超声冲击态焊趾处几何形貌不同试样热处理的疲劳寿命

冲击针左右摆动范围	σ_{max}/MPa	疲劳寿命 $N/10^6$	寿命平均值/10^6
大范围摆动	260	0.343	0.304
	260	0.354	
	260	0.216	
小范围摆动	260	0.945	0.750
	260	0.901	
	260	0.403	

由于超声冲击处理的电流和时间是相同的，在相同区域上产生晶粒细化的程度也是相同的。同时，两个小组都经过了低温热处理，在尽量防止晶粒长大的前提下，消除了对接接头中的残余压应力。于是，在超声冲击处理的过程中，冲击针左右摆动的范围不同，就会影响到单位时间内受冲击区域的冲击次数。由于左右摆动范围的不同导致的在焊趾区域出现不同过渡半径。当冲击针的摆动较大时，即超声冲击大范围处理试样时，其真实焊趾过渡半径并不大[见图 6-9（a）]，试样的平均疲劳寿命仅为 0.304×10^6。而当冲击针摆动较小时，即小范围超声冲击处理试样时，焊趾处母材向焊缝过渡平滑，焊趾倾角大[见图 6-9（b）]，试样的平均疲劳寿命达到了 0.750×10^6，相对于超声冲击针大范围摆动处理试样的疲劳寿命提高了 247%。此外，由于冲击针左右摆动范围较小时，在相同时间里，作用在同样位置上的时间更长。这样除对消除焊趾区域的表面缺陷有作用外，冲击密集区的塑性变形更高，残余压应力会更大，这对于提高疲劳寿命也是非常有利的。

（a）大范围摆动　　　　　　　　　　　（b）小范围摆动

图 6-9　超声冲击针不同摆动幅度处理后过渡半径形貌

叶雄林等人[14,15]利用超声冲击技术处理 22SiMn2TiB 钢焊接接头。焊接母材为 C-Mn-Ti-B 高强度钢，抗拉强度 $\sigma_b \geqslant 1\,400$ MPa，焊接材料为 A147 通用型不锈钢焊条，焊前严格烘干。采用双面对焊。焊后线切割加工成疲劳试件，试件形状及尺寸如图 6-10 所示。原始焊态和超声冲击态试样疲劳性能测试在高频疲劳试验机上进行，载荷类型为恒幅拉伸载荷，应力比为 0。

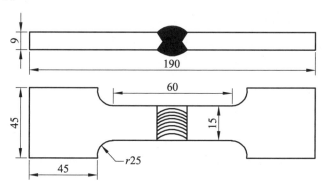

图 6-10　疲劳试样尺寸

疲劳试验时记录每个试样疲劳周次及断裂强度，按照方程 $S^m N = C$ 分别拟合出原始焊态试件与超声处理试件的相应 S-N 曲线，如图 6-11 所示。比较 S-N 曲线可以看出，未经超声冲击处理的试件疲劳寿命在相同应力水平下，要低于经过超声冲击处理的试件；在相同疲劳寿命下，冲击处

理试件的疲劳强度要高于未处理试件。根据试验结果确定焊接接头超声
冲击处理前后循环周次为 2×10^6 时的条件疲劳极限，结果列于表 6-21。
经超声冲击处理后，冲击处理试样条件疲劳极限提高了 33.3%。

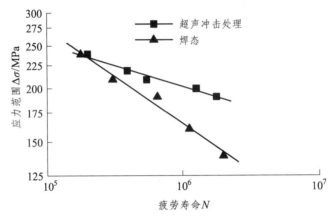

图 6-11　冲击态和焊态试样 S-N 曲线

表 6-21　疲劳强度在循环周次为 2×10^6 对比

试样状态	疲劳强度 σ /MPa	改善程度
焊态	141	33.3%
冲击态	188	

接头超声冲击后疲劳寿命提高的原因主要归结于以下三个方面：

（1）引入的残余压应力。X 射线衍射法测定的焊态和冲击处理样品
残余应力如图 5-24 所示。由图可见，未经超声冲击处理的焊态样品焊缝
及焊趾附近存在有较大的残余拉应力，焊趾附近（疲劳薄弱部位）存在
有高达 180 MPa 的残余拉应力。经过超声冲击处理样品的残余应力得到
了大幅的降低，焊趾附近的残余应力降低为–350 MPa 的压应力，残余应
力的降低幅度为 300%，而且在焊缝两侧焊趾附近 4 mm 的范围内（–6 ~
–2 mm，+2 ~ +6 mm）均呈现出残余压应力。这表明，经过超声冲击处理
可以有效地降低焊趾及焊趾附近的残余应力值，并引入对提高焊接接头
疲劳寿命有益的残余压应力。

（2）焊趾处应力集中改变。超声冲击处理前后焊趾处的宏观形貌如
图 3-47 所示。缺口位置弹性应力集中系数的一般形式如式（6-7）[16]。

$$K_t = \alpha \left[1 + \beta \left(\frac{\delta}{r} \right)^{\lambda} \right] \qquad (6\text{-}7)$$

式中，r 为缺口半径，δ 为板厚，α、β、λ 为常数。经超声冲击处理后，焊趾部位变得更平滑，降低焊接接头承载时的应力集中程度。

（3）裂纹源位置的转变。图 6-12 给出了焊态和冲击处理试样疲劳裂纹的形核位置。原始焊态试样的疲劳裂纹萌生在焊趾表面[见图 6-12（a）]；超声冲击处理样品疲劳裂纹源在次表面，从次表面开始形核[见图 6-12（b）]。超声冲击处理后，焊趾变得更平滑，焊趾处的微缺陷得以消除，同时焊趾表面存在较高的残余压应力，这两个因素的同时作用限制了表面起裂，从而延长了焊接接头的疲劳寿命。

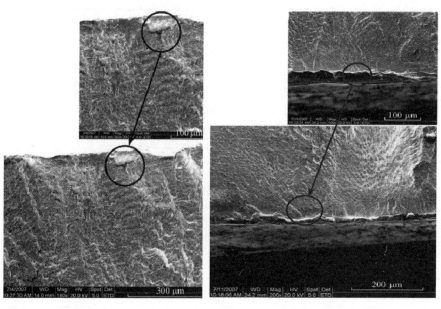

（a）焊态　　　　　　　　　　　　　　（b）冲击态

图 6-12　试样裂纹萌生位置

王东坡等人[17]研究变幅载荷下超声冲击处理焊接接头的疲劳行为，采用非承载纵向角接接头进行了普通碳素结构钢 Q235B 及列车转向架用 16Mn 钢原始焊态与超声冲击处理态的对比疲劳试验。试样的力学性能见表 6-22，试样的几何形状及尺寸如图 6-13 所示。Q235B 板材的焊接选用

J422 焊条进行焊接，16Mn 板材的焊接选用 J507 焊条进行焊接。将试件分成 4 组，第 1 组为原始焊态试件，在恒幅载荷作用下进行疲劳试验；第 2 组试件进行超声冲击处理，也在恒幅载荷作用下进行疲劳试验；第 3 组试件经超声冲击处理后再进行变幅疲劳试验；第 4 组试件在原始焊态下进行变幅疲劳试验。试验分组见表 6-23。施加载荷类型为拉伸载荷，恒幅下的应力比 $R=0.1$。冲击电流选用 1.3 A。

表 6-22   材料的力学性能

材　　料	屈服强度 σ_s/MPa	抗拉强度 σ_b/MPa	延伸率 δ/%
16Mn	390	590	24
Q235B	272	435	26

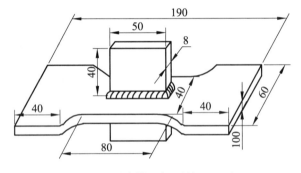

图 6-13   试样几何形状及尺寸

表 6-23   试样分组说明

组　　名	焊趾处理状态	应力幅类型
1	焊态	恒幅
2	冲击态	恒幅
3	冲击态	变幅
4	焊态	变幅

变幅疲劳试验采用载荷单元程序加载方式。作用于试件上的载荷谱由周期性重复的应力幅子序列组成，每个序列又由三级具有固定循环次数的恒应力幅单元组成，且在变幅疲劳试验过程中平均应力始终保持不变，所设计的载荷单元加载应力幅序列如图 6-14 所示。

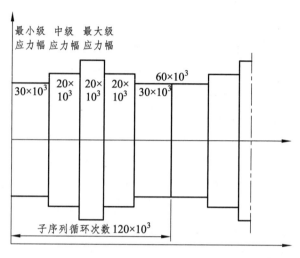

图 6-14　载荷单元加载应力幅子序列循环次数

规定在应力幅子序列中最大应力幅与中级应力幅之间差值恒定为 27 MPa；中级应力幅与最小级应力幅差值恒定为 18 MPa；平均应力为最大应力的 0.55 倍。为了便于对比恒幅条件下超声冲击对焊接接头疲劳性能的影响，将循环周次为 2×10^6 对应的疲劳强度列于表 6-24。

表 6-24　试样条件疲劳极限对比

| 材　料 | 状　态 | 疲劳强度（2×10^6 周次）$\Delta\sigma$/MPa | | 提高程度/% |
		焊　态	冲击态	
Q235B	恒幅	117	200	71
	变幅	109	184	69
16MnR	恒幅	115	212	84
	变幅	110	198	80

通过对比表 6-24 中超声处理试样与原始焊态试样在循环寿命为 2×10^6 条件下获得的疲劳强度值可知：Q235B 钢超声冲击处理试样与未处理相比，疲劳强度增加了约 71%；16Mn 钢超声冲击处理试件与焊态试件相比，疲劳强度的改善程度高达 84%。此比对结果证实了在恒幅载荷作用下超声冲击处理技术对改善焊接接头的疲劳强度具有优异的效果。

在变幅加载条件下，Q235B 钢超声冲击处理试样与未处理相比，疲劳强度增加了约 69%；16Mn 钢超声冲击处理试件与焊态试件相比，疲劳强度的改善程度高达 80%。可见，在变幅载荷作用下超声冲击技术仍然能够大幅度地改善焊接接头的疲劳强度，而且同恒幅加载条件下处理效果相差无几。变幅载荷作用时超声冲击处理焊接接头疲劳性能降低的原因之一是变幅载荷中过载峰造成焊趾区域表面压应力被部分松弛。

Abdullah 等人[18]在应力比 $R=0.05$ 加载条件下，采用对接接头形式进行焊态、超声冲击处理试件的疲劳对比试验。试样材料为 5 mm 厚的不锈钢 304，其化学成分见表 6-25，力学性能为：$\sigma_s=205$ MPa，$\sigma_b=515$ MPa。试样的几何形状及尺寸如图 6-15 所示。焊接方法为非熔化极惰性气体保护电弧焊。每道焊趾冲击冲击时间为 1 min。

表 6-25　304 不锈钢的化学成分

合金元素	C	Mn	S	P	Ni	Cr
质量分数 ω_t/%	0.08	2	0.03	0.045	10	18

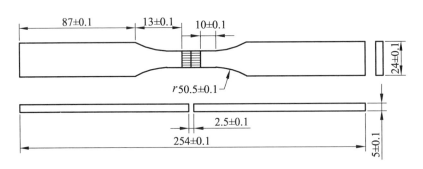

图 6-15　疲劳试验几何形状及尺寸

疲劳试验采用的加载频率为 28 Hz。超声冲击试样及未冲击试样的疲劳试验数据见表 6-26，疲劳 S-N 曲线如图 6-16 所示。可以看出，超声冲击后试样的疲劳寿命增加或疲劳强度增加，随着应力范围的降低，超声冲击改善不锈钢 304 疲劳行为的效果更加明显。在 300 MPa 下，冲击态试样相比于未处理试样寿命增加了 120%，在 330 MPa 下，疲劳的提高程度变为 70%。通过线性拟合的曲线，当循环周次为 4×10^5 时，条件疲劳强度从 225 MPa 增加到 290 MPa，增加了 29%。试样冲击前后的断裂位置如图 6-17 所示。焊态疲劳试样的断裂位置均在焊趾处，而超声冲击态试样的断裂位置大都位于距离焊趾 12 mm 的母材处。超声冲击提高焊接试样的疲劳性能的原因主要是修整焊趾形貌，减少焊趾处的应力集中，冲击针使表层金属产生塑性变形后、能够闭合裂纹和孔洞，减少高峰值的焊接残余拉应力，在焊趾处引入有益的残余压应力。

表 6-26　超声冲击试样及未处理试样的疲劳数据

试样状态及编号		应力幅值/MPa	疲劳寿命/N	断裂位置
焊态	1	300	159，552	焊趾
	2		111，544	
	3		211，686	
	4	316	110，985	
	5		207，663	
	6		849，26	
	7	330	602，31	
	8		103，366	
	9		533，36	
冲击态	1	300	329，752	母材
	2		177，903	
	3	316	228，433	
	4		238，235	
	5	330	106，782	焊趾
	6		118，691	

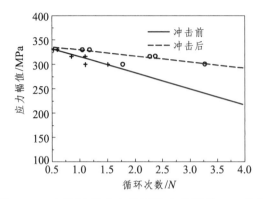

图 6-16　疲劳试样冲击处理及未处理的 S-N 曲线

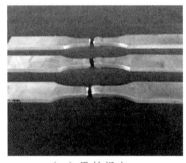

（a）原始焊态

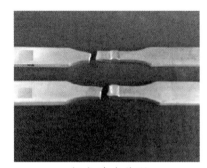

（b）冲击处理

图 6-17　疲劳试样断裂位置

文献[19]研究了低碳合金钢焊接接头在超声冲击作用下疲劳寿命的改善情况。焊接试板超声冲击前后的形状如图 6-18 所示。采用机加工切割疲劳试样，其形状及尺寸如图 6-19 所示。

（a）超声冲击前

（b）超声冲击后

图 6-18　超声冲击前后焊缝形貌

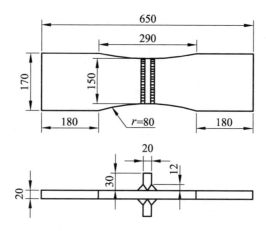

图 6-19　焊接接头试样形状及尺寸

试样的疲劳试验结果如图 6-20 所示。从图中可以看出，超声冲击后试样的疲劳寿命得到大幅度提高。根据试验结果确定焊接接头超声冲击处理前后循环周次为 2×10^6 时的条件疲劳极限，结果列于表 6-27。经超声冲击处理后，冲击处理试样条件疲劳极限比原始焊态提高了 49%，循环超声冲击处理试样的条件疲劳极限比原始焊态提高了 66%。

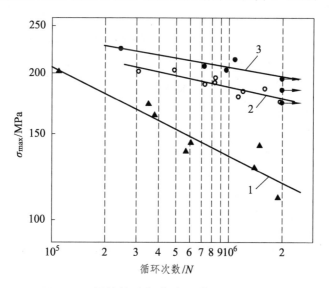

图 6-20　焊接接头超声冲击前后的 S-N 曲线

1—原始焊态，2—超声冲击，3—循环超声冲击。

表 6-27 疲劳强度在循环周次为 2×10^6 对比

状　态	疲劳强度 σ/MPa	改善程度
焊态	119	
冲击态	177	49%
循环冲击态	197	66%

文献[20]研究了 3 种不同强度级别钢焊接接头经超声冲击处理后疲劳寿命的变化情况。试验所用的 3 种材料见表 6-28。

表 6-28 实验材料的力学性能

材　料	屈服强度 σ_s/MPa	抗拉强度 σ_b/MPa	延伸率 δ/%
Q235	277	427	38
Q345	394	487	33
S690QL	790	829	20

疲劳试验使用长春机械科学研究院有限公司制造的 GPS300 型高频疲劳试验机完成，其最大静负荷为 ±300 kN，最大动负荷为 150 kN，频率范围为 80 ~ 250 Hz。Q235、Q345 和 S690QL 对接接头均采用拉伸载荷，循环比 R=0.1。试验方法为，将每种材料的疲劳试件分成两组，每组内需包含不同板号上所取下的试件。第一组试件为原始焊态，不经过超声冲击处理；第二组试件为冲击态，即采用超声冲击处理对焊缝焊趾处以及附近一定范围内进行超声冲击处理。试验结果见表 6-29 ~ 表 6-34。

表 6-29 Q235 钢原始焊态接头疲劳试验结果

编　号	组　别	应力范围/MPa	断裂位置	疲劳寿命/$\times 10^6$
1	原始焊态	144	焊趾	2.752
2	原始焊态	153	焊趾	1.885
3	原始焊态	158	焊趾	1.645
4	原始焊态	162	焊趾	1.415
5	原始焊态	171	焊趾	1.890
6	原始焊态	171	焊趾	1.520

续表

编　号	组　　别	应力范围/MPa	断裂位置	疲劳寿命/$\times 10^6$
7	原始焊态	171	焊趾	1.356
8	原始焊态	171	焊趾	1.294
9	原始焊态	171	焊趾	1.221
10	原始焊态	171	焊趾	0.945
11	原始焊态	171	焊趾	0.721
12	原始焊态	189	焊趾	0.892
13	原始焊态	189	焊趾	0.778
14	原始焊态	189	焊趾	0.645
15	原始焊态	189	焊趾	0.546
16	原始焊态	189	焊趾	0.367
17	原始焊态	207	焊趾	0.328

表 6-30　Q235 钢冲击态接头疲劳试验结果

编　号	组　　别	应力范围/MPa	断裂位置	疲劳寿命/$\times 10^6$
1	超声冲击	189	母材	32.160
2	超声冲击	207	焊趾	10.470
3	超声冲击	225	焊趾	3.996
4	超声冲击	230	母材	3.210
5	超声冲击	234	焊趾	1.848
6	超声冲击	239	母材	1.836
7	超声冲击	239	焊趾	1.199
8	超声冲击	243	焊趾	0.910
9	超声冲击	243	母材	0.848
10	超声冲击	243	焊趾	0.789
11	超声冲击	243	焊趾	0.533
12	超声冲击	243	母材	0.448
13	超声冲击	243	焊趾	0.483
14	超声冲击	252	焊趾	0.483
15	超声冲击	261	焊趾	0.278

表 6-31　Q345 钢冲击和未冲击态接头疲劳试验结果

编　号	组　别	应力范围/MPa	断裂位置	疲劳寿命/×10^6
1	原始焊态	149	焊趾	2.969
2	原始焊态	155	母材	1.633
3	原始焊态	171	焊趾	0.846
4	原始焊态	189	焊趾	0.607
5	原始焊态	207	焊趾	0.402
6	超声冲击	279	母材	2.401
7	超声冲击	288	焊趾	1.570
8	超声冲击	297	母材	1.220
9	超声冲击	306	焊趾	0.450
10	超声冲击	315	焊趾	0.174
11	超声冲击	324	焊趾	0.114

表 6-32　S690QL 原始焊态接头疲劳试验结果

编　号	组　别	应力范围/MPa	断裂位置	疲劳寿命/×10^6
1	原始焊态	190	焊趾	0.375
2	原始焊态	214	焊趾	0.295
3	原始焊态	166	焊趾	1.277
4	原始焊态	190	焊趾	0.313
5	原始焊态	143	未断	10
6	原始焊态	213	焊趾	0.396
7	原始焊态	178	焊趾	1.395
8	原始焊态	240	焊趾	0.282
9	原始焊态	238	焊趾	0.189
10	原始焊态	141	未断	10
11	原始焊态	178	焊趾	1.528

表 6-33　S690QL 冲击态接头疲劳试验结果

编　号	组　别	应力范围/MPa	断裂位置	疲劳寿命/×10⁶
1	超声冲击	375	焊趾	0.256
2	超声冲击	400	焊趾	0.064
3	超声冲击	350	焊趾	0.114
4	超声冲击	350	焊趾	1.308
5	超声冲击	325	焊趾	1.510
6	超声冲击	430	焊趾	0.143
7	超声冲击	353	焊趾	0.340
8	超声冲击	371	焊趾	0.236
9	超声冲击	386	焊趾	0.178
10	超声冲击	365	焊趾	1.647
11	超声冲击	311	焊趾	0.983
12	超声冲击	282	未断	10

依照表 6-29、表 6-30、表 6-31、表 6-32、表 6-33 中的疲劳试验结果，分别拟合出不同情况下在应力比 $R=0.1$ 时的 S-N 曲线。Q235、Q345 和 S690QL 的对接接头原始焊态和经超声冲击处理的疲劳寿命数据及 S-N 曲线如图 6-21 所示。

根据 S-N 曲线关系方程，可以计算出 $2×10^6$ 循环寿命条件下对应的疲劳强度值，见表 6-34。试验结果表明，Q235 对接接头经超声冲击处理后，疲劳强度提高了 42%，Q345 疲劳强度提高了 76%，而 S690QL 更是提高了 100%。可见超声冲击处理，对疲劳性能的改善效果显著，并且对于不同强度材料的提高效果也有明显差别。对比表 6-28 和表 6-34 中结果，随着材料本身强度的提高，超声冲击处理所获得的疲劳性能提高效果也有一定幅度的提高，对于高强度材料的疲劳强度提高比率高于对低强度材料的改善。

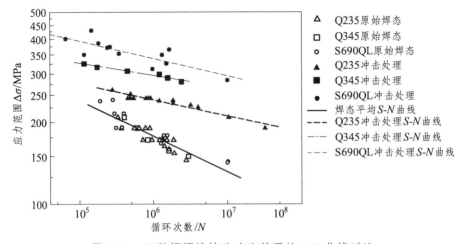

图 6-21 三种钢焊接接头冲击前后的 S-N 曲线对比

表 6-34 三种钢焊接接头冲击前后疲劳强度对比

材　　料	疲劳强度 σ/MPa		提高率
	原始焊态	超声冲击	
Q235	162	230	42%
Q345	162	285	76%
S690QL	162	324	100%

6.2 超声冲击对焊接接头超高周疲劳性能的影响

现代工业的快速发展，在桥梁、海洋工程、铁路、船舶等典型的焊接结构中，焊接接头承受低载荷高循环周次的作用，其循环次数通常超过 10^7 循环次数，这些构件的疲劳失效特征发生了变化，裂纹萌生位置也可能发生一定的变化，可能位于试样表面，也可能转移到试样的内部。超高周疲劳是指疲劳破坏循环次数大于 10^7 周次的疲劳，又称超长寿命疲劳[21-25]。近年来，随着高速列车的快速发展，一些重要构件在其服役期经常面临着高频低幅载荷，承受高达 $10^8 \sim 10^9$ 次重复载荷（应力循环）。如日本新干线高速列车在 10 年服役期内大约要经历 10^9 次应力循环，即 10 亿次以上的疲劳。传统疲劳研究认为，钢铁材料一般在 10^7 循环次数附近存在疲劳极限，加载应力幅低于该疲劳极限，材料将不发生疲劳破坏，即材料有无限寿命。目前的长寿命疲劳设计大多是基于 10^7 次应力循环的试验数据进行的。然而，最近的研究结果表明，许多金属材料在超高周疲劳寿命区不存在传统的疲劳极限[26-30]，材料在 10^7 以上超长寿命区内仍然会发生疲劳断裂，这意味着目前长寿命疲劳设计方法不能满足机械和结构在超长寿命区的安全设计要求。前面讲述了超声冲击在高周范围内能够有效地提高试样的疲劳性能，原因就是超声冲击导致焊趾处的几何形貌及表层微观组织结构发生变化，并引入残余压应力。但是残余压应力的深度和硬化层的深度都比较小，当主要裂纹源不再像高周疲劳那样出现在试样表面时，超声冲击引入的这些有益的部分还是否有利于提高疲劳性能，国内外一些研究者就超声冲击对列车转向架焊接接头超高周疲劳性能进行了一些研究，下面以具体的试验内容进行分析讨论。

文献[31]试验所用材料为高速列车转向架用钢 SMA490BW，其主要化学成分和力学性能分别见表 6-35 和表 6-36。十字焊接接头超声疲劳试样的焊接方法选用 MAG 熔化焊，电弧保护气体为 80% 的 Ar 和 20% 的 CO_2，采用 CHW55-CNH 焊丝。为了加快试验的进程，采用岛津生产的 USF-2000 超声疲劳试验机进行常温拉压条件下的超高周疲劳试验，共振过程中试样会吸收振动能量发生升温现象，故试验中采用空冷方式对试件进行降温，试验的应力比 $R=-1$，谐振频率为 20 kHz。疲劳试样的形状及尺寸如图 6-22 所示。

表 6-35　SMA490BW 钢板材的化学成分

合金元素	C	Si	Mn	P	S	Cu	Ni	Cr
质量分数 ω_t/%	≤0.18	0.15 ~ 0.65	≤1.40	≤0.035	≤0.006	0.30 ~ 0.50	0.05 ~ 0.30	0.45 ~ 0.75

表 6-36　SMA490BW 钢力学性能

屈服强度 σ_s/MPa	抗拉强度 σ_b/MPa	δ/%
≥365	490 ~ 610	≥15

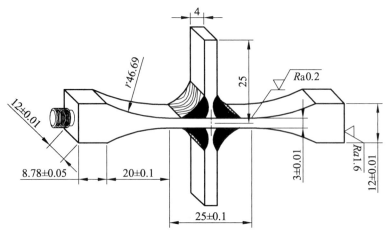

图 6-22　疲劳试样断裂位置

超声冲击试验采用 HJ-Ⅲ型超声冲击设备，冲击针的直径为 3 mm。将焊接后的十字焊接接头试样板固定在夹具上面，冲击针的排列阵列平行于焊缝，将超声冲击枪置于焊趾的上方。冲击时，冲击针与焊趾的表面倾斜一定的角度，施加一定的外力确保冲击设备在其自重的情况下运行，冲击设备在沿焊趾移动的同时并沿焊趾的两侧作小幅度的摆动，以获得圆滑过渡的焊趾。冲击参数选择 10 min/1.5 A，冲击时的频率可达到 20 kHz，振幅为 20 μm，超声冲击示意图如图 6-23 所示。

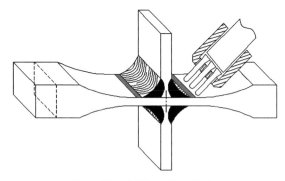

图 6-23　超声冲击示意图

超声冲击试样及原始焊态试样的超声疲劳试验结果见表 6-37 和表 6-38。通过 ORIGIN 绘制的 S-N 曲线如图 6-24 所示。SMA490BW 钢焊接试样在冲击前后的 S-N 曲线在 10^7 循环周次范围以下的高应力幅区呈现连续下降,在 10^7 周次以上的超高周疲劳范畴的低应力幅区试样不再发生断裂,即在 $10^7 \sim 10^9$ 循环周次范围内出现与常规疲劳($N<10^7$)相类似的水平平台。超声冲击后试样的疲劳寿命相对于焊态试样提高了约 25%。疲劳寿命的提高主要集中于以下几个方面:

表 6-37　焊态试样超声疲劳试验结果

编　号	应力幅 σ_a/MPa	应力循环次数/N	断裂位置	裂纹源数量
1	230	4.11×10^5	焊趾处	多个
2	220	4.23×10^5	焊趾处	多个
3	210	6.23×10^5	焊趾处	多个
4	200	1.47×10^6	双侧焊趾处	多个
6	180	1.48×10^6	焊趾处	多个
7	170	1.83×10^6	焊趾处	单个
8	160	3.67×10^6	焊趾处	多个
9	150	2.50×10^6	焊趾处	多个
11	135	4.11×10^6	焊趾处	多个
12	125	4.23×10^6	单侧焊趾处+ 飞溅金属应力集中	多个
14	115	5.07×10^6	焊趾处	多个
15	110	5.65×10^6	焊趾处	单个
17	108	1.00×10^9	未断	—
16	105	1.00×10^9	未断	—
10	100	7.82×10^6	焊趾处	单个
13	100	1.00×10^9	未断	—

表 6-38　超声冲击态试样超声疲劳试验结果

编　号	应力幅 σ_a/MPa	应力循环次数/N	断裂位置	裂纹源数量
1	230	5.56×10^5	焊趾处	单个
2	210	7.40×10^5	焊趾处	单个

续表

编 号	应力幅 σ_a/MPa	应力循环次数/N	断裂位置	裂纹源数量
9	180	2.05×10^6	焊趾处	单个
3	160	3.96×10^6	焊趾处	单个
4	135	4.74×10^6	焊趾处	单个
12	130	1.00×10^9	未断	—
11	128	1.00×10^9	未断	—
6	125	7.46×10^6	焊趾处	单个
10	125	1.00×10^9	未断	—
8	123	1.00×10^9	未断	—
7	120	1.00×10^9	未断	—
5	115	1.00×10^9	未断	—

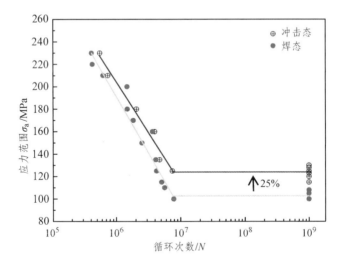

图 6-24　超声冲击试样及原始焊态试样 S-N 曲线

（1）UIT 技术可以通过改变焊趾半径和焊趾角来修整焊趾区域外形。
冲击态试样相比于焊态试样的焊趾角减小了 17%；焊趾半径增加了 430%，
如图 6-25 所示。这些改变导致焊趾处的应力集中得到大幅度的降低，经计算应力集中系数降低了 32.7%，从而大大推迟了裂纹在焊趾处萌生的时间。

 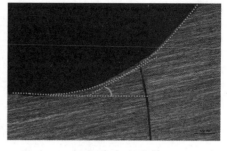

（a）焊态试样 （b）冲击态试样

图 6-25 超声冲击处理前后焊趾处形貌

（2）残余压应力作用。采用 Stress3000 型便携式 X 射线应力分析仪（Stresstech Oy，芬兰）对超声冲击处理后试样表面残余应力进行测试分析。采用固态线性成像探测器，其准直探头大小为 3 mm，两个探测器分别从两个相对的方向来记录衍射信号，且探测器之间是相互独立使用的，采用互相关法来确定峰值。测量表面均布的三个点的残余应力，然后取这三个点的平均值。经过超声冲击后，焊态大板试样的表面残余拉应力为 297.6 MPa，经超声冲击后表面残余拉应力转变为残余压应力，其数值达到-255.5 MPa。试验中试样的裂纹源都是位于表面，裂纹萌生的动力主要是交变载荷，而裂纹扩展的动力主要来源于拉应力。超声冲击后会消除焊接拉伸残余应力并在表面及一定深度方向引入残余压应力；在循环加载过程中，外加应力会和试样中的残余压应力进行叠加，使施加在试样上的最大载荷降低。因此，提高了材料的疲劳强度，延长了试样的疲劳寿命。具体过程分析可参照公式[32]：

$$\sigma_a = \sigma_{fat} \times \left(1 - \frac{\sigma_m}{\sigma_{ts}}\right) = \sigma_{fat} - \left(\frac{\sigma_{fat}}{\sigma_{ts}}\right) \times \sigma_m = \sigma_{fat} - n \times \sigma_m \qquad (6\text{-}8)$$

式中，σ_a 为加载循环应力幅；σ_m 为疲劳极限；n 为平均应力敏感系数。

虽然残余应力与平均应力存在明显的区别，残余应力在疲劳循环加载中会逐渐衰减[33,34]，且残余应力在试件截面上是一个分布而不是一个固定值。但采用残余应力等效平均应力来分析残余应力对疲劳强度的贡

献还是可行的，但只能从定性的角度去分析。等效后的式（6-8）将会变
为式（6-9）。

$$\sigma_a = \sigma_{fat} - n \times (\sigma_m + \sigma_r) \tag{6-9}$$

综合式（6-8）和（6-9）可以得出：由于存在残余应力疲劳强度发生
的变化如下式：

$$\Delta\sigma_a = -n \times \sigma_r \tag{6-10}$$

由式（6-10）可见，表面平均应力对疲劳强度的影响随平均应力敏
感系数 n 值增大而增加，且疲劳强度的增幅随残余压应力增加而增加。
外加应力和残余应力及二者叠加后的应力分布如图 6-26 所示。当外加循
环载荷达到最大值，残余压应力会降低试样的整体应力值，使表面及近
表面保持一个较低的加载值。同时，在疲劳循环的过程中，残余压应力
值会从 σ_r 衰减到 σ_r'，残余压应力与外加载荷叠加后的曲线会升高到虚线
曲线。残余压应力对疲劳强度的提高效果也会减弱。但还是有一定效果
的。残余压应力的产生主要是由于引入了强烈的塑性变形，变形层的深
度只有几百微米，也即残余应力对疲劳强度的提高主要集中于裂纹的萌
生和裂纹在表面及近表面层的早期扩展。

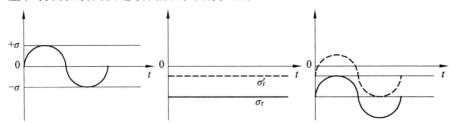

图 6-26　外加交变载荷和残余应力及其叠加后应力分布

另一方面也可从裂纹扩展的第三阶段（即快速扩展阶段）阐述残余
压应力的作用。能很好描述裂纹扩展第三阶段的福尔曼公式为[35]：

$$\frac{da}{dN} = \frac{C(\Delta K)^m}{(1-R)K_C - \Delta K} \tag{6-11}$$

式中，da/dN 为扩展速率；C、m 为与材料相关的参数；R 为应力比；ΔK
为应力强度因子幅范围；K_C 为材料断裂韧性。对于固定的材料，试样的

裂纹扩展速率与应力比 R，应力强度因子幅范围 ΔK 相关。由于残余应力的存在，与外加载荷叠加后，实际施加载荷会有所变化，导致应力比 R 也会变化，残余拉应力与外加载荷叠加后的应力比 R 大于残余压应力与外加载荷叠加后的应力比，虽然应力比有变化，但应力强度因子幅范围 ΔK 是一致的，因此具有残余压缩应力的超声冲击态试样的裂纹第三阶段扩展速率小于焊态试样。虽然裂纹扩展的主要阶段是第二阶段（即稳定扩展阶段），但对比冲击态与焊态的第三阶段的裂纹扩展速率能一定程度上说明冲击态试样的疲劳强度高于焊态。Sun 等[36]研究了应力强度因子幅范围 ΔK 小于或接近于门槛值 ΔK_{th} 时，应力比 R 对裂纹扩展速率的影响，表达如下：

$$\frac{\mathrm{d}a}{\mathrm{d}N} = C[f(R)\Delta K - \Delta K'_{th,0}]^m \qquad （6-12）$$

$$f(R) = \begin{cases} (1-R)^{-\alpha}, & R \geqslant 0 \\ (1-R)^{-1}, & R < 0 \end{cases} \qquad （6-13）$$

式中，$\Delta K'_{th,0}$ 表示在 $R=0$ 下裂纹萌生时的门槛值；此公式能够很好地描述裂纹的萌生阶段或早期扩展阶段，残余应力的引入导致应力比 R 的改变，从而改变应力强度因子幅范围 ΔK 在小于或接近于门槛值 ΔK_{th} 时的裂纹扩展速率，最终改变整个试样的疲劳寿命。

综上，从裂纹萌生到扩展的整个过程都可以说明残余拉应力转变为残余压应力能有助于疲劳强度的提高，疲劳寿命的延长。

（3）塑变强化作用。超声冲击后表层金属产生明显塑性变形，不同冲击时间产生的塑变层深度如图 6-27 和图 6-28 所示。塑变导致表层金属的显微硬度随深度的增加呈梯度分布，如图 6-29 所示。表层剧烈塑性变形还导致材料组织变细，根据 Hall-Petch 经验公式，晶粒细化会提高表层金属硬度，提高表面静强度，静强度的增加有助于疲劳强度的增加。由于试验中冲击态试样的萌生位置均位于表面，表层具有一定深度的硬化层，有助于抑制裂纹的萌生；当裂纹萌生后，扩展的机理一般为准解理的穿晶断裂，由于晶界增多，裂纹在扩展过程中要跨越更多的晶界，需要消耗更多的能量，裂纹扩展的总时间会延长，从而有效地抑制裂纹的萌生及延长裂纹的扩展时间，提高冲击态试样的疲劳寿命。

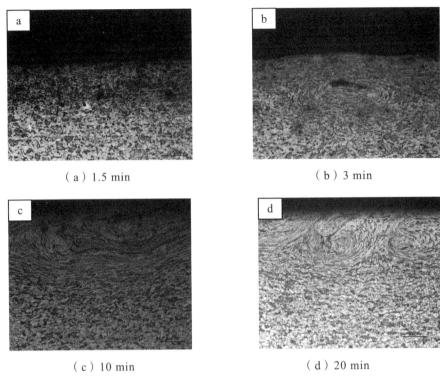

（a）1.5 min （b）3 min

（c）10 min （d）20 min

图 6-27　超声冲击处理试样横截面组织形貌

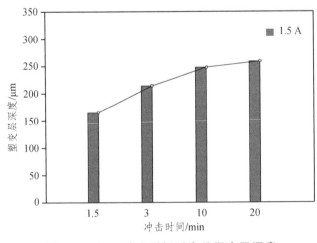

图 6-28　不同冲击时间对应的塑变层深度

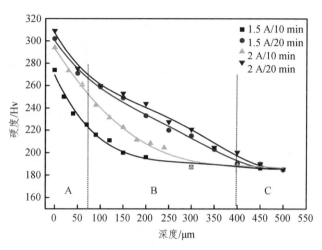

图 6-29 不同超声冲击参数下试样表层硬度分布

（4）裂纹源数量的作用。从焊态与超声冲击态失效试样的统计结果来看，焊态试样大都具有多个裂纹源，而超声冲击态试样的裂纹源数量为单个，如图 6-30 所示。超声冲击降低接头的应力集中系数，即减少了裂纹源的数量，相当于延长了裂纹的扩展距离，从而改善了焊接接头的疲劳寿命。

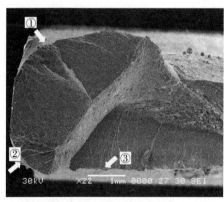
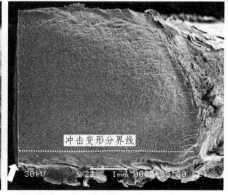

（a）焊态试样 σ_a=230 MPa，N_f=4.11×10^5　　（b）σ_a=230 MPa，N_f=5.56×10^5

图 6-30 疲劳试样断口

贾义庚[37]研究了碳素结构钢 Q235 和转向架用低合金结构钢 Q345 超长寿命区间超声冲击处理焊接接头的疲劳行为。材料的力学性能见表

6-39。试验施加载荷为轴向拉-压对称循环载荷，应力比 $R=-1$，加载频率约 20 kHz。试验在室温下进行，采用水冷方式控制试件温度升高。试样的形状及尺寸如图 6-31 所示。

表 6-39　试验材料的力学性能

材　　料	屈服强度 σ_s/MPa	抗拉强度 σ_b/MPa	δ/%
Q235	267.4	435.5	26.0
Q345	390.5	591.0	24.4

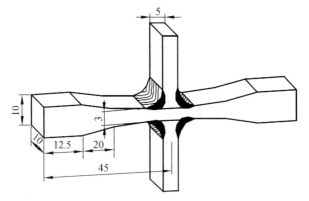

图 6-31　试样的形状及尺寸

在自制的超声疲劳试验装置上完成。试验施加载荷为轴向拉-压对称循环载荷，应力比 $R=-1$，加载频率约 20 kHz。试验在室温下进行，采用水冷方式控制试件温度升高。两种材料焊接接头超声冲击前后的超高周疲劳试验的 S-N 曲线如图 6-32、图 6-33 所示。比较在 1×10^7 及 1×10^9 循环周次下的疲劳强度，并将比较结果列于表 6-40。Q235 和 Q345 十字接头的超声冲击态的疲劳强度与焊态的疲劳强度相比大大提高了，高出的程度随着载荷的增大而减小，二者呈现相似的特征。经过超声冲击处理后，Q345 的疲劳强度都落在了 Q235 之上，至少说明，随着母材强度级别的提高，超声冲击处理的效果越明显。对于 Q235，在 1×10^7 循环周次下疲劳强度由焊态的 211 MPa 提高到超声冲击态的 330 MPa，提高了56.4%;在 1×10^9 循环周次下疲劳强度由焊态的 82 MPa 提高到了 224 MPa，提高了 173.2%。对于 Q345，在 1×10^7 循环周次下由焊态的 225 MPa 提高到超声冲击态的 383 MPa，提高了 70.2%；在 1×10^9 循环周次下由焊态的 89 MPa 提高到了 226 MPa，提高了 153.9%。随着载荷的降低，超声冲击提高焊接接头超高周疲劳性能越显著。

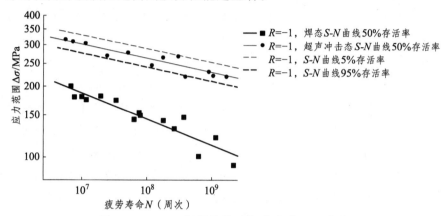

图 6-32　Q235 钢焊接接头超声疲劳 S-N 曲线

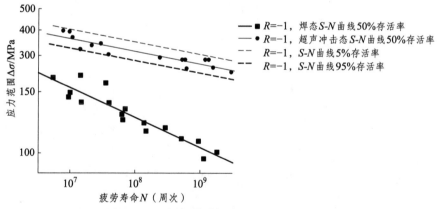

图 6-33　Q345 钢焊接接头超声疲劳试样 S-N 曲线

表 6-40　Q235 钢和 Q345 钢焊态与超声冲击态疲劳强度对比

材　料	状　态	疲劳强度（1×10^7 周次）$\Delta\sigma$/MPa	疲劳强度（1×10^9 周次）$\Delta\sigma$/MPa	降低程度/%
Q235	焊态	211	82	61.1
	冲击态	330	184	32.1
Q345	焊态	225	89	60.4
	冲击态	383	226	41.0

　　疲劳性能改善机理主要细分为：在超声冲击过程中，表面塑性变形带来的表面尺寸变化，引起表层和浅表层形成残余压应力。图 6-34 给出了 Q235 和 Q345 超声冲击态试样残余应力测定结果。由图 6-34 可见，表面以及次表层（Q235 为 0.075 mm，Q345 为 0.050 mm）处的残余压应力数值均高于母材的屈服强度，随着材料强度级别的提高，超声冲击后在表层形成的残余压应力也越大。随着深度的增加，残余应力分布由压缩逐渐向拉伸转变，残余压应力层厚度约为 1.5 mm。由表面向内 1 mm 的范围内，Q235 的残余压应力小于 Q345 的残余压应力；在 1～1.5 mm 范围内，Q345 的残余压应力大于 Q235 的残余压应力。多数的疲劳裂纹起源于结构和构件的表层或次表层，由于超声冲击产生的表层以及近表层的高值残余压应力，外加拉应力和残余压应力合成，最终结果是总应力降低，从而提高材料的疲劳强度以及延长疲劳寿命。

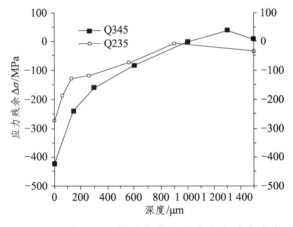

图 6-34　Q235 和 Q345 焊趾部位沿厚度方向残余应力分布

　　一般疲劳裂纹均起始于焊缝金属和热影响区交界的地方，故这个区域的硬度值直接影响整个试样的疲劳性能。在这个区域，Q235 钢的维氏硬度值由焊态的 188 上升到冲击处理后的 206，硬度提高了 9.6%左右；而 Q345 钢的维氏硬度值由焊态的 220 上升到冲击处理后的 245，硬度提高了 11%左右。可见超声冲击处理对各种钢材的焊接接头各区域均有不同程度的硬化，母材强度越高，硬度提高的程度略大一些。由于材料的疲劳强度与其静强度有关，且硬度是反映材料强度的度量，因此可以认为，超声冲击处理后焊接接头疲劳性能的改善与硬化有一定关系。将 Q235 与 Q345 钢疲劳裂纹萌生区的硬化程度与接头疲劳性能的改善相联系，如果认为疲劳裂纹萌生区硬度与疲劳强度有线性关系，那么硬化给接头所带来的疲劳强度增量则略等于 10%。

表 6-41　K_t 与 K_f 的计算结果

材　　料	K_t（AW）	K_f（AW）	K_t（PT）	K_f（PT）
Q235	2.65	1.64	1.76	1.33
Q345	3.67	3.04	2.58	2.30

由于疲劳缺口系数能够较好地表现焊趾区缺口的几何形状及母材种类对接头疲劳强度的影响，因此超声冲击处理前后焊接接头疲劳缺口系数的变化，就反映了冲击处理改善接头焊趾几何外形对提高焊接接头疲劳强度作用的大小。从表 6-41 中相应计算结果可以看出：Q235 钢十字接头超声冲击处理焊趾区的弹性应力集中系数是 1.76，相应原始焊态是 2.65，下降了 33.6%；Q345 钢十字接头超声冲击处理焊趾区的弹性应力集中系数是 2.58，相应原始焊态是 3.67，下降了 29.7%；Q235 钢十字接头超声冲击处理焊趾区的缺口应力集中系数为 1.33，相应原始焊态的为 1.64。由此表明，Q235 钢超声冲击处理的十字接头与原始焊态相比，其疲劳强度因改善焊趾区几何外形、降低应力集中程度而增加了约 18.9%。Q345 钢十字接头超声冲击处理焊趾区的缺口应力集中系数为 2.30，相应原始焊态的为 3.04。这表明 Q345 钢超声冲击处理的十字接头与原始焊态相比，其疲劳强度因改善焊趾区几何外形、降低应力集中程度增加了约 24.3%。从前面的分析得知，改善焊趾几何外形提高疲劳强度的作用的大小也与母材静强度相联系。由此说明，超声冲击处理使焊趾区材质硬化、改善焊趾几何外形与在焊趾区形成表面压应力三者贡献的大小，与被处理焊接接头的母材静强度存在一定的关系。

从断口的微观形貌来看，超声冲击改变了试样裂纹源的种类。焊态接头中的疲劳裂纹主要起源于焊趾处表面或次表面部位的夹杂物，因为它有明显的应力集中，并且接头的疲劳寿命主要取决于外载荷，而夹杂物类型对于焊态接头疲劳寿命的影响并不明显。超声冲击处理态的试件断口的一些试样中的裂纹直接起源于由于超声冲击的振动挤压作用造成的表层或次表层微裂纹。因为高值残余压应力的存在，而微裂纹都处于残余压应力层，结果是超声冲击态的疲劳强度反而高于普通焊态试样的疲劳强度。

文献[38]研究了超声冲击对高速列车转向架用 SMA490BW 钢对接接头超高周疲劳性能以及疲劳失效机理的影响；从接头焊趾处的应力集中、残余应力场分布以及表层晶粒组织尺寸三个方面，探讨了超声冲击改善焊接接头疲劳性能的机理。试验所用材料为 SMA490BW 钢，它是日本进口的低合金高强度热轧耐候钢。该钢的碳含量较小，具有良好的焊接性能。其化学成分和力学性能分别见表 6-35 和 6-36。焊材采用符合 GB/T 8810-1995 的牌号为 TH550-NQ-II 的焊丝，焊接方式为 tMAG/135，即熔化极活性气体保护电弧焊，采用的混合保护气体为 80%Ar+20%CO_2，焊丝直径为 1.2 mm，其化学成分和力学性能分别见表 6-42 和表 6-43。

表 6-42　TH550-NQ-II 焊丝的化学成分

合金元素	C	Si	Mn	P	S	Cu	Ni	Cr
质量分数 ω_t/%	≤0.10	≤0.60	1.20 ~ 1.60	≤0.025	≤0.020	0.20 ~ 0.50	0.20 ~ 0.60	0.30 ~ 0.90

表 6-43　TH550-NQ-II 焊丝的力学性能

屈服强度/MPa	抗拉强度/MPa	伸长率/%	弯曲 180°	-40 °C A_{Kv}/J
≥450	≥550	≥22	合格	≥60

图 6-35（a）所示为 12 mm 厚度的对接钢板焊接工艺图。焊缝选择开角度为 60°的 V 形坡口，组装间隙为 2 ~ 3 mm，从而保证电弧深入根部使根部完全焊透。为了保证焊接接头的力学性能，焊缝采用多层焊接，表 6-44 为各层焊道的焊接工艺参数。焊接后的试验钢板如图 6-35（b）所示。对接钢板的长度为 350 mm，宽度为 300 mm，厚度为 12 mm。通过线切割机切出满足谐振条件的焊态超声疲劳对接接头试样，如图 6-36 所示。

表 6-44   焊道焊接工艺参数表

焊道	电流强度/A	电弧电压/V	电流种类/极性	气体流量（L/min）
1	110～140	16～19	直流/正极性	18～22
2	240～280	25～30	直流/正极性	18～22
3	240～280	25～30	直流/正极性	18～22

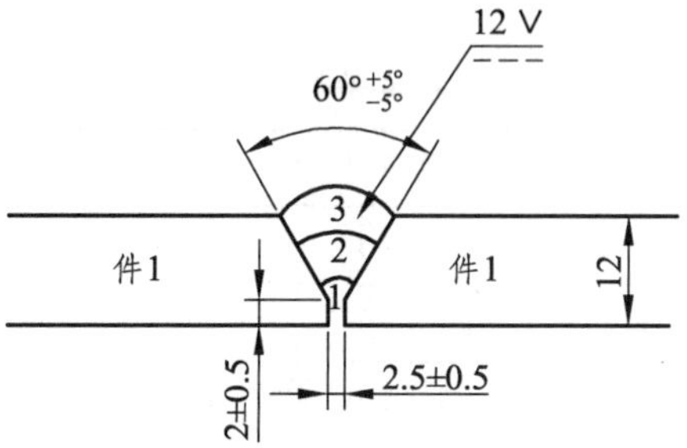

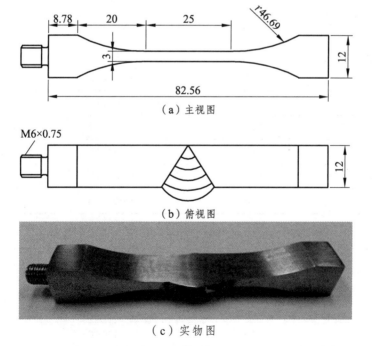

（a）焊接示意图    （b）实物图

图 6-35   SMA490BW 钢板焊接示意及实物图

（a）主视图

（b）俯视图

（c）实物图

图 6-36   SMA490BW 钢对接接头形状尺寸（mm）及实物图

超高周疲劳试验均在日本岛津生产的 USF-2000 超声疲劳试验机上进行，加载频率为 20 kHz，应力比 R 为-1，为了避免高频谐振导致试样急剧升温而影响试验结果，采用压缩空气冷却试样，试验间歇比为 200∶600，即共振时间为 200 ms，间歇时间为 600 ms，若试样加载循环数达到 10^9 周次仍未断裂，试样也将自动停止。接头超高周疲劳试验结果见表 6-45 和表 6-46。

表 6-45　SMA490BW 钢焊态接头疲劳试验数据

试样编号	应力范围 $\Delta\sigma$/MPa	疲劳寿命 N/周次	断裂位置
1	250	1.26×10^5	焊趾
2	230	3.20×10^5	焊趾
3	210	6.93×10^5	焊趾
4	200	1.08×10^6	焊趾
5	190	1.02×10^6	焊趾
6	180	1.05×10^6	焊趾
7	170	1.50×10^6	焊趾
8	160	3.79×10^6	焊趾
9	150	6.45×10^6	焊趾
10	145	3.80×10^7	焊趾
11	140	6.21×10^7	焊趾
12	135	7.86×10^8	焊趾
13	135	1.00×10^9	未断
14	130	1.00×10^9	未断

表 6-46　SMA490BW 钢冲击态接头疲劳试验数据

试样编号	应力范围 $\Delta\sigma$/MPa	疲劳寿命 N/周次	断裂位置
1	280	3.80×10^5	焊趾
2	270	8.32×10^5	焊趾
3	260	1.41×10^6	焊趾

续表

试样编号	应力范围 $\Delta\sigma$/MPa	疲劳寿命 N/周次	断裂位置
4	240	1.71×10^{6}	焊趾
5	230	1.93×10^{6}	焊趾
6	220	2.18×10^{6}	焊趾
7	210	2.89×10^{6}	焊趾
8	205	4.86×10^{6}	焊趾
9	200	5.43×10^{7}	焊趾
10	195	8.56×10^{7}	焊趾
11	190	3.69×10^{8}	焊趾
12	185	1.00×10^{9}	未断

根据表 6-45 和表 6-46 中的疲劳试验数据，采用 Origin 软件分别拟合各组数据，得出 SMA490BW 钢焊态接头及超声冲击态接头试样的 $S\text{-}N$ 曲线，如图 6-37 所示，箭头标注的是超过 10^{9} 循环周次仍未断裂的试样。

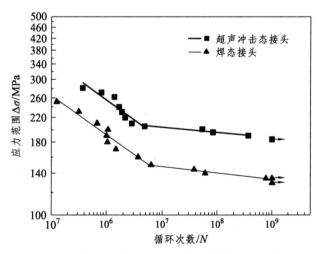

图 6-37　焊态及超声冲击态接头试样的 $S\text{-}N$ 曲线

根据 $S\text{-}N$ 曲线关系方程，计算焊态接头及超声冲击态接头在 5×10^{6} 和 1×10^{8} 循环周次下的条件疲劳强度，结果见表 6-47。

表 6-47　试样疲劳强度比较

试　样	条件疲劳强度/MPa	
	$5×10^6$/周次	$1×10^8$/周次
焊态接头	153	141
冲击态接头	206	195
疲劳强度提高率	34.6%	38.3%

从表 6-47 可以看出，在 $5×10^6$ 循环周次条件下，焊态接头的疲劳强度为 153 MPa，而冲击态接头为 206 MPa，两者相比后表明，焊接接头经冲击处理后高周疲劳强度提高了 34.6%。同理，在 $1×10^8$ 循环周次下，冲击态接头的超高周疲劳强度为 195 MPa，与焊态接头的 141 MPa 相比提高了 38.3%。通过 S-N 曲线关系方程，还可计算出焊态及冲击态接头在 240 MPa、195 MPa 应力水平下对应的疲劳寿命，具体结果见表 6-48。通过对比表 6-48 的数据可知，相同应力水平的条件下，冲击态接头的疲劳寿命明显比焊态接头长，240 MPa 应力水平下疲劳寿命提高了 7 倍；而在 197 MPa 低应力水平下疲劳寿命提高了 74 倍，超声冲击可以大幅度延长 SMA490BW 钢焊接接头的疲劳寿命。

表 6-48　试样疲劳寿命对比

试　样	应力 $\Delta\sigma$/MPa	疲劳寿命 N_1	应力 $\Delta\sigma$/MPa	疲劳寿命 N_2
焊态接头	240	$1.93×10^5$	197	$8.09×10^5$
冲击态接头	240	$1.51×10^6$	197	$6.10×10^7$

6.3　其他因素对超声冲击处理焊接接头效果的影响

6.3.1　超声冲击提高焊接接头疲劳性能数据统计

钢的种类繁多，在多种应力比的条件下，超声冲击能够有效地改善各种钢焊接接头的疲劳性能，现将超声冲击提高焊接接头疲劳性能数据统计列于表 6-49。

表6-49 超声冲击焊接接头数据统计结果

材料	接头类型	加载类型	应力比	σ_s/MPa	提高程度/%	备注
22SiMn2TiB[14]	对接	恒幅拉伸	0	1200	33.3	
Q235B[39]	对接	恒幅拉伸	0.1		32	
	十字	弯曲	0.25	≥235	≤48	
			-0.5		≤38	
16Mn [39]	对接	恒幅拉伸	0.1	390.5	50	
	十字				46	
SS800[40]	对接	恒幅拉伸	0.1	700	132	
	纵向角接				173	
X86[41]	对接	恒幅拉伸	0.1	486.9	37.9	高温条件下
Q345[42]	对接	恒幅拉伸	0.1	394	99.41	
低碳钢[43]	管接头	拉弯组合	0	267	67	T形管接头
1Cr18Ni9Ti[43]	管接头	拉弯组合	0.5	247	69	
20#低碳钢[44]	管接头	恒幅拉伸	0.1	267	66	承载后冲击
16Mn[45]	对接	恒幅拉伸	0.1	390.5	66	含咬边缺陷
16MnR[46, 47]	对接	恒幅拉伸	0.1	360	22.6	
	十字				49	
AH36[48]	十字	恒幅拉压	-1	392	↗	冲击
		恒幅拉伸	0.1		179	
			0.5		137	预先承受静载+超声冲击

续表

材料	接头类型	加载类型	应力比	σ_s/MPa	提高程度/%	备注
CSA G40.21350W	十字[49]	恒幅拉伸	0.1	350	↗	欠冲击、过冲击、最佳冲击
		轴向混合	-1+0.1	350	↗	
A106-B 亚共晶钢	对接[50]	恒幅拉伸	0.05	360.6	↗↗	腐蚀介质下
SBHS500[51]	纵向角接	恒幅拉伸	0	575	↗	加载前冲击
			0.5		↗	加载中冲击
			0.5		↗	加载中冲击
KA36[52]	十字	恒幅拉伸	0	355	↗	涉及应力比、板厚、初始包含应力等多个因素
			0.25		↗	
			0.5		↗	
	纵向角接		0		↗	
	梁状		0		↗	
桥梁钢[53]	十字	恒幅拉伸	0	260	49	疲劳加载前冲击
	板状		0		66	疲劳寿命超过50%后冲击
S355	T形[54]	四点弯曲	0.1	355	52	含裂纹,焊补后超声冲击
S700	—		—	700	127	
AISI304[55]	搭接	三点弯曲	—	310	↗	疲劳性能最佳时的冲击参数
A36[56]	—		—	≥250	↗	铆接超声冲击联合作用
S700[57]	T形	四点弯曲	0.1	700	78	冲击

续表

材料	接头类型	加载类型	应力比	σ_s/MPa	提高程度/%	备注
S700[57]	T形	四点弯曲	0.1	700	70	TIG熔修
SM570Q[58]	纵向角接	恒幅拉伸	0.1	514	49	磨削毛刺
					109	
S690QL[59]	对接	恒幅拉伸	0.1	790	15 倍（寿命延长）	UIT
					11 倍（寿命延长）	25%预期寿命+UIT
					4 倍（寿命延长）	50%预期寿命+UIT
					2.6 倍（寿命延长）	75%预期寿命+UIT
					2.6 倍（寿命延长）	100%预期寿命+UIT
DH36[60]	十字	恒幅拉伸	0.1	375	20	磨削毛刺
					35	水下UIT
080A15[61]	十字	恒幅拉伸	0.02	560~570	61	磨削+UIT
		5 周次压缩应力			23.2~26.2 倍（寿命延长）	应力400 MPa
					3.2~6.3 倍（寿命延长）	
SS400[62]	搭接	恒幅拉伸	0.1	286	↗	冲击
					↗	研磨
					↗	冲击后焊补
SBHS400	纵向角接[63]	恒幅拉伸	0	456	↗	涉及钢材静强度对冲击效果的影响，文中未给出具体数字。
SBHS500				572	↗	
SBHS700				753		

注：表中↗表示疲劳性能有一定提高，文中未给出具体数字，↗↗表示疲劳性能有较大提高，文中未给出具体数字。

6.3.2 母材静强度对超声冲击效果的影响

母材强度并不会对焊接接头的疲劳性能产生太大的影响。焊接接头的疲劳强度并不会随着母材强度的提高而有显著改善，这大大限制了高强钢在实际焊接结构中的应用。针对这个问题，许多学者采用超声波冲击技术改善焊接接头的疲劳性能。Andre Galtier 等人[64]对 USIFORM355（σ_s=355 MPa）和 USIFORM700（σ_s=700 MPa）两种不同静强度钢的焊接接头进行超声冲击处理，疲劳试验加载应力比 R=0.1。在疲劳循环周次 N=2×10^5 时，USIFORM355 钢的条件疲劳极限由原始焊态时的 320 MPa 增加到 480 MPa，增加幅度为 50%；处理后 USIFORM700 钢焊接接头的条件疲劳极限提高了 67%。单从此试验结果可以得到，超声冲击对焊接接头疲劳性能提高的效果随着钢静强度的增加而有所增加。

Mori Takeshi 等人[63]研究了钢的静载强度对超声冲击处理效果的影响。试验采用 SBHS400、SBHS500、SBHS700 三种强度的钢，其力学性能见表 6-50。试样的形状和尺寸如图 6-38 所示。

表 6-50　钢的力学性能

材　料	σ_s/MPa	σ_b/MPa	δ/%
SBHS400	456	555	21
SBHS500	572	661	27
SBHS700	753	810	27

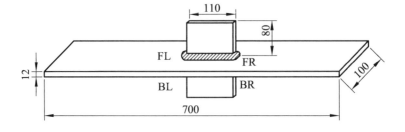

图 6-38 试样的形状及尺寸

疲劳试验前,采用 X 射线衍射法测定焊接试样焊趾周围的残余应力,测量结果如图 6-39 所示。主要测定了两个方向的残余应力:距离焊趾前端 5 mm,试样沿宽度方向残余应力的测定;距离焊趾一定距离,试样平行焊趾方向的残余应力测定。在焊趾附近,高峰值的残余拉应力经 UIT 处理后变为残余压应力,且残余压应力的峰值随着钢母材静强度增加而增加。

焊态和冲击态试样的 *S-N* 曲线如图 6-40 所示,焊态试样进行疲劳试验时,加载应力采用恒定最小值 $\sigma_{min}=8$ MPa,即 $R \approx 0$;冲击态试样进行疲劳试验时,采用应力比 $R \approx 0$。从图 6-40 中可以看出,三种不同母材强度钢的焊接接头的疲劳性能基本一致,也即钢母材静强度并不会对焊接接头的疲劳性能产生影响。焊接接头经过超声冲击处理后,三种不同强度钢焊接试样的疲劳强度都得到提高;且随着钢母材静强度的提高,超声冲击后焊接试样的疲劳强度越高,也即超声冲击效果越明显。

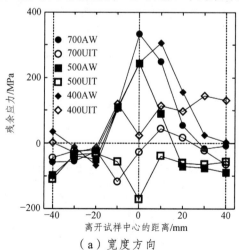

（a）宽度方向

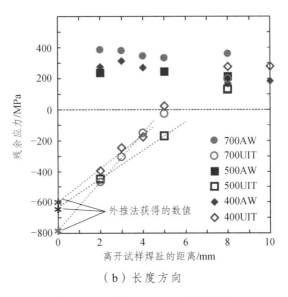

（b）长度方向

图 6-39　试样残余应力测量结果

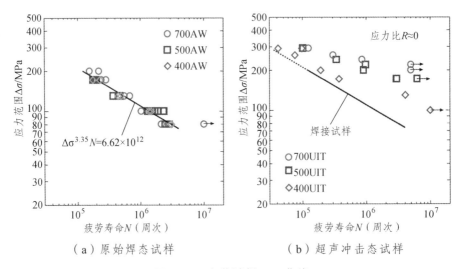

（a）原始焊态试样　　　　　　　（b）超声冲击态试样

图 6-40　疲劳试样 S-N 曲线

为了准确阐释母材强度对超声冲击效果的影响，结合表 6-32 中的数据，为减少其他因素的干扰，只取接头形式为对接，应力比 $R=0.1$ 的数据。数据汇总如图 6-41 所示，疲劳程度的改善都是相对于原始焊态试样。图中显示，UIT 改善焊接接头疲劳强度的程度并不与钢的静强度呈线性关系，但单从数据统计来看，把静强度按区间来区分，较高母材静强度的焊接接头在 UIT 后能获得更加明显的改善效果。由于这些数据取自不同的材料，冲击工艺不尽相同，因此疲劳强度的改善程度并不与钢的母材静强度呈线性关系。但有一点是肯定的，那就是无论哪种强度的钢经过超声冲击后，其疲劳性能都会得到显著改善。

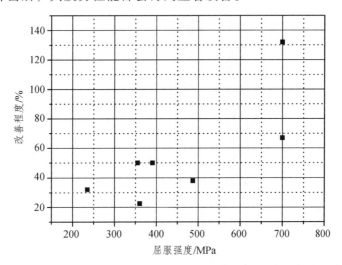

图 6-41　不同静强度钢焊接接头 UIT 疲劳强度提高幅度（相比于焊态）

6.3.3　预先承受静载对超声冲击效果的影响

Okawa 等人[48]研究了预先加载和加载应力比对超声冲击效果的影响。试样材料选择 AH36，其力学性能见表 6-51。试样的接头形式为十字接头。超声冲击选用的频率为 27 kHz，冲击针的直径为 3 mm。

表 6-51　AH36 钢的力学性能

板厚/mm	σ_s/MPa	σ_b/MPa	δ/%
20	392	520	20

疲劳试验前对超声冲击试样进行预先加载，加载载荷分为两种：拉伸应力，其值为母材屈服强度的 90%，即 353 MPa；压缩应力，其值为母材屈服强度的 60%，即 235 MPa。采用 XSTRESS 3000 应力分析仪测

定预应力加载前后冲击试样中的残余压应力，测量示意图及其测试结果
分别如图 6-42 和 6-43 所示。由图中可以发现，预应力加载前，UIT 线附
近为残余压应力，数值为 300～400 MPa；而应力加载后，残余应力的数
值减少到 200～300。尽管预应力加载能够使残余压应力数值降低，但是
仍能够使 UIT 线附近保持较高数值的残余压应力。

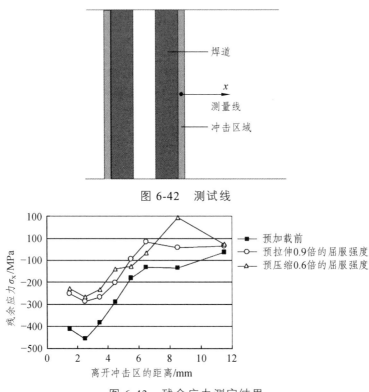

图 6-42　测试线

图 6-43　残余应力测定结果

预先应力加载前后的疲劳试验的应力比 $R=0.1$，所有试样 S-N 曲线如
图 6-44 所示，从图中可以发现，应力加载后试样的疲劳强度有所下降。
但预先施加拉伸应力或压缩应力并无区别。且疲劳强度仍然高于焊态和
研磨试样。为了准确定量地分析多种因素对超声冲击效果的影响，表 6-52
列举了在 $2×10^6$ 循环周次时的疲劳强度变化情况。由此可以看出，预先
应力加载使得焊趾附近的残余压应力得到重新分布，疲劳强度降低，但
仍高于研磨试样。

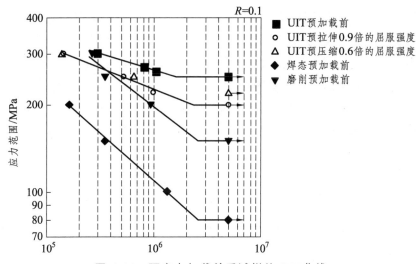

图 6-44　预应力加载前后试样的 S-N 曲线

表 6-52　循环周次为 2×10^6 时的疲劳强度变化对比

状　态	疲劳强度（2×10^6 周次）/MPa	改善程度/%
原始焊态	87	—
冲击态	243	179
冲击态+预先加载	206	137
研　磨	157	80

　　Deguchi 等人[52]同样对超声冲击处理后的试样进行过载处理，载荷分为拉伸和压缩两种，研究超载对超声冲击处理焊接接头效果的影响。试验材料为 KA36 钢，试样的形状如图 6-45 所示。超声冲击处理采用 UP500 设备。

　　对冲击态试样进行超负荷加载，载荷类型有拉伸和压缩两种。疲劳时的应力比 R=0。超负荷加载对试样疲劳强度的影响如图 6-46 所示。结果显示，相比于未超负荷加载冲击态试样，冲击态试样在承受压缩超负荷载荷后，其疲劳强度下降且与原始焊态试样基本相同。即超负荷加载后的冲击态试样疲劳强度并没有得到提高。为了解释上述结果，可采用弹塑性模型阐释加载过程中应力的变化，如图 6-47 所示。焊接后焊趾处

会产生残余拉伸应力[图中位置（1）]。试样经冲击处理后，焊趾处产生
残余压应力[图中位置（2a）]。当超负荷压应力施加到试样，焊趾处的应
力就会达到压缩屈服应力[图中位置（3a）]，当超负荷压应力卸载后，焊
趾处的应力就会达到拉伸屈服应力[图中位置（4a）]。当在这种情况下进
行疲劳加载时，试样承受的最大应力和最小应力会分别变化到图中位置
（5a）和图中位置（6a）。因此，超声冲击对疲劳强度的贡献就会变小。

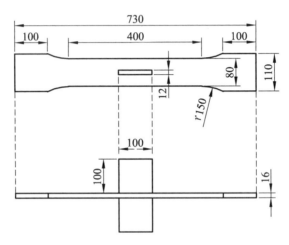

图 6-45　疲劳试验试样形状及尺寸

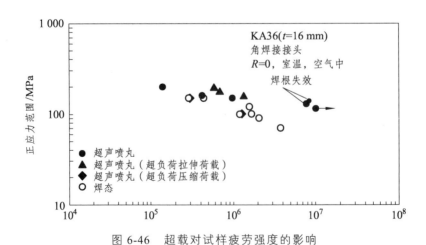

图 6-46　超载对试样疲劳强度的影响

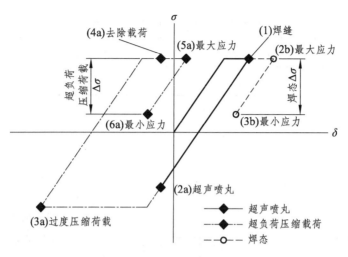

图 6-47　应力变化过程

　　Polezhayeva 等人[61]则采用预先压缩疲劳载荷施加到疲劳试样，研究压缩疲劳载荷对超声冲击效果的影响。试样材料选择 080A15 钢，其力学性能见表 6-53。试样的形状及尺寸如图 6-48 所示。先测量冲击试样焊趾处的残余应力，然后再进行 5 周次的循环压应力，数值恒定为 400 MPa，其测量结果如图 6-49 所示。其中，BF 表示疲劳循环加载前；AF 表示疲劳循环加载后；X 表示垂直于焊缝的横向方向；T 表示平行于焊缝的纵向方向；N 表示试样厚度方向。由图中可以看出，超声冲击使焊趾处引入残余压应力，最大残余压应力数值可达到 500 MPa，且残余应力的深度可达到 2 mm。但是当施加 400 MPa 的压缩载荷到试样，不仅使试样的残余压应力得到释放，且转变为残余拉应力。

　　疲劳试验采用两种类型的载荷曲线，如图 6-50 所示。试样的疲劳数据见表 6-54 和 6-55，其中，CAL 表示恒幅加载；$S0$ 表示加载压应力的最大值；$S1$ 表示加载拉应力的平均值；$S2$ 表示加载压应力的平均值。1UIT-3UIT 试样未施加压缩应力，疲劳寿命是原始焊态试样的 23.2 ~ 26.2 倍。采用载荷谱 1，当压缩应力的最大值依次采用 260、300、350 和 400 MPa，疲劳寿命逐渐下降，当压缩最大应力为 400 MPa 时，疲劳寿命是原始焊态试样的 3.2 ~ 6.3 倍。11UIT-13UIT 采用载荷谱 2 进行疲劳试验，相比于未施加压缩循环载荷的 UIT 试样，残余压应力松弛使试样疲

表 6-53 080A15 钢的力学性能

σ_s/MPa	σ_b/MPa
$560 \sim 570$	$620 \sim 630$

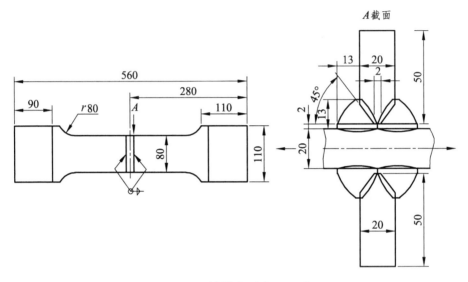

图 6-48 试样的形状及尺寸

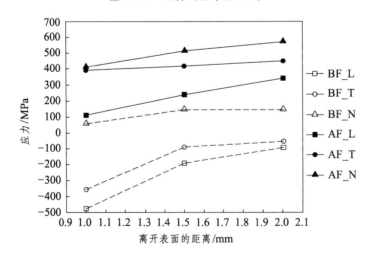

图 6-49 疲劳载荷加载前后焊趾处残余应力数值

劳寿命下降,疲劳寿命是原始焊态试样的 7.28 ~ 8.9 倍。对于 9UIT、10UIT 试样,采用载荷谱 1,疲劳寿命是原始焊态试样的 9.44 ~ 22.79 倍。由此可知,压缩应力或平均应力的大小和压缩应力循环周次都会影响残余压应力的松弛。且采用载荷谱 2 时,当压缩平均应力等于拉伸平均应力时,残余压应力的松弛最大,进一步降低试样的疲劳寿命。

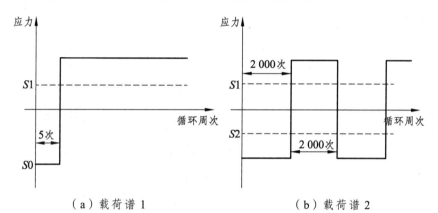

（a）载荷谱 1　　　　　　　　（b）载荷谱 2

图 6-50　疲劳载荷谱

表 6-54　焊态试样疲劳试验数据

试样	载荷条件	平均应力/MPa		应力范围/MPa	失效循环周次
		S1	S2		
1AW	CAL,R=0.02,应变测量	—	—	260	75 130
2AW	CAL,R=0.02,应变测量	—	—	260	75 300
3AW	CAL,R=0.02	—	—	200	203 660
4AW	CAL,R=0.02	—	—	200	171 036
5AW	载荷谱 2,从拉伸应力循环开始	135	-135	260	133 738
6AW	载荷谱 2,从拉伸应力循环开始	135	-135	260	101 618

表 6-55 冲击态试样疲劳试验数据

试样	负载条件应变测量	平均应力/MPa		应力范围/MPa	失效循环周次
		S1	S2		
1 UIT	CAL, R=0.02	—	—	260	1 969 651
2 UIT	CAL, R=0.02	—	—	260	1 747 433
3 UIT	CAL, R=0.02	—	—	260	2 322 698
4 UIT	载荷谱 1, S0=400 MPa	135	—	260	473 986
5 UIT	载荷谱 1, S0=-400 MPa	135	—	260	336 550
6 UIT	载荷谱 1, S0=-400 MPa, 5 次循环前后残余应力测量	135	—	260	240 740
7 UIT	载荷谱 1, S0=-350 MPa	135	—	260	690 969
8 UIT	载荷谱 1, S0=-300 MPa	135	—	260	361 081
9 UIT	载荷谱 1, S0=-260 MPa	135	—	260	708 888
10 UIT	载荷谱 1, S0=-260 MPa	135	—	260	1 712 522
11 UIT	载荷谱 2	135	-135	260	668 795
12 UIT	载荷谱 2	135	-135	260	548 242
13 UIT	载荷谱 2	135	-135	260	566 533
14 UIT	载荷谱 2	135	-270	260	263 852
15 UIT	载荷谱 2	135	-270	260	180 152
16 UIT	载荷谱 2	135	-270	260	225 601
17 UIT	载荷谱 2	135	-135	130	4 900 000
18 UIT	载荷谱 2	200	-200	200	637 733
19 UIT	载荷谱 2	200	-200	400	56 119

6.3.4　预先承受交变载荷对超声冲击效果的影响

Zhang 等人[59]研究了试样预先承受交变载荷对超声冲击效果的影响。试样材料选用 S690QL 钢，疲劳试样形状如图 6-51 所示，力学性能见表 6-56。

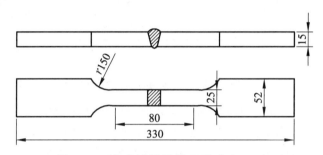

图 6-51　疲劳试样形状及尺寸（mm）

表 6-56　S690QL 钢的力学性能

σ_s/MPa	σ_b/MPa	δ/%
790	829	20

疲劳试验的应力比 R=0.1，共分为 A、B、C、D、E、F 六组，其中 A 组为原始焊态试样，B 组为疲劳前进行超声冲击，C、D、E、F 四组为预先进行疲劳载荷后进行超声冲击处理。疲劳试验分组情况及疲劳试验结果见表 6-57。其中认为总寿命超过 10^7 还未失效断裂的试样为溢出试样。从表中可以看出，B、C、E 三组中的试样出现了无限寿命，说明超声冲击对试样承受疲劳载荷前后能产生相同的效果。无论试样是否进行预先疲劳加载，超声冲击都能有效地提高焊接接头的疲劳性能。预先加载前，超声冲击后试样的疲劳寿命是原始焊接试样的 15 倍。随着预先疲劳循环周次的增加，UIT 对试样疲劳性能改善程度逐渐下降。

表 6-57　试样疲劳试验结果

组别	状态	数量	溢出试样	冲击前循环周次	疲劳寿命（×10^6周次）
A	焊态	8	0	0	0.245
B	冲击态	8	2	0	3.886

组别	状态	数量	溢出试样	冲击前循环周次	疲劳寿命 [a]（×10⁶ 周次）
C	25%寿命+冲击	8	1	35 166	2.882
D	50%寿命+冲击	8	0	70 332	1.045
E	75%寿命+冲击	8	1	105 498	0.883
F	100%寿命+冲击	8	0	140 665	0.897

[a] 50%存活率。

对于预先疲劳加载焊接接头，如果疲劳裂纹没有萌生或其增量小于 10 μm，那么超声冲击对试样疲劳加载前后的处理效果相同。裂纹扩展深度随着预先疲劳循环周次的增加而增加，此时超声冲击改善试样疲劳性能的机理主要为：压缩残余应力和裂纹方向的转变。但此二者的影响会随着裂纹深度的增加而逐渐减弱，且应力强度因子增加。因此，超声冲击的处理效果会随着预先疲劳循环周次的增加而减弱。

Kudryavtsev 等人[53]同样对经过一定循环交变载荷后的试样进行超声冲击处理。疲劳试样材料为桥梁钢，其主要力学性能为：σ_s=260 MPa，σ_b=465 MPa，δ=37.6%。试样接头形式为十字接头，疲劳试验过程中采用的应力比 R=0。经过一定循环疲劳加载后进行超声冲击能明显改善钢焊接接头的疲劳性能，在 2×10^6 循环周次对应的条件疲劳极限的提高幅度均超过 50%。

Mori 等人[51]在试样疲劳加载过程中进行超声冲击，与疲劳加载前冲击试样进行对比。材料为 SBHS500 钢，其屈服强度为 572 MPa，抗拉强度为 661 MPa，伸长率为 27%。试样疲劳试验分组情况见表 6-58。

表 6-58　疲劳试验情况

状态	应力水平/MPa	试验应力比
G-AW	—	R=0，0.5
G-UIT{1}	0	R=0，0.5 恒定最大应力 208、268、300、352、400（MPa）
G-UIT{2}	最大应力	R=0.5
G-UIT{3}	最小应力	R=0.5

　　疲劳试验在常规疲劳试验机上进行，加载频率为 6 ~ 12 Hz。对于原始焊态试样，应力比 R 为 0 和 0.5 的疲劳性能基本一致。并对比了在应力比 R 为 0.5 时，G-UIT 试样在不同应力水平下的疲劳行为。疲劳 S-N 曲线如图 6-52 所示。G-UIT{1}试样是在超声冲击后进行疲劳试验，且采用一系列恒定最大应力，可以发现在 2×10^6 下的条件疲劳极限从原始焊态的 90 MPa 增加到 93 MPa，仅仅提高了 3%。原因可能是高应力比下，残余压应力的作用会被削弱。当在低的应力范围时（100 MPa），试样的疲劳寿命达到 10^7 而不发生失效断裂，即认为 UIT 的处理效果在低的应力范围时最佳，残余压应力的作用会随恒定最大应力的增大而降低。G-UIT{2}试样在疲劳加载过程中进行超声冲击，施加恒定最大应力载荷，应力范围 $\Delta\sigma$ 为 200 MPa 和 180 MPa 两种。结果表明，在 3×10^6 时仍没有出现裂纹，条件疲劳极限是原始焊态和 G-UIT{1}试样的 2 倍左右。即在高应力比下，超声冲击能够提高疲劳加载中试样的疲劳性能。G-UIT{3}试样在疲劳加载过程中进行超声冲击，施加恒定最小应力载荷。G-UIT{3}试样的失效位置均位于焊趾，疲劳强度低于 G-UIT{2}，但是高于 G-UIT{1}和原始焊态。

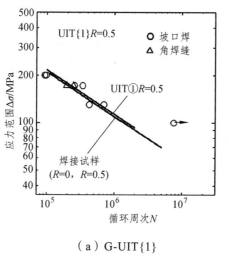

（a）G-UIT{1}

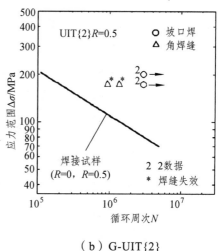

（b）G-UIT{2}

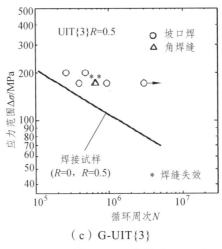

（c）G-UIT{3}

图 6-52　试样的 S-N 曲线（ R=0.5 ）

6.3.5　应力比对超声冲击效果的影响

文献[48]中采用-1、0.1、0.5 三种加载应力比，研究应力比对超声冲击处理效果的影响。试验材料为 AH36 钢，试样接头形状为十字。试样 S-N 曲线如图 6-53 所示。从图中可以发现，冲击态试样的疲劳强度随着应力比的增加而减小。但无论哪种应力比，冲击态试样的疲劳强度始终大于原始焊态试样。

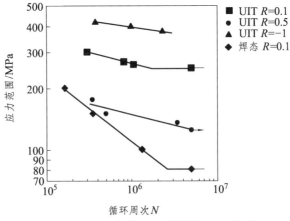

图 6-53　不同应力比下试样的 S-N 曲线

文献[52]研究了 0、0.25、0.5 三种应力比对超声冲击钢焊接接头处理效果的影响。材料为 KA36 钢，十字焊接接头形式。疲劳试验结果如图 6-54 所示。超声冲击态试样的疲劳强度随着加载应力比的增加而降低，但所有超声冲击态试样的疲劳强度均高于原始焊态。

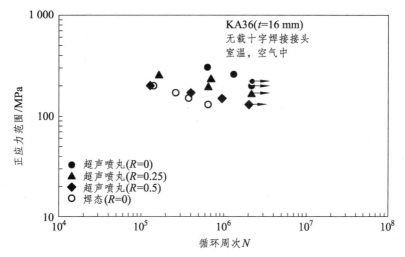

图 6-54　KA36 钢接头在不同应力比下的 S-N 曲线

综上可见，随着应力比的增加，超声冲击态钢焊接接头的疲劳强度增加幅度逐渐下降，但都大于原始焊态试样，原因可能是低应力比下，焊趾处的残余压应力不容易得到释放。

6.3.6　环境因素对超声冲击效果的影响

虽然近些年来超高周疲劳的研究取得了丰硕的成果，但其试验数据大都是在常温大气环境下测量所得。实际上，工程中的许多合金构件需要在特定的加载环境（环境温度、环境介质）下服役[65]。比如：现代超超临界汽轮机的转子在服役期内需要在 600℃ 的环境下承受 $10^{10} \sim 10^{11}$ 周次的疲劳载荷[66]。海上石油平台的系泊链在服役的 30 年间要经受海浪约 $9.5 \times 10^{7} \sim 9.5 \times 10^{8}$ 次的小载荷冲击[67]。文献[68]在空气和 3.5% NaCl 溶液中分别对钢进行了常规的旋转弯曲疲劳测试（f=52.5 Hz），分析了钢在不同环境介质下疲劳裂纹萌生与扩展的机理。研究发现两种环境下获得的

2Cr13 钢 *S-N* 曲线都呈现"阶梯状"。在 $N_f=10^6 \sim 10^8$ 范围内，腐蚀环境下的疲劳极限为 250 MPa，远小于空气环境下 530 MPa 的疲劳极限，两者在 $N_f>10^8$ 后依旧会发生疲劳失效。空气环境下，疲劳裂纹皆萌生于试样表面或亚表面，断口中并未发现类似"鱼眼"的形貌特征。腐蚀环境下，裂纹主要在表面或表面夹杂处萌生，且疲劳裂纹源的个数会随着应力水平的提高而增加。文献[69]在 3.5%NaCl 溶液中获得的 45Cr 结构钢 *S-N* 曲线呈连续下降的趋势，并不存在所谓的疲劳极限，如图 6-55 所示。腐蚀环境明显弱化了试样的疲劳强度，当 $N_f=10^7$，腐蚀环境下的疲劳强度仅为空气中的 10%，当 $N_f=10^8$ 时，这一比值降到了 5.8%。在超高周范围内，空气环境下的疲劳裂纹趋向于在次表面萌生并具有"鱼眼"形貌，如图 6-56 所示。

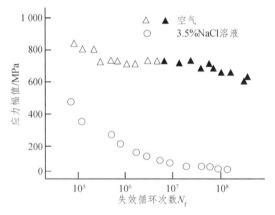

图 6-55　45Cr 结构钢在不同环境介质的 *S-N* 曲线

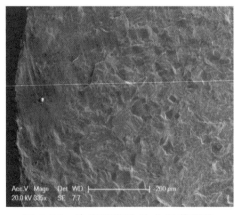

图 6-56　次表面萌生的鱼眼状裂纹

　　某些工况下，为节省工时常需要在焊接构件未完全冷却时立即进行超声冲击处理。与室温相比，高温下材料的组织还处于未完全转变的不稳定状态，故此时进行冲击处理对其疲劳性能的影响与室温相比必然存在明显的差异。邓彩艳等人[42]对 Q345 钢 CO_2 气体保护焊对接接头在不同温度下高温冲击处理后的试样进行了疲劳性能对比试验，并对高温冲击处理改善焊接接头疲劳性能的原因进行了分析。试验材料为 Q345 钢，力学性能见表 6-59。试样的形状及尺寸如图 6-57 所示。

表 6-59　Q345 钢的力学性能

σ_s/MPa	σ_b/MPa	δ/%
394	490	27

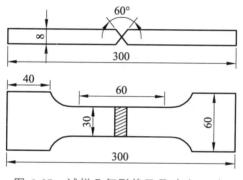

图 6-57　试样几何形状及尺寸（mm）

　　将试样分为 5 组进行试验。第一组试样不做任何处理（原始焊态）；第二组试样在室温（20 ℃）下对其焊趾处进行超声冲击处理；第三组试样在 250 ℃ 下进行超声冲击处理；第四组试样在 350 ℃ 下进行超声冲击处理；第五组试样在 450 ℃ 下进行超声冲击处理。冲击针直径为 3 mm。冲击过程中略施加一定的压力，激励电流为 1.5 A，冲击针的振幅为 20 μm。为了获得较好的改善疲劳强度的效果，以 0.5 m/min 的处理速度来回多次冲击。冲击处理过程中冲击枪在垂直于焊缝的方向做一定角度的摆动，以使焊趾部位获得更好的光滑过渡外形。疲劳试验施加载荷为拉-拉载荷。疲劳采用的应力比 R=0.1。试验 S-N 曲线如图 6-58 所示。按疲劳强度的常规测试方法确定了各组试件在循环周次为 2×10^6 时的条件疲劳强度，见表 6-60。结果表明，在应力比 $R=0.1$ 条件下，各组不同温度下超声冲击处理试样的疲劳强度与原始焊态相比均大幅提高，250 ℃ 超声冲击处理试样的疲劳强度提高程度最大，高达 99.41%。与室温超声冲击处理试样的疲劳强度相比，250 ℃ 超声冲击处理试样的疲劳强度提高了 13.85%，而 350 ℃ 及 450 ℃ 超声冲击处理试样的疲劳强度分别提高了 6.76%和 4.05%。显然，与室温超声冲击处理技术相比，高温超声冲击处理能更有效地提高试样的疲劳强度。

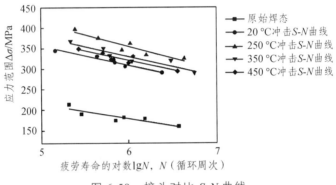

图 6-58　接头对比 $S\text{-}N$ 曲线

表 6-60　疲劳强度结果对比

处理状态	疲劳强度/MPa	与焊态比改善程度/%	与室温冲击比改善程度/%
原始焊态	169	—	—
室温冲击态	296	75.15	—
250 ℃ 冲击态	337	99.41	13.85
350 ℃ 冲击态	316	86.98	6.76
450 ℃ 冲击态	308	82.25	4.05

　　高温超声冲击处理不仅显著改善了焊接接头焊趾区的几何外形、形成了对疲劳性能有利的压应力层和硬化层，同时也增大了对疲劳性能有不利影响的表面粗糙度。且随超声冲击温度的升高，不断增大的表面粗糙度对疲劳性能影响的比重逐渐增加。在残余应力和应力集中等因素的共同影响下，Q345 钢对接接头疲劳强度的改善程度随超声冲击温度的升高呈先增大后减小的趋势。

　　文献[60]研究了在水中超声冲击处理钢焊接接头，探究水环境对超声冲击处理钢焊接接头效果的影响。试验材料为 DH36 钢，其屈服强度为 375 MPa，抗拉强度为 510 MPa，伸长率为 30%。试样的形状如图 6-59 所示。水下冲击设备包括：超声频率产生器（20 kHz）、超声冲击枪、超声变幅杆、空气压缩机四个部分，如图 6-60 所示。

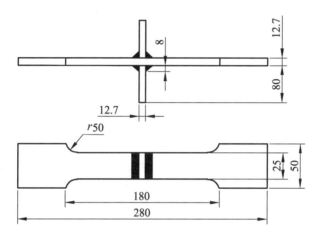

图 6-59　试样的几何形状及尺寸（mm）

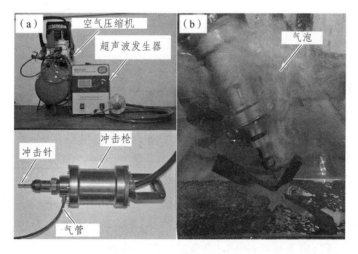

图 6-60　水下冲击设备

试样在 CIMACH GPS 300 疲劳试验机上进行，试样在常温常压下进行，试验加载应力比 $R=0.1$。试样的疲劳强度列于表 6-61，其疲劳 S-N 曲线如图 6-61 所示。

表 6-61　试样疲劳强度结果对比

状　　态	疲劳强度（2×10^6 周次）/MPa	改善程度/%
原　始焊态	135	—
研　　磨	162	20
水下冲击态	182	35
研磨+水下冲击态	217	61

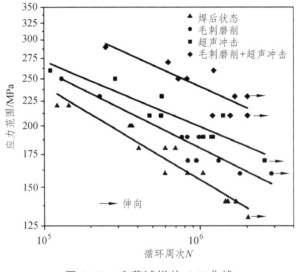

图 6-61　疲劳试样的 S-N 曲线

可以看出，相比于原始焊态，研磨处理、水下超声冲击、研磨处理+水下超声冲击分别使焊接接头的疲劳强度增加 20%、35%、61%。因此，仅靠研磨或水下超声冲击不能够明显提高焊接接头的疲劳强度。但研磨处理+水下超声冲击的组合使用能充分发挥研磨去除缺陷的作用和超声冲击在焊趾处引入有益的残余压应力作用。且无论在高应力还是低应力下，研磨处理+水下超声冲击的组合工艺都能够提高焊接接头的疲劳强度。

参考文献

[1] Bolin He, Yingxia Yu, Huanghuang Yu, Jianping Shi, YueFeng Zhu.Grain Refining Mechanism and Fatigue Properties of Bogie Welded Cruciform Joints Treated by Ultrasonic Impact[J]. Current Nanoscience, 2012, 8(2): 17-22.

[2] Yingxia Yu, Bolin He, Xiaodong Zhang.Calculation about the Effect of Stress Concentration Coefficient on the Fatigue Properties for Welded Cruciform Joints of 16MnR Steel[J]. Applied Mechanics and Materials Vol. 189 (2012) pp 350-354.

[3] Yingxia Yu, Bolin He, Huanghuang Yu, Jianping Shi.Research about the Effect of Residual Stress on the Fatigue Life of Cruciform Joint of 16MnR Steel[J]. Advanced Materials Research Vol. 382 (2012) pp 400-403.

[4] Yingxia Yu, Bolin He, Huanghuang Yu, Jianping Shi. Research about the Effect of Ultrasonic Impact on the Fatigue Life of Butt Weld Joint of 16MnR Steel[J]. Advanced Materials Research Vols. 189-193 (2011) pp 3296-3299.

[5] Bolin He, Yingxia Yu, Jing Liu, Xiaodong Zhang, Jianping Shi. Research about the Effect of Ultrasonic Impact on the Fatigue Property of Cruciform Joint of 16MnR Steel [J]. Rare Metal Materials and Engineering, 2012, Vol.41(S1): 283-286.

[6] 余皇皇. 超声冲击 16MnR 焊接接头疲劳性能研究[D]. 南昌：华东交通大学，2010.

[7] Hobbacher A. XIII-1539-96/XV-845-96. Recommendations on Fatigue Design of Welded Joints and Components[M]. Paris: International Institute of Welding, 2002.

[8] 徐灏. 疲劳强度[M]. 北京：高等教育出版社，1988：138-139.

[9] 刘菁. 超声冲击 16MnR 焊接接头表面纳米化机理研究[D]. 南昌：华东交通大学，2011.

[10] 刘锁. 金属材料的疲劳性能与喷丸强化工艺[M]. 北京：国防工业出版社，1977.

[11] 周尚谕. 超声冲击改善 16MnR 焊接接头疲劳寿命的原因细分研究[D]. 南昌：华东交通大学，2013.

[12] 宋燕. 超声冲击对 P355NL1 钢焊接接头疲劳性能影响的研究[D]. 南昌：华东交通大学，2014.

[13] 何柏林，于影霞，史建平，周尚瑜.应力集中对转向架用 16MnR 钢对接接头疲劳寿命的影响[J]. 中国铁道科学，2013，34（6）：89-92.

[14] 叶雄林，朱有利，马丽丽，等. 超声冲击处理改善 22SiMn2TiB 钢焊接接头的疲劳性能[J]. 机械工程学报，2009，45（8）：283-286.

[15] Xionglin Ye, Youli Zhu, Kan Wang. Effect of ultrasonic impact treatment on the residual stress and fatigue performance of ultrahigh strength steel weld joint[C]. International Technology and Innovation Conference, Hangzhou, China, 2006, 150-154.

[16] 田志凌，邹刚，何长红，等. 超声锤击提高超细晶粒钢焊接接头的疲劳性能[J]. 材料科学与工艺，2002，10（1）：1-4.

[17] 王东坡，霍立兴，张玉凤，等. 变幅载荷下超声冲击处理焊接接头的疲劳行为[J]. 机械工程学报，2003，39（9）：87-92.

[18] Amir Abdullah, Massoud Malaki, Ahmad Eskandari. Strength enhancement of the welded structures by ultrasonic peening[J]. Materials and Design, 2012, 38: 7-18.

[19] Yuri Kudryavtsev, Jacob Kleiman. Fatigue improvement of welded elements and structures by ultrasonic peening[C]. Proceedings of the ASME 2013 Pressure Vessels and Piping Conference, PVP2013, July 14-18, 2013, Paris, France.

[20] 夏立乾. 超声冲击对高强钢焊接接头疲劳性能影响研究[D]. 天津：天津大学，2012.

[21] 何柏林，魏康. 高强度钢超高周疲劳的研究进展[J]. 材料导报 A，综述篇，2015，29（4）：134-138.

[22] 何柏林，吕宗敏，吴剑.钢的超高周疲劳性能研究现状及发展趋势[J]. 热加工工艺，2015，44（16）：7-11.

[23] Bolin He, Kang Wei. Research Progress of very high cycle fatigue for high strength steels[C]. 6th International Conference on VHCF, Chengdu, China, Oct. 2014, 1-10.

[24] Zongmin Lv, Bolin He. Essential characteristics and frequency effect for very high cycle fatigue behavior of steels[J]. Key Engineering Materials, Vol. 664 (2016) p168-174.

[25] Yingxia Yu, Bolin He, Zongmin Lv, Kang Wei, Zhijun Zhang. Influential factors for very high cycle fatigue behavior of metallic materials[J]. Key Engineering Materials, Vol. 664 (2016) p150-155.

[26] 王清远，刘永杰.结构金属材料超高周疲劳破坏性能[J]. 固体力学学报，2010，13（5）：496-503.

[27] Bathias C. There is no infinite fatigue life in metallic materials[J]. Fatigue & Fracture of Engineering Materials & Structures, 1999, 22(6): 559-565.

[28] 张志军，何柏林，李力. 钢的超高周疲劳性能及其影响因素研究进展[J]. 钢铁，2016，51（10）：120-123.

[29] 谢学涛，何柏林.结构钢焊接接头的超高周疲劳行为研究进展[J]. 热加工工艺，2017，46（21）：5-8, 12.

[30] Guian Qian, Chengen Zhou, Youshi Hong. A model to predict S-N curves for surface and subsurface crack initiations in different environmental media[J]. International Journal of Fatigue, 2016, 71: 35-44.

[31] 吕宗敏. 超声冲击对转向架焊接十字接头表层组织及超高周疲劳性能的影响[D]. 南昌：华东交通大学，2016.

[32] Hertzberg Richard W. Deformation and fracture mechanics and engineering materials[M]. Hoboken (NJ): John Wiley and Sons, 1996.

[33] Inés Fernández Pariente, Mario Guagliano. About the role of residual stresses and surface work hardening on fatigue ΔKth of a nitrided and shot peened low-alloy steel[J]. Surface & Coatings Technology, 2008, 202: 3072-3080.

[34] Zhang J.W, Lu L. T, Shiozawa K, et al. Analysis on fatigue property of micro shot peened railway axle steel[J]. Materials Science and Engineering A, 2011, 528 (3): 1615-1622.

[35] Forman R. G, Kearney V. E, Engle R. M. Numerical Analysis of Crack Propagation in Cyclic-Loaded Structures[J]. Journal of Basic Engineering, 1967, 89 (3): 459-463.

[36] Sun C. Q, Lei Z. Q, Hong Y. S. Effects of stress ratio on crack growth rate and fatigue strength for high cycle and very-high-cycle fatigue of metallic materials[J]. Mechanics of Materials, 2014, 69: 227-236.

[37] 贾义庚. 超长寿命区间超声冲击处理焊接接头的疲劳行为[D]. 天津：天津大学，2009.

[38] 魏康. 超声冲击对 SMA490BW 钢对接接头超高周疲劳性能的影响研究[D]. 南昌：华东交通大学，2016.

[39] 王东坡，周达. 超声冲击法提高焊接接头疲劳强度的机理分析[J]. 天津大学学报，2007，40（5）：623-628.

[40] 王东坡，霍立兴，葛宝文，等. 超声冲击法改善高强钢焊接接头的疲劳性能[J]. 中国造船，2003，44（4）：86-92.

[41] 张玉凤，柳锦铭，霍立兴，等. 超声冲击方法提高焊接接头疲劳强度[J]. 天津大学学报，2005，38（8）：749-752.

[42] 邓彩艳，刘夕，王东坡. 高温超声冲击处理 Q345 钢焊接接头的疲劳性能[J]. 焊接学报，2014，35（11）：47-50.

[43] 王东坡，尹丹青. 超声冲击法提高 T 形焊接管接头疲劳性能[J]. 天津大学学报，2006，39（6）：757-762.

[44] 王东坡，曹军辉，霍立兴，等. 承载超声冲击方法改善高应力比加载条件管接头疲劳性能[J]. 机械工程学报，2006，42（5）：144-148.

[45] 王东坡，霍立兴，姚国春，等. 咬边缺陷对超声冲击处理焊接接头疲劳性能的影响[J]. 航空学报，2001，22（3）：231-234.

[46] 何柏林，于影霞，史建平，等. 超声冲击对转向架用 16MnR 钢焊接接头疲劳性能的影响[J]. 中国铁道科学，2011，32（5）：96-99.

[47] 何柏林，于影霞，余皇皇，等. 超声冲击对转向架焊接十字接头表层组织及疲劳性能的影响[J]. 焊接学报，2013，34（8）：51-54.

[48] Okawa T, Shimanuki H, FunatsuY, et al. Effect of preload and stress ratio on fatigue strength of welded joints improved by ultrasonic impact treatment[J]. Weld World, 2013, 57: 235-241.

[49] Rana Tehrani Yekta, Kasra Ghahremani, Scott Walbridge. Effect of quality control parameter variations on the fatigue performance of ultrasonic impact treated welds[J]. International Journal of Fatigue, 2013, 55: 245-256.

[50] Daavari M, Sadough Vanini S. A. Corrosion fatigue enhancement of welded steel pipes by ultrasonic impact treatment[J]. Materials Letters, 2015, 139: 462-466.

[51] Mori T, Shimanuki H, Tanaka M. Effect of UIT on fatigue strength of web-gusset welded joints considering service condition of steel structures[J]. Welding in the World, 2012, 56: 141-149.

[52] Takanori Deguchi, Masashi Mouri, Junya Hara. Fatigue strength improvement for ship structures by Ultrasonic Peening[J]. Journal of Marine Science and Technology, 2012, 17: 360-369.

[53] Kudryavtsev Y, Kleiman J, Lugovskoy A, et al. Rehabilitation and repair of welded elements and structures by Ultrasonic Peening[J]. Welding in the World, 2007, 51: 47-53.

[54] Galtier A, Statnikov E S. The influence of ultrasonic impact treatment on fatigue behaviour of welded joints in high-strength steel[J]. Welding in the World, 2004, 48: 61-66.

[55] Xinjun Yang, Ling Xiang, Jianxin Zhou. Optimization of the fatigue resistance of AISI304 stainless steel by ultrasonic impact treatment[J]. International Journal of Fatigue, 2014, 61: 28-38.

[56] Brian Vilhauer, Caroline R. Bennett, Adolfo B. Matamoros, et al. Fatigue behavior of welded coverplates treated with Ultrasonic Impact Treatment and bolting[J]. Engineering Structures, 2012, 34: 163-172.

[57] Pedersen M M, Mouritsen O Ø, Hansen M R, et al. Comparison of post-weld treatment of high-strength steel welded joints in medium cycle fatigue[J]. Welding in the World, 2010, 54: R208-R217.

[58] Togasaki Yu, Tsuji Hirokazu, Honda Takashi, et al. Effect of UIT on fatigue life in Web-gusset welded joints[J]. Journal of Solid Mechanics and Materials Engineering, 2010, 4(3): 391-400.

[59] Hai Zhang, Dongpo Wang, Qianxia Li, et al. Effects of ultrasonic impact treatment on pre-fatigue loaded high-strength steel welded joints[J]. International Journal of Fatigue, 2015, 80: 278-287.

[60] Wenbin Gao, Dongpo Wang, Fangjie Cheng, et al. Enhancement of the fatigue of under water wet welds by grinding and ultrasonic impact treatment[J]. Journal of Materials Processing Technology, 2015, 223: 305-312.

[61] Polezhayeva Helena, Howarth David, Kumar Manoj, et al. The effect of compressive fatigue loads on fatigue strength of non-load carrying specimens subjected to ultrasonic impact treatment[J]. Weld World, 2015, 59: 713-721.

[62] Tominaga T, Matsuoka K, Sato Y, et al. Fatigue improvement of weld repaired crane runway girderm by ultrasonic impact treatment[J]. Welding in the World, 2008, 52: 50-62.

[63] Mori Takeshi, Shimanuki Hiroshi, Tanaka Mutsuto. Influence of steel static strength on fatigue strength of web-gusset welded jionts with UIT[J]. Journal of Japan Society of Civil Engineers, 2014, 70(2): 210-220.(in Japanese).

[64] Galtier A, Statnikov E S. The influence of ultrasonic impact treatment on fatigue behavior of welded joints in high-strength steel[J]. IIW Do c. XⅢ-1976-03.

[65] 何柏林，张枝森，谢学涛，封亚明. 加载环境对合金超高周疲劳行为的影响[J]. 华东交通大学学报，2016，33（5）：51-57.

[66] 侯方，李久楷，谢少雄，等. 汽轮机转子钢常温与 600 ℃ 超高周疲劳行为研究[J]. 中国测试，2016，42（2）：9-14.

[67] Rubén Pérez-Mora, Thierry Palin-Luc, Claude Bathias, et al.Very high cycle fatigue of a high strength steel under sea water corrosion: A strong corrosion and mechanical damage coupling[J]. International Journal of Fatigue, 2015, 74: 156-165.

[68] 张彭一. 不同介质环境下马氏体不锈钢 2Cr13 钢的超高周疲劳研究[D]. 兰州：兰州理工大学，2014.

[69] Guian Qian, Chengen Zhou, Youshi Hong. Experimental and theoretical investigation of environmental media on very-high-cycle fatigue behavior for a structural steel[J]. Acta Materialia, 2011, 59: 1321-1327.

第 7 章

超声冲击提高焊接接头疲劳性能的发展趋势

7.1 超声冲击存在的主要问题

超声冲击是近几十年发展起来的一种特殊的表面强化技术，它采用冲击机械能使金属材料表面产生大塑性变形，从而细化表层金属组织，造成表面残余压应力，提高表面金属层的强度特别是疲劳强度。与其他表面组织细化制备方法不同的是，制备的细晶组织沿厚度方向呈梯度变化，在使用过程中不会发生剥层和分离。超声冲击与焊缝打磨、锤击、喷丸、TIG焊重熔等方法相比不仅可以在接头表面造成残余压应力、降低接头应力集中，还可以细化组织，提高接头的疲劳强度。尽管超声冲击处理在提高焊接接头的力学性能方面有诸多优点，但该方法目前仍存在一些问题。

7.1.1 超声冲击工艺标准方面问题

超声冲击提高焊接接头疲劳性能是毋庸置疑的。但是，目前超声冲击提高焊接接头的疲劳性能还处于凭经验来确定工艺参数阶段。尚无严格的工艺标准，对于不同金属材料的焊接接头，究竟超声冲击频率选取多少、冲击电流应该用多大、冲击时间应该选多长均带有随意性。由于超声冲击产生的焊趾处应力集中系数的降低程度、冲击表层产生的残余应力的大小、表层组织的细化程度并不与超声冲击参数保持线性关系。

对于实际焊接结构，能够有效提高构件疲劳寿命所对应的最佳超声冲击工艺参数尚不明确，甚至有时冲击不当还会带来缺陷。Liu[1]在研究二次超声冲击处理过程中发现：超声处理后焊接接头表层存在类裂纹缺陷（见图 7-1），是疲劳裂纹起裂首选位置。一些研究者[2-4]在超声冲击试样中同样也发现了类裂纹的叠形缺陷，如图 7-2 和图 7-3 所示。在超声冲击处理焊趾区域时，若超声冲击参数使用不当时，出现这种叠形类裂纹缺陷是几乎不可避免的，对接头疲劳延寿效果将产生不利的影响[5]。

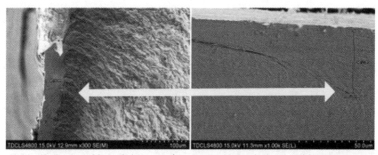

（a）冲击后试样疲劳断口照片　　　　（b）冲击后试样剖面图

图 7-1　超声冲击处理类裂纹缺陷

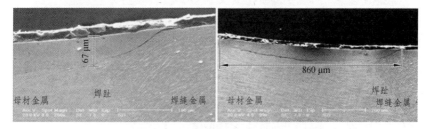

图 7-2　冲击后试样叠形损伤

图 7-3　超声冲击后试样表面出现的叠形缺陷

7.1.2 超声冲击设备方面问题

目前国内外使用的超声冲击枪多为手持式，在冲击过程中，对冲击枪所施加的压力完全凭手感，冲击时的走行速度也靠人工进行估计，待冲击表面的冲击覆盖也只是靠人眼来判断。容易出现冲击表面覆盖不均匀的现象，导致金属冲击表层的塑性变形不均匀，从而在表层产生的压应力、组织不均匀，如图 7-4 所示。

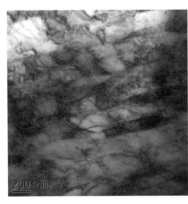

图 7-4　相同冲击工艺参数冲击获得的表层组织

7.2　超声冲击提高焊接接头性能的研究方向

7.2.1　制定超声冲击工艺标准

超声冲击工艺参数对提高焊接接头疲劳性能的影响、超声冲击工艺参数与残余应力形成的大小、焊接接头疲劳失效机理与未冲击焊接接头疲劳失效机理的区别等方面尚待深入研究。目前，对超声冲击技术应用方面缺少实际应用标准、不同强度级别钢材的焊接接头采用何种超声冲击工艺参数，超声冲击对超高强度钢焊接接头疲劳性能的如何影响以及如何获得更精确的残余应力数值都将成为超声冲击技术改善焊接接头疲劳性能新的研究方向。由于超声冲击工艺参数（冲击电流、冲击振幅、冲击时间）的变化对焊接接头表面形成细晶组织、残余压应力以及降低应力集中系数都会有很大的影响，如何以最短的超声冲击时间，达到提高焊接接头疲劳性能的目的，对于不同金属材料的焊接接头，究竟超声冲击频率选取多少、冲击电流应该用多大、冲击时间应该选多长还有待深入研究。大电流/短时间冲击和小电流/长时间冲击产生的作用有何区别也有待于进一步深入研究。因此，有必要通过多家联合研究，制定出超声冲击提高不同焊接接头疲劳性能的工艺标准[6,7]。

7.2.2　将焊后超声冲击处理改为随焊冲击处理

随着超声冲击技术的不断发展，将超声冲击工艺与焊接工艺同步，进行实时冲击，观察随焊超声冲击对焊接接头组织的影响、对残余应力的作用，对应力集中的影响。由于焊接后焊缝金属温度较高，强度低于室温强度，随焊超声冲击处理既可以降低冲击设备输出功率，提高冲击效率，同时又可以同时将振动能量传递到焊接熔池，起到振动和搅拌作用，从而细化熔池晶粒，提高焊接接头的力学性能[8]，若焊缝表面有熔渣覆盖的话，还可以同时完成焊缝清渣工作。

7.2.3　开发数控超声冲击设备

目前国内外使用的超声冲击枪多为手持式，在冲击过程中，对冲击枪所施加的压力完全凭操作者的经验和手感，冲击针的走行速度也靠操作者人为控制，表面的冲击次数受人为因素影响较大，容易出现冲击表面覆盖不均匀的现象，导致金属冲击表层的塑性变形不均匀，从而在表层产生的组织、压应力不均匀。另外，由于冲击时冲击针与金属相互撞击导致操作者始终处于噪声污染状态，影响操作者的身心健康。因此，非常有必要开发数控超声冲击设备，不仅可以使冲击表面的覆盖率更加均匀，还会降低劳动强度，提高生产效率。

7.2.4　开展转向架焊接接头超高周疲劳性能的研究

目前的研究均是在条件疲劳极限小于 2×10^6 或 5×10^6 周次，属于高周疲劳范畴。然而近年来的金属材料超高周疲劳研究表明很多金属材料在 5×10^6 周次甚至 1×10^7 周次以上仍然发生疲劳断裂,不存在疲劳极限,用 2×10^6 周次或 5×10^6 的条件疲劳极限对长寿命焊接构件进行无限寿命设计并不安全。我国的高速铁路事业发展迅速,而保证安全的疲劳研究相对滞后。因此,开展超声冲击对高速列车转向架焊接接头超高周疲劳性能的影响研究,揭示杂质元素、焊接缺陷、残余应力、应力集中、组织等因素影响高速列车转向架焊接接头超高周疲劳性能的作用机制及其规律非常必要且紧迫。

7.2.5 残余应力在循环加载中的衰减

残余应力在循环加载中的衰减现象,焊接试样在交变载荷下会产生交变响应,会造成焊接接头处疲劳损伤,同时冲击诱发产生的残余压应力会发生衰减现象。故实际施加在试样上的载荷大小是不断变化的,可能残余压应力对疲劳强度的贡献会逐渐减弱,以后的工作需测定试样失效时的残余应力,揭示在交变载荷下应力衰减的规律[9,10]。

参考文献

[1] Yang Liu, Dongpo Wang, Caiyan Deng, Liqian Xia, Lixing Huo, Lijun Wang, Baoming Gong, et al. Influence of re-ultrasonic impact treatment on fatigue behaviors of S690QL welded joints[J]. International Journal of Fatigue. 2014; 66(0): 155-60.

[2] Amir Abdullah, Massoud Malaki, Ahmad Eskandari. Strength enhancement of the welded structures by ultrasonic peening[J]. Materials and Design, 2012, 38: 7-18.

[3] 吕宗敏. 超声冲击对转向架焊接十字接头表层组织及超高周疲劳性能的影响[D]. 南昌:华东交通大学,2016.

[4] 丁江灏. 超声表面滚压加工对 45#钢表层晶粒细化机理及疲劳性能影响的研究[D]. 南昌:华东交通大学,2016.

[5] 王东坡，龚宝明，吴世品，等．焊接接头与结构疲劳延寿技术研究进展综述[J]．华东交通大学学报，2016，33（6）：1-13.

[6] 何柏林，宋燕．超声冲击改善焊接接头疲劳性能的研究进展[J]．兵器材料科学与工程，2013，36（5）：125-128.

[7] 何柏林，余皇皇．超声冲击表面纳米化研究的发展[J]．热加工工艺，2010（18）：112-114.

[8] 肖昌辉，贺文雄．焊接接头超声冲击处理的研究进展[J]．焊接技术，2012，41（9）：1-6.

[9] 何柏林，张枝森，谢学涛，封亚明．加载环境对合金超高周疲劳行为的影响[J]．华东交通大学学报，2016（33）51-57.

[10] 谢学涛．超声冲击对 P355NL1 钢焊接接头超高周疲劳性能的影响[D]．南昌：华东交通大学，2017.